도둑맞은 손

살아있지만
인격의 일부라고 말할 수 없는
인간적인 어떤 것에 대한 법적 탐구

L'Affaire

도둑맞은 손

de

살아있지만
인격의 일부라고 말할 수 없는
인간적인 어떤 것에 대한 법적 탐구

la main

장-피에르 보 지음
김현경 옮김
이준형 감수

이음

volée

차례

어떤 사람이 정원에서 톱질을 하다가 실수로 자기 손을 잘랐다. 그런데 그가 피를 흘리면서 기절해 있는 사이에, 그를 몹시 미워하던 이웃이 그 손을 자기 집으로 가져가서 불에 태워버렸다. 이 경우 손 도둑은 어떤 벌을 받게 되는가?

『도둑맞은 손』은 이처럼 흥미진진한 가상의 사례 속으로 독자들을 끌어들이며 시작된다. 저자의 대답은 놀랍게도 '어떤 벌도 받지 않는다'는 것이다!

우선 손을 가져간 사람을 절도죄로 기소하는 경우를 생각해보자. 절도죄가 적용되려면 잘린 손은 물건이어야 한다. 그런데 프랑스의 지배적 법해석—또는 '독트린'—은 몸과 사람을 동일시한다. 어떤 사람은 그의 몸이며, 몸은 곧 그 사람이다. 손이 몸에 붙어 있는 한, 손은 그 사람person의 일부이다. 그렇다면, 잘린 손이 물건이라는 말은 손이 절단되는 순간 그전까지 존재하지 않았던 물건이 생겨났다는 뜻이 된다. 즉 잘린 손은 무주물無主物이다. 무주물은 발견한 사람이 임자이므로, 손을 가져간 사람은 잘린 손에 대해 소유권을 주장할 수 있다.

다음으로 손을 가져간 사람을 중상해죄로 기소하는 경우를 생각해보자. 손이 잘린 사람이 즉시 그 손을 들고 병원에 가서 접합수술을 받았다면 불구가 되지 않았을 것이다. 손을 훔친 사람은 이러한 가능성을 박탈한 셈이므로, 그의 행위에 중상해죄를 적용하는 것이 가능해 보인다. 그러나 잘린 손을 훔치는 것이 손을 자르는 것과 동일하다고 말하려면, 손이 몸에 붙어 있을 때와 몸과 분리되었을 때 그 법적 지위가 변하지 않아야 한다. 즉 몸에서 떨어져 나온 손은 몸에 붙어 있을 때와 마찬가지로, 그 사람의 일부로 간주되어야 한다. 잘린 손이 단지 나의 '것'이 아니라, '나를 구성하는 요소'라는 의미에서 나의 '일부'라고 할 수 있을까? 몸과 사람을 동일시할 때 생겨나는 논리적인 난점을 일찌기 간파한 오렐 다비드는 다음과 같이 썼다. "내가 장에게 1000프랑을 빚졌다. 그런데 장은 자기 다리 하나를 폴에게 이식해주었다. 내가 폴의 다리가 된 장의 다리에 1프랑이라도 빚지고 있다고 말할 수 있는가? 아무도 그렇게 생각하지 않을 것이다. 장의 다리는 장의 인격의 외부에 있고, 그것을 다른 사람에게 이식하더라도 장의 인격의 어떤 부분도 따라서 옮겨가지 않는다."

실제로 프랑스에서는 이 문제와 관련하여 오렐 다비드의 견해에 부합하는 판결이 이루어진 바 있다. 1985년, 자넬 다우드라는 재소자가 자신의 새끼손가락이 담긴 유리병을 감옥 안에 반입하기 위해 교정당국을 상대로 소송을 벌였다(이 사건의 전말에 대해서는 1장을 참조하라). 다우드의 변호사는 손가락은 그 사람의 일부이므로 수감자에게서 압수했다가 출소할 때 되돌려주는 물건들에 포함되지 않는다고 주장했다. 반면 사건을 담당한 판사는 잘린 손가락은 그 손가락이 담긴 병이나 보존액과 마찬가지로 물건이라고 판단했다.

이러한 고찰을 통해 저자는 몸과 사람의 동일시가 어떤 모순과 역설을 초래하는지를 보여주고자 한다. 잘린 손이 물건이라면, 몸에 붙어 있는 손 역시 물건이어야 하고, 몸 자체도 (사람이 아닌) 물건이어야 한다. 이 점을 인정해버리면 모든 것이 명쾌해진다. 손이 잘리는 순간 무주물이 생겨나는 것 같은 문제는 발생하지 않는다.

하지만 이런 논리적 장점에도 불구하고, 몸을 사람으로부터 분리하여 물건의 범주 속에 편입시키려는 시도는 여전히 거대한 도덕적 저항에 직면해 있다. 법학자들을 포함하여 이 문제에 관심을 가진 많은 사람들은 그와 같은 몸의 지위 변경이 장기 매매의 허용으로 이어지지 않을까 우려한다. 몸을 물건으로 간주하는 것이 이미 인간의 존엄성에 대한 모독이라고 믿는 이들도 있다. 여기에 대해 저자는 프랑스 민법은 물건을 거래에서 제외되는 물건과 거래 가능한 물건으로 나누고 있으므로, 몸을 물건으로 분류하더라도 여전히 신체 조직과 장기, 그리고 정액과 혈액 같은 신체 유래 물질의 거래를 금지하는 것이 가능하다고 말한다. 또한 몸에서 분리된 신체 조직을 폐기물 취급하는 것과 그것에 대해 소유권을 인정해주는 것 중 어느쪽이 더 신체를 보호하고 인간의 존엄성을 지키는 데 도움이 되겠느냐고 반문한다.

『도둑맞은 손』이 출판된 1994년은 프랑스에서 최초로 생명윤리법이 제정된 해이다. 이 책은 이 법을 둘러싼 논쟁들에 대한 개입으로 이해된다. 하지만 저자는 생명윤리법이 담아야 할 내용에 대해 직접적으로 언급하는 대신, 사람 또는 인격person의 개념, 몸과 인격(사람)의 관계, 몸의 검열과 귀환에 대한 법철학적·역사적·인류학적 탐구로 우리를 데려간다. 그는 로마의 시민법이 인격의 개념을 발명함으로써 어떻게 몸의 존재를 지워버리는 데 성공했는지, 그리고 "지난 2천 년간 몸이 사법적 무대 위로 어떻게 솟아올라서 민법의 기초를 재고하도록 만들었는지" 보여주려고 한다.

생명과학의 발전이 만들어낸 새로운 문제들에서 출발하여 인격 개념의 로마적 기원으로 나아간다는 점에서 그의 접근은 오렐 다비드와 비슷하다. 오렐 다비드의 박사논문인 「인간 인격의 구조」(1955)는 1952년 수혈에 관한 법의 제정을 계기로 구상되었다. 발표 당시 "인격을 신체의 비인격적인 장치로부터 분리하려는 흥미로운 시도"로서, 법학보다는 사회학에 더 가깝다고 평가된(달리 말해 평가절하된) 이 논문을 장-피에르 보는 "우리 시대의 민법에 있어서 가장 중요한 이론적 작업"이라고 상찬하면서, 자신의 논의를 그 연장선상에 위치시킨다.

「인간 인격의 구조」에서 오렐 다비드는 사람의 몸을 이루는 모든 부분들이 인격적인 속성을 띠는 것은 아니라고 지적한다. 위에서

옮긴이의 말

거론한, 폴에게 한쪽 다리를 이식해준 장의 예에서, 내가 폴의 다리가 된 장의 다리에 한 푼도 빚지지 않은 것은 애초에 장의 다리가 장의 인격 외부에 있는, "비인격적인 생리적 장치"에 지나지 않기 때문이다. 장은 한 다리를 잃는다 해도, 심지어 두 다리를 모두 잃는다 해도, 백 퍼센트 동일한 인격으로서 나에게 1000프랑을 받을 권리를 온전히 지니고 있다. 이는 권리와 의무의 주체로서의 '사람'(또는 '인격')이 몸과는 별개의 법적 인공물artifice juridique이기 때문이다. 사람이 보통 몸과 결합되어 나타나는 만큼, 우리는 사람과 몸이 같은 것이라고 착각하기 쉽다. 하지만 오렐 다비드의 표현에 따르면, "몸은 사람이 거기 있음을 알리는 표시"일 뿐이다. "장갑이 손의 존재를 알리듯이, 몸은 사람의 존재를 알린다." 게다가 법적 인공물로서의 사람(인격)은 몸이 없어도 존재할 수 있다. "로마법에서는 상속이 완료될 때까지 죽은 사람이 살아있는 것으로 간주되었다. *Hereditas jacens personam defuncti sustinet.*(상속인이 없는 유산이 망자의 인격을 대신한다) 하지만 여기서의 사람은 픽션이다. 문제는 옷걸이에 걸린 옷처럼 부재하는 사람의 형태를 간직한 재산이며, 이 재산은 입법자가 그것을 떠받치지 않는다면 즉시 와해된다."

『도둑맞은 손』 역시 몸과 사람(인격)의 존재론적 차이와 인격의 허구적인 성격을 확인하면서 시작한다. 하지만 이 책의 초점은 인격보다는 몸 쪽에 맞추어져 있다. 로마인들은 주체를 인격과 동일시함으로써 몸이라는 성가신 존재를 민법의 바깥으로 추방하였다. 몸과 관련된 모든 문제들—식량 공급과 위생 관리와 시체의 처리—은 그때부터 공법의 관할 아래로 들어간다. 공법은 제사장과 행정관들의 법이었으며, 몸의 성스러움과 저속함을 다루는 것은 이들의 몫이었기 때문이다. 중세에는 교회법이 이 역할을 물려받는다.

『도둑맞은 손』의 독창성은 '성스러움'을 인격의 속성이 아닌, 물건의 속성으로 본다는 점에 있다. 몸의 성스러움이 몸과 인격의 동일시에서 비롯된다면, 인격이 사라지는 순간, 즉 장례가 시작되는 순간 몸은 성스러움을 잃어야 한다. 하지만 실제로는 이와 반대로, 시신에는 살아있는 인간에게 없는 성스러움이 부여된다. 여기에 근거하여 저자는 혈액이나 장기가 성스러운 이유는 그것이 물건이기 때문이라고 주장한다. 나아가 그는 혈액의 유통을 성물聖物 거래와 비교한다. 이런 설명은 라틴어에서 '사케르'라는 단어의 의미를 이해하는 데 도움이 된다(어째서 인격을 박탈당하고 법의 바깥으로 추방된 인간을 '호모 사케르'라고 부르는지). 로마인들에게 '인격'은 순수하게 세속적인 고안물로서 (도시, 문명, 예의범절, 그리고 시민법 등, 그 단어와 연결된 모든 것을 포괄하는 의미에서의) '시빌리테'에 속한다. 반면 '몸'은 시빌리테에 의해 완전히 포섭되지 않으며, 그것을 넘어서는 어떤 질서를—'성스러움'의 영역을— 필요로 한다.

이런 접근은 또한 기독교와 몸의 관계를 새로운 각도에서 바라볼 수 있게 해준다. 우리는 그리스-로마 문화를 인간의 몸에 대한 찬

옮긴이의 말

양과 연결하고 기독교 문화는 육체적인 것에 대한 무관심 또는 억압과 연결하는 데 익숙해져 있다. 하지만 이 책의 저자는 로마의 시빌리테가 몸에 대해 생각하기를 거부했기 때문에, 몸을 배려하고 돌보는 일이 교회의 몫이 되었다고 말한다. 정확히 말하면 몸은 사제와 의사의 공통 관심사가 되었으며, 이 둘은 몸을 놓고 경쟁을 벌였다. 근대는 전자가 후자에게 차츰 영토를 빼앗기는 과정으로 기록될 수 있다. 예를 들어 도유식(환자의 몸에 기름을 바르는 의식)은 원래 치료의 의미가 있었고 몇 번이라도 받을 수 있었지만, 차츰 종부성사(죽어가는 자가 마지막으로 받는 성사)로 굳어진다.

사회보장제도가 생겨나기 전까지 교회는 병자를 돌보는 일 뿐 아니라 빈민을 구제하는 일도 담당했다. 민법에 의한 몸의 '검열'은 민법이 인간이 먹어야 한다는 점을 완전히 무시한다는 사실 속에서 가장 인상적으로 드러난다. 걸인이 굶어죽는 것은 민법적인 관점에서 보면 완전히 정상이다. 저자의 표현을 빌리면, "인격은 배고픔을 모른다." 반면 교회법학자들은 신체적 욕구를 법적 관점 속에 다시 도입하면서, 절실한 필요에 의한 도둑질은 무죄라고 주장했다. 이 점에서 사회법은 교회법을 이어받고 있다.

이 책은 이처럼 몸에서 분리된 신체조직의 법적 지위라는, 소수의 전문가들만이 관심을 가질 것 같은 특수한 문제에서 출발하여, 로마법의 구조나 사회법의 기원 같은 커다란 주제들로 거침없이 나아간다. 장-피에르 보는 진정한 이야기꾼이다. 그는 성물 거래, 구마술, 청빈 논쟁, 보디빌딩, 자동차 보험 등등을 종횡무진으로 오가면서, 해박한 지식과 재치 있는 입담으로 '몸의 귀환'과 '사회'의 탄생 과정을 서술한다. 옮긴이가 이 책을 번역하기로 마음먹은 것은 다른 이유가 아니라 너무 재미있어서 혼자 읽기는 아까웠기 때문이다. 단한 페이지도 지루하지 않은 책, 기발하고 엉뚱하며 심오한 책이라고 말하고 싶다.

이 책의 감수를 맡아준 한양대 법학전문대학원 이준형 교수에게 깊은 감사의 뜻을 전하면서 옮긴이의 말을 맺으려 한다. 그의 도움이 아니었다면, 이 책은 "오류로 점철된 책", "전공이 아닌 분야의 책을 번역하면 어떤 문제가 생기는지 보여주는 대표적인 사례"로 남았을지도 모른다. 물론 그가 미처 잡아내지 못한 오류들은 모두 옮긴이의 책임이다. 상업성이 의심스러운 책의 출판을 기꺼이 수락한 이음 출판사의 주일우 대표와 어색한 문장들을 유려하게 다듬어준 박우진 편집자에게도 고마움을 전한다.

추천의 글: 몸에 대한 겹겹의 이야기

심보선(시인, 연세대학교 커뮤니케이션대학원 교수)

몸에 대한 관심과 이야기가 넘쳐나고 있다. 신체의 자기결정권, 장기 이식, 생명공학, 로보틱스 등등. 그런데 우리는 과연 몸에 대해 잘 알고 있는가? 우리는 몸을 어떻게 정의하고 대우하고 있는가? 몸을 둘러싼 담론과 과학이 증가할수록 수많은 새로운 난제들이 부상한다. 이식되기 위해 사람의 몸에서 떼어낸 장기는 누구의 것인가? 사람의 몸에 부착된 기계는 누구의 관할에 속하는가?

장-피에르 보의 『도둑맞은 손』은 "타인의 잘린 손을 주워 자기 뜻대로 처분한 사람은 과연 도둑인가?"라는 흥미로운 질문에서 출발하여 몸이라는 실체를 역사적으로, 인류학적으로, 철학적으로 탐구한다. 문명화 과정에서 몸이란 얼마나 처치 곤란한 대상이었는지, 그리고 법과 예술, 종교와 의학이라는 문명의 제국들 속에서 몸이라는 억압된 실체가 어떻게 자신의 은밀한 해방구를 지켜냈는지 살펴본다.

그리하여 『도둑맞은 손』은 과감한 역설을 내놓는다. 법적 평등에 기초한 추상적 인격 개념이 오히려 "다른 몸들의 다른 성질"을 검열하고 지워버림으로써 신체에 대한 억압과 차별을 정당화시켰다. 따라서 몸이라는 실체의 독특한 성질, 즉 몸은 성과 속이 뒤섞인 이상한 물건이라는 사실을 인정할 때에만 인간의 존엄은 지켜질 수 있다는 것이다.

옮긴이 김현경은 자신의 저서 『사람, 장소, 환대』에서 "사람다움"이란 무엇이고 어떻게 가능한지를 뛰어난 통찰과 분석을 통해 제시한 바 있다. 이번 번역 작업을 통해 인격과 몸에 대한 관심을 한층 더 발전시킨 김현경은 『도둑맞은 손』을 "너무너무 재밌어서 혼자 읽기 아까워서" 번역했다고 고백한다. 옮긴이의 말대로 이 책은 법과 예술, SF와 문헌학, 상상력과 통찰력을 얼키설키 엮고 종횡무진 펼치며 독자의 지적 호기심을 충족시킨다.

눈 밝은 독자는 이 책을 때로는 추리소설로, 때로는 역사책으로, 때로는 풍자적 논평으로, 그렇게 다양한 결과 겹으로 읽어낼 것이다. 이 책을 읽고 나니 거울 앞에 서서 나 자신의 몸을 들여다볼 때 불현듯 느껴지던 그 낯설음의 연원을 알 것 같다. 사람은 결국 몸이라는 이상한 물건의 소유자이며 그 물건을 통해서만 자신에 대한 수수께끼를 풀어갈 수 있는 것이다.

Chapter 01

잘린 손을 둘러싼 공상-재판

이 모든 혼란이 인간에게 자기 몸에 대한 소유권을 인정해주는 게

인간의 존엄성을 모독한다는 생각에서 비롯되었다는 점을 분명히 해두자.

잘린 손이라니, 생각만 해도 징그럽다.

우리의 안락한 가정생활 속에는 절단되고 불타고 중독되고 마비되고 감전될 일들이 꾸준히 늘어난다. 정원 가꾸기와 목공은 산업재해를 부르주아화했다. 그 바람에 손의 절단은 집 안에서의 사고 통계에서 적지 않은 비중을 차지하게 됐다.

그런데 잘린 손은 굉장한 혼란의 씨앗이다. 이 불길한 물건의 존재를 인정하기란 결코 쉽지 않다. 잘린 손은 대체 무엇인가? 끔찍한 작은 시체? 아니면 아직 살아있는 어떤 것? 이 생뚱맞고 구역질 나는 존재를 잊을 수 있다면 좋으련만.

게다가 이 잘린 손을 누가 훔쳐간다고 상상해보자….

*

목공일을 하다가 사고가 나는 장면을 그려보자. 회전톱이 돌아가는데 실수로 톱날에 손이 끼어 피가 철철 흐르는….

기절했다가 깨어난 남자는 사고를 당했을 뿐이지 아직 장애인이 된 것이 아니다. 흔히 그러하듯 장애라는 단어를 '결정적인 상태'로 이해한다면 말이다. 몸에서 떨어져 나왔을지언정 그의 손은 아직 살아있다. 그는 과학과 외과술의 도움으로 손을 다시 제자리에 붙이는 것을 기대할 수 있고, 그런 희망이 좌절되었을 때에야 비로소

장애인이 된다.[1]

그런데 우리의 상상 속의 남자는 실제로 장애인이 될 것이다. 우리는 그가 기절한 틈을 타, 복수의 기회를 엿보던 그의 원수가 피 흐르는 잘린 손을 아파트 지하실의 보일러 안에 던진다고 가정할 것이기 때문이다.

우리의 가정은 이처럼 도둑질, 즉 형법상 "소유권에 대한 가벼운 죄"라고 부르는 행위와 유사하지만, 그 결과는 '사람에 대한 무거운 죄'의 하나인 중상해죄에 해당하는 행위에 관한 것이다.[주48 참조]

문제는 이 중죄를 이제 어떻게 다스릴 것이냐.

첫 번째 해결책: 중상해로 판결

이것은 물론 피해자의 관점이다. 피해자가 보기에 핵심은 원수의 손을 불구로 만들려 했던 범인의 의도다. 아직 몸에 붙어 있는 손을 망가뜨리든, 사고로 잘린 손을 소각로에 던지든, 그 방법은 아무래도 좋다. 피해자는 이것이 프랑스 형법 309조에 의거하여 5년에서 10년의 징역형을 선고할 수 있는 "신체 훼손을 초래하는 폭력"이라고 믿는다.

형법 309조는 "인격에 대한 경범죄와 중범죄"를 다루는 10장에 있다. 살인을 처벌하는 것처럼 폭행 및 상해를 처벌하는 것 역시, 비록 법은 이 범죄를 신체가 아닌 인격에 대한 것으로 보고 있지만,

사실상 신체를 보호하는 역할을 한다. 그러므로 인격에 대해 이야기해보자.

우리는 로마법으로부터 법의 세계를 **인격**과 **물건**으로 나누는 전통을 물려받았다. 우리는 로마의 법률가들과 그 후계자들에게 이 이분법이 무엇을 의미하는지부터 살펴야 한다. 일단 인격은 법적 무대에서 개인—신체와 영혼—을 식별하기 위한 이론적 가공물로서 나타났다고 말해두자. 하나의 사법체계 안에서 인격은, '권리주체'(권리들을 향유할 수 있는 주체)라고도 일컬어지는데, 현실적으로 실존하는 존재일 뿐 아니라, **법인**, 즉 개인들의 집합을 대표하는 권리주체(회사, 조합)나 재산을 대표하는 권리주체(재단)의 모습을 띨 수 있는 비물질적인 실재이다. 법적 무대에서 인간을 대표하는 자연인은 법인과 똑같이 비물질적이다. 자연인은 **신체와 동일시되는 인간을 대신하여 존재**하기에, 신체의 검열을 가져온다.[인격이 신체를 대신하기 때문에 신체는 인격 뒤로 사라진다는 의미] 살인, 폭행, 상해의 억제는 인격에 제공되는 보호의 파급 효과를 통해 간접적으로만 신체를 보호한다. 도둑맞은 손에 대한 가정은 특히 이 점을 잘 보여준다.

이 사건의 경우 손이 없어진 사람이 자신의 상태에 대한 책임을 서툰 일솜씨가 아니라 원수의 잔인함에 돌리는 것은 이해해줄 법하다. 하지만 잘린 손을 훔치는 것이 손을 자르는 것과 같다는 주장을 어떻게 받아들여야 할까? 신체가 그 통합성 속에서, 또는 각각의 구성 요소의 수준에서 인격과 다른 방식으로 고려되는 이상, 우리

잘린 손을 둘러싼 공상-재판

는 신체를 물건으로 지각하게 된다. 왜냐하면 로마법에서 나온 법체계 안에서는 인격이라는 범주와 물건이라는 범주 사이에 아무런 매개 범주가 없기 때문이다. 잘린 손은 명백하게 물건이다. 곧 썩기 시작하여 공해公害가 될 물건인 것이다. 이 물건은 소유권의 영역에 속한다. 이 권리의 보유자는 그것을 포기하거나(예컨대 땅에 묻음으로써), 양도하거나(예컨대 의료 기관에 기증함으로써), 아니면 다시 접합해달라고 요구할 수 있다. 접합이 불가능함이 드러났을 때에도 사고를 당한 사람에게는 그것 대신 다른 물건을, 자신에게 생경한 물건을 취득할 가능성이 남아 있다. 오늘날 이 물건은 의수지만, 언젠가는 한때 다른 사람에게 속해 있던 손이 될 수도 있을 것이다.

이를 통해 우리가 알게 되는 것은 잘린 손을 훔치는 것이 손을 자르는 것과 같다고 주장하려면, 손이 몸에서 떨어져나가는 순간 손의 법적 지위가 변하지 않는다는 점을 확증해야 한다는 사실이다. 이런 관점에서는 **손이 잘렸든 몸에 붙어 있든, 인간은 자기 손의 소유자이기 때문에**, 잘린 손의 절도는 절단과 같다. 이렇듯 우리가 인격 또는 권리주체라고 부르는 추상적 관념은 자기 몸의 소유자일 것이다. 몸은 '신체적'이라는 형용사가 온전히 적용되는 유일한 물건이다. 또한 너무나 귀중한 나머지 그것의 사용과 처분, 그리고 그것을 향한 공격으로부터의 보호가 엄격하게 정의되는 물건이다.

신체상의 공격에 대한 형법의 보호를 소유물의 일반적 보호체계 안에 끼워 넣는 이 이론은 형법의 편찬자들에게 분명히 생소한 것이었다. 생소하다고 말한 이유는 그렇다고 그들이 이 이론에 적대적인 것은 아니었기 때문이다. 인격이라는 추상적인 개념이 신체적 현실을 가리고 있었기에, 그들은 몸을 보지 않고도 몸을 보호하였다. 1810년, 그들은 몸과 인격을 구별해야 할 아무런 필요도 느끼지 못하였다.[1810년에 나폴레옹의 명으로, 1795년에 시행된 '범죄와 형벌에 관한 법'을 대신하는 형법이 제정되어 1994년까지 유지된다] 몸에서 떨어져 나온 부분은 그게 무엇이든 묘지와 공해를 다루는 법적 체계에 복속된다고 아주 당연하게 생각했기 때문이다.

이식을 위해 인체의 요소들을 몸과 분리하는 것이 가능해지면서, 이식용 손의 절취 사건이 공상과학이 아니라 공상-재판에 속하게 되면서, 비로소 개인에게 그의 몸에 대한 소유권을 인정해주는 것이 신체적 공격으로부터 그를 보호하는 가장 효과적인 방법임이 분명해진다.

두 번째 해결책: 절도로 판결

몸과 분리된 손은, 이번에는 이론의 여지없이, 물건의 범주에 등록된다. 괴사와 부패는 곧 그것을 파묻거나 태워서 제거해야 할 유해물질로 바꾸어놓을 것이다. 그러다가 뼈만 남는 날이 오고, 그러면 손은 법의학 박물관의 진열장이나 해부학 강의실에 전시될 수도 있다. 그렇게 되면 상품으로 간주될 정도로 명백하게 물건인 이 물건

잘린 손을 둘러싼 공상-재판

에 대해 아무도 의문을 품지 않을 것이다. 하지만 손은 몸에서 분리된 이래 어떤 지위 변동도 겪지 않았다. 즉 손이 잘리기 전에 이미 물건이었음을 인정하지 않는 사람이라도, 잘린 뒤에는 물건임을 인정해야 한다.

생리학적으로 말해서, 잘린 손은 근본적으로 상이한 두 단계를 겪는다. 살아있는 상태에 있다가, 죽은 상태로 이행하는 것이다. 몸에서 분리된 손은 재접합이 불가능해지는 순간 죽는다. 그런데 이 생리학적인 변화로 인해 손의 법적 지위가 조금이라도 달라지는 것은 아니다. 우리가 물어야 할 것은 다만 손이 몸에서 잘리는 순간, 즉 손이 아직 생생하게 살아있을 때 법적 지위의 변경이 일어나느냐이다. 그러므로 절단을 손이 물건임을 의심할 수 없게 만드는 순간으로 간주하자.

떨어져 나온 손발이라는 **실체**[2]는 무엇보다 프랑스에서 판례적 추인의 대상이었다. 1985년 6월 27일, 아비뇽의 구치소에 수감된 자넬 다우드 Janel Daud는 새끼손가락 윗쪽 마디를 스스로 절단했다. 그 손가락을 법무장관에게 우편으로 보내 자신의 처지에 관심을 갖게 하려는 의도였다. 아비뇽 병원은 그를 치료한 후, 보존액을 채운 유리병에 손가락을 담아 돌려주었다. 교정당국이 유리병과 내용물을 그에게서 압수하자 다우드는 아비뇽 지방법원 가처분 전담판사에게 손가락의 반환을 요구했다.

다우드의 변호사는 수감자에게서 압수했다가 출소할 때 되돌려주는 물건들에 손가락은 포함되지 않는다고 주장했다. 그는 인권 외에도 사생활 보호법에 호소하였다. 요컨대 그는 잘린 손가락 속에 의뢰인의 인격이 온전하게 깃들어 있다고 판단한 것이다. 반면 급속 심리 판사는 잘린 손가락이 병이나 보존액과 마찬가지로 물건이라고 판단했다. 그러므로 압수가능물품과 관련된 규칙들을 적용할 수 있다는 것이었다.[3]

절단된 손가락과 잘린 손은 합법적이든 불법적이든 압수의 대상이며 또한 프랑스 형법 379조 절도죄를 구성하는 '부정한 절취'의 대상이다.

그러면 우리의 공상-재판에서는 누가 잘린 손의 소유자인가?

세 번째 해결책: 무죄 방면

단언컨대 이런 사건에서 프랑스 법의 독트린이 일관성을 유지하려면 손을 가져간 사람을, 심지어 도둑으로 간주하지도 않고, 무죄 방면 해야 한다.

프랑스 법의 독트린이라는 개념은 설명이 필요하다. 법학자들은 법이나 관습, 판례와 별도로 법해석, 즉 강의와 논고를 통해 표현되는 법학자들의 사유가 존재하며, 그것 또한 법원法源[법의 존재형식]이라고 믿는다. 일반적으로 말해서 프랑스 법의 독트린이란 법학자들 사이에서 얼마간 지배적인 견해를 가리키는 것에 지나지 않는다. 하지만 인간의 몸이 관련되어 있을 때는 그런 수준을 넘어선다. 인간의 몸과 관련된 법은 민법 영역 중에서도 정부의 수장이 법학자들의 견해를 확인하기 위해 전통적인 사법적 자문기관인 국무원^{Conseil} d'Etat에 질의하는 유일한 영역이다. 그리하여 「생명과학-윤리에서 법으로」라는 제목이 붙은 국무원의 1988년 보고서(집필자의 이름을 따서 보통 "브래방 보고서"라고 불린다)는 프랑스 법의 독트린을 표현한다고 여겨졌다.[4]

국무원은 학문적인 대답을 위해, 이 같은 회합에 힘을 실어주고 청중을 동원할 수 있는 사람들을 모두 불러 모았다. 의학과 법학의 권위자들을 고루 안배했지만, 법제사가나 인류학자는 쓸모없다고 판단했는지 초청하지 않았다. 프랑스가 다시 한번 세계를 계몽하려면 정확성과 명료함이 필요했다. 프랑스 법의 독트린은 공리적인 단순함과 야심찬 소명의식 속에서 표현되었다. **"몸이란 곧 인격이다."** 그리고 이런 해석이 산업사회의 상업주의를 누르고 승리하도록 돕는 것이야말로 세계를 문명화하는 프랑스의 영원한 임무의 현대적 모습이라고 생각되었다.

자, 이 멋진 프랑스 법의 독트린을 보자. 법이 지상의 존재들을 사람과 사물로 나누는 만큼, 또한 사람의 몸은 사람이 존재한다는 표시인 만큼, 몸이 (상품은 말할 것도 없고)물건과 공통점을 갖는 것은 엄격하게 배제해야 한다. 사람의 몸은 그 전체성 속에서 인격과 동일시되므로, 그리고 몸에서 분리된 신체의 부분은 불가피하게 물건이므로, 프랑스 법의 독트린은 이리하여 '신체의 부분은 몸에서 분리되는 순간 물건이 된다'고 결론짓는다. 하지만 그렇다면, 잘린 손이 절단의 순간에 비로소 물건이 된다면, 손은 무주물無主物의 최초 점유자에 대한 법에 의거하여 그것을 처음 집어 든 사람의 차지가 될 수 있다. 다우드 사건에서 죄수는 자신의 잘린 손가락을 집어 들었고, 법무장관에게 그것을 보내겠다는 의사를 분명하게 표현했다. 다우드는 의심의 여지없이 자기의 잘린 손가락의 소유자가 되었다. 교정당국이 그에게서 손가락을 압수한 것도 이런 이유에서다.

반면 우리의 공상-재판에서 희생자는 사고의 순간 기절했고 바로 그 순간 그의 원수가 손을 차지했다. 후자는 그러므로 절도죄로 기소될 수 없다. 그는 사고 전에는 존재하지 않았던 물건, 즉 무주물의 최초 점유자로서 그것의 주인이 되었기 때문이다. 프랑스 법의 독트린의 논리 안에서는 손의 유사절도범 혐의자는 무죄 방면되어야 한다. 희생자가 이 손을 부정한 방법으로 빼앗는다면, 도리어 그가 절도 혐의로 기소되어야 할 것이다.

같은 논리에 의해, 이웃이 직접 희생자의 손을 잘랐다면, 그리고 희생자가 어떻게 해보기 전에 손을 낚아챘다면, 그 이웃은 물론 중상해죄를 선고받기는 하겠지만, 여전히 손의 주인이 될 수 있다.

이 모든 혼란이 인간에게 자기 몸에 대한 소유권을 인정해주는 게 인간의 존엄성을 모독한다는 생각에서 비롯되었다는 점을 분명히 해두자.

잘린 손을 둘러싼 공상-재판

터무니없다고?

물론이다. 바로 그래서 내가 이 책을 쓰는 것이다.

Chapter 02

신체, 이 거추장스러운 물건

로마법 이래 처음으로, 사람들은 살아있지만 인격의 일부라고 말할 수 없는 인간적인 어떤 것에 대해 탐구해야 했다.

데모크리토스의 원자론처럼 인격의 개념은

2천 년 일찍 나타났다.

오렐 다비드, 『인간 인격의 구조』[5]

역사학자들을 자극하는 오렐 다비드의 이 문장은 그것이 쓰일 당시에는 아무런 주목도 받지 못했다. 이것이 내가 이 문장을 제사題詞로 사용한 이유이다.

우리는 다음과 같은 기초적인 사실을 기억해야 한다. 서구의 법적 사유는 고대 법학자들의 저술에 직접적으로 의존하든, 중세 법학자들의 해석을 통해 간접적으로 기대든, 로마법이 정교화한 개념들에 의지하여 작동한다. 인격과 물건의 기초적 구별로 말하자면, 2천 년 전부터 그런 구별이 존재했다고 말해야 정확하다. 이 이분법의 발명은 법을 탈육체화했고, 덕택에 법학자들은 몸의 사소함과 신성함 둘 다에서 벗어나 통찰을 전개할 수 있었다. 이 평온한 상황을 교란시킨 것이 생명공학의 폭발적 발전이다. 생명공학은 법학자들에게 몸에 대해 다시 생각해볼 것을 요청한다.

신체, 이 거추장스러운 물건

법의 재육체화

이제 곧 우리는 왜, 그리고 어떻게 법적 인격의 로마적 발명이 인간 신체의 검열을 초래했는지 살펴볼 것이다. 그러한 학설 체계는 20세기 중반까지 완벽하게 작동했다. 인격의 추상화가 법학자들의 사유 방식 속에 확고히 자리 잡았고, 육체의 물질성을 대신했다. 육체는 법이 인격에게 제공하는 보호를 간접적으로만 누렸다.

1940년대 말부터 50년대 초까지 일어난 일은 이를테면 엄청난 지진의 첫 번째 진동 같았다. 사람들은 인간의 몸에서 분리한 무언가를 몸 바깥에 살아있는 상태로 보관할 수 있다는 것, 그리고 그것을 그 사람의 몸에 다시 집어넣거나 다른 사람의 몸에 옮겨 넣을 수 있다는 것을 발견했다. 혈액을 보관하기 위한 효율적 절차가 정해졌고, 수혈에 관한 법의 개념화가 가능해졌다. 1952년 7월 21일 프랑스 법은 그 원형이다.

지진은 인격이라는 판의 표면에 있는 균열을 벌려놓았다. 바로 그 판이 2천 년 간 "물건들의 판"과 접촉하고 있던 지점에서 말이다. 그리고 그 단층은 민법의 합리성이 제거했다고 믿은 성스러움의 공기 속에 몸의 현실을 노출시켰다. 프랑스 법학자들은 대부분 이 현상의 관찰자라기보다 관계자였다. 그들의 행위는, 수혈법에 대한 그들의 경건한 태도는, 그들이 사용한 언어는, 이 사건에 대한 그들의 분석보다 더 흥미롭다. 그들은 혈액에서 풍겨 나오는 낯선 신성함에 사로잡힌 나머지 감히 명료하게 말할 수 없었다. 어떤 이들은 라

턴어를 다시 발견했다. 피 앞에서 대다수는 핵심적인 법적 개념들을 망각했다. 그들은 심지어 가장 기초적인 사법적 어휘를 사용하는 것조차 포기했다. 이렇게 해서 소유권을 이전하지 않는 **증여**가 나타났다. 판매는 "비용 부담을 조건으로 한 인도"가 되었고, 가격은 "양도 비용"이라고 불리게 되었다. 약제사들은 피를 되팔기 위해 사들이는 것이 아니었다. 그들은 "약국에 기탁된 물건"을 인수하는 것이었다.[6]

프랑스의 법학자들은 이처럼 1952년 수혈에 관한 법이 공포된 후, 성스러움의 귀환으로서 몸이 법 속에 재출현하는 것에 감동하였다. 오직 오렐 다비드만이 법학의 영역에서 이 현상이 갖는 중요성을 이해했던 것 같다. 그의 박사논문은 수혈에 관한 법이 사람과 물건의 구별이라는 이 근본적인 구별을 문제 삼는 데로 나아가는 어떤 움직임의 시발점임을 알렸다. 이 젊은 법학 박사는 최초의 원자폭탄의 폭발과 국가적 수혈 시스템의 정비라는 두 사건이 7년의 간격을 두고 연이어 일어나는 것을 보았다. 그가 데모크리토스의 원자론과 인격의 발명을 연결시킨 것은 그래서이다. 로마법 이래 처음으로, 사람들은 살아있지만 인격의 일부라고 말할 수 없는 인간적인 어떤 것에 대해 탐구해야 했다.

오렐 다비드의 학위논문은 거대한 논쟁의 원천이 되었어야 했다. 하지만 그러기에는 수혈에 대한 1952년 법이 지나치게 훌륭했다. 사방에서 인용되면서 이 법은 프랑스 법학자들에게 근본적인 문

신체, 이 거추장스러운 물건

제를 제기하지 않고도, 현명하고 관대한 법적 해결책에 만족하면서, 몸을 법 안에 삽입할 수 있다는 인상을 주었다.

발언을 요구받은 법학자들

장기적출에 관한 1976년 12월 22일 법은 별다른 논쟁을 야기하지 않았다. 이 법이 생전에 장기 기증에 대한 거부의사를 나타내지 않은 사람의 시신을 일종의 공동소유물로 만들어버렸는데도 그랬다. 사람들은 이 법을 장기이식을 쉽게 하는 해결책으로서, 그저 유용한 법으로 간주했다.

이미 30년 전에 했어야 하는 이론적 논쟁이 마침내 개시된 것은 1980년대에 생명공학이 폭발적으로 발전하면서다. 과학자들이 자기들이 쥔 권력에 대해 두려움을 토로하면서 연구와 실험에 적용할 윤리적, 법적 틀을 만들어달라고 요청했다는 사실이 여론을 동요시켰다.

중세 말 이래 국가는 의학을 신학적, 법적 후견으로부터 해방시키려고 노력해왔다. 19세기에 의료 권력은 공중보건학의 형태로 나타났는데, 이는 나치 독일 하에서 인종적 위생학으로 끔찍하게 변형된다.[7] 하나의 의학적 프로그램이 대학살로 이어질 수 있다는 발견은 너무나 심각한 트라우마였기에, 세계의 의사들은 다시금 법적 후견에 의해 보호받기를 원했다. 이런 태도 변화를 잘 보여주는 것이

1947년 뉘른베르크 강령의 이름으로 미국 군사법정의 판결을 수용한 것이다. 이 판결은 새로운 의료 윤리의 초석이 된다.[8]

그때까지 직업 윤리의 자율성을 지키는 데 힘을 기울여온 의학의 제국은 자신의 학문적 성격을 정의하는 일을 '규범 과학'에게 맡기는 편이 이로움을 깨달았다. 종교는 더 이상 서양에서 과학의 지도자가 아니었고, 연구자 개인의 양심의 수준에서만 과학에 관여하고 있었기에, 프로메테우스적 연구에 규칙을 정해주고 판결을 내리는 것은 국가권력의 몫이었다. 이리하여 프랑스에서는 1983년 2월 23일 법령에 따라, 생명과학과 건강을 위한 국가윤리자문위원회가 도덕적 규제와 관련된 의견을 제시하게 되었다. 이 의견은 연구자들의 생각과 상충될 수 있었다. 수상이 1986년 12월 19일 서한으로 국무원에 "법적 차원에서의 심화된 성찰"을 요구한 것도 이렇게 해서이다.

사실 사법적 사유에는 그러한 심화가 필요했다. 1986년의 프랑스 법학자들은 아직 문제의 교의적 중요성을 감지하지 못하고 있었다. 압수된 손가락과 관련된 일명 '다우드 소송'이 법조인들이 주 독자층인 잡지 『가제트 뒤 팔레』에 거론되기는 했다. 하지만 그 글의 수준은 톡톡 튀는 논평에 불과했다. 「권리의 한 손가락과 상식의 두 손가락」이라는 유머러스한 제목이 달린 그 논평에서 저자는 수감자가 법무부 장관에게 "새끼손가락을 걸고 약속하면 될까" 자문하면서 "손가락을 깨물며 후회할" 거라고 쓴 뒤에, 이 소송은 권리와 상식이 "한 손의 두 손가락처럼" 같이 가는 드문 경우라고 결론지었다. 이 주제에 흥미를 느낀 게 분명한 저자는 또 "민법 교수들에게 열린 광대한 지평"에 대해 빈정거렸다.[9]

다우드 소송은 판사에게 진부한 사실을 고백하게 만들었다는 점에서 진부하지 않다. 1988년에는 국무원의 보고서에 이런 종류의 진부함을 싣는 것이 무익하지 않았다. 이 보고서에서는 신체를 법적으로 정의하는 것에 대한 거부가 신체와 인격의 동일시를 견고화하려는 의지 뒤에서 감지된다. 하지만 국무원의 의견의 토대이기도 했던 의학과 외과기술의 진보는 법학자들로 하여금 몸의 현전을 인격과 구별되는 실재로서 받아들이게 했다. 장-폴 사르트르가 이미 1943년에 엑스선은 우리 몸이 소유의 대상임을 폭로한다고 지적하지 않았던가?[10] 하지만 프랑스 법의 독트린은 몸을 소유한다는 관념을 거부하면서, 몸의 자연적 물질성과 인격의 법적 추상성 사이에 관계를 수립하는 데 있어서, 법적 어휘를 사용하는 척해야 했다. 그래서 프랑스 법학자들은 하나같이 몸이 인격의 토대라고 말한다. '토대'는 어떤 법적 정의도 부여하기 힘든 관념인데도 말이다.

의식했든 안 했든, 그러한 언명의 목적은 이것이다: 법학자들의 개념 체계 속에는 몸과 인격의 관계를 정의하는 데 있어서 소유권 외에 다른 단어가 없다는 사실을 숨기는 일. 자비에 라베는 아주 적절하게도 자신의 몸에 대한 인격의 권리가 **"법률적이라는 느낌을 주는 표현들에 의해** 학설과 판례에 반영"[11]되었다고 지적했다. 여기서 라틴어가 그저 유식한 체하기 위해서 사용된 것이 아님을 덧붙이고자 한다. 몸이 인격의 토대 substratum로서 "놀리 메 탄게레" noli me tangere(나를 만지지 말라)에 의해 보호된다거나, 인간이 "자기 자신의 주인" dominus membrorum suorum이고 "스스로에 대한 권리" jus in se ipsum를 갖는다는 따위의 언명은 모두 인간이 자기 몸의 소유자임을 노골적으로 말하지 못하게 하는 종교적 검열의 존재를 폭로한다.

실로 프랑스 법의 독트린은 몸의 **실체**를 인정하지 않으려 했다. 몸이 상품이 되는 것을 막는 사명이 자신에게 있다고 믿었기 때문이다.

반면교사: 보디 이즈 머니

하지만 프랑스 법의 독트린 체계는 원래의 목적에서 벗어나, 기대했던 것과는 정반대의 효과를 생산할 수도 있다. 나는 '잘린 손 훔치기'를 통해 농담처럼 이 점을 보여주려 하였다. 하지만 이 허구의 진정한 흥미로움은 실제로 재판까지 간 사건과 아주 비슷하다는 점에 있다.

사실 프랑스 법의 독트린은 신체-인격 동일시 원칙을 포기해야 할 때는 신체의 보호를 거부했다. 내가 여기서 염두에 두고 있는 것은 캘리포니아 항소법원이 1988년 7월 31일 "존 무어 사건"을 매듭지었을 때 프랑스 법학자들이 보여준 태도이다. 그와 같은 판결은 우리의 공상-재판 연습이 현실과 아주 가까움을 입증한다. 피의자의 동기를 '이웃에 대한 증오'에서 '30억 달러 규모의 시장'으로 바꾸어 놓기만 하면 된다.

의사들이 백혈병 환자의 몸 안에서 아주 희귀한 세포를 발견했다고 생각해보자. 그들은 질병이 만들어낸 이 세포를 추출·배양하여 수를 늘릴 수 있고, 그것으로 의약품을 만들어 비싸게 팔 수 있다. 존 무어 사건이 그런 경우였다. 의사들은 7년간 환자에게 전혀 알리지 않고 그의 몸에서 나온 세포로 돈을 벌었다. 진실을 알게 된 존 무어가 세포의 소유권을 주장하며 소송을 제기할 때까지 말이다. 캘리포니아 항소법원은 사람은 자기 몸의 산물에 대해 완전한 소유권이 있다는 원칙에 의거하여, 존 무어가 옳다고 인정했다.

의사 측 변호인단의 입장은 우리의 공상-재판에서 손 절도범이 무죄방면될 때의 논리와 매우 비슷했다. 즉, 몸에서 떼어낸 것은 비-권리의 영역 속으로 들어간다는 논리였다. 그것은 더 이상 인격으로서 보호될 수 없었다. 인체의 산물이 법적 논의의 장에 등장하는 것은 거기서 모종의 경제적 가치가 발견될 때뿐이다. 의사 측의 변호인들은 그들의 의뢰인이 존 무어에게서 추출한 세포들의 경제적 중요성을 연구를 통해 발견했고, 어떤 의미에서 이 세포들을 법적으로 탄생시켰으며, 그 결과 그것을 전유했다고 판단했다.[이 판결은 대법원에서 최종적으로 뒤집혔다. 캘리포니아 대법원은 의사가 고지 의무를 위반했다는 점만 인정하고 자신의 세포에 대한 존 무어의 소유권을 인정하지 않았다][12]

존 무어 사건이 프랑스에 알려진 것은 신체를 법 안에 삽입할 때 생기는 문제들을 전문적으로 연구해온 마리-앙젤 에르밋의 폭로를 통해서였다.[13] 그녀는 『르 몽드 디플로마티크』에 실린 기고문에서 캘리포니아 법원의 판결과 의사들의 태도가 신체를 산업사회의 상업적 논리에 무책임하게 맡겨버리는 미국문화의 극단성을 보여준다고 강경한 어조로 비판하였다. 그녀는 의사들의 태도에 격분했고, 개인의 신체에 대해 강력한 보호를 제공하지만 그 대가로 존엄을 희생시키는 법원의 논거 역시 인정하지 않았다. 인체의 산물을 소유권의 대상으로 삼는 것은 사실상 그것을 "돈, 무기명 증권, 차용증서와 마찬가지로 동산의 범주에 포함시키는 것이다!" 그와 같은 판례는 "불가피하게 인체의 산물을 사고파는 시장의 형성으로 이어질 것이기 때문에" 더욱 위험하다.

어떤 프랑스 판사도 캘리포니아 법원이 한 것 이상으로 의사들의 편을 들어주지 않으리라는 점은 확실하다. 그의 판단은 물권의 영역이 아니라 불법행위의 영역에서 이루어질 것이다. 연구와 상업화를 목적으로 한 세포 추출은, 환자의 동의가 없다면, 신체의 침해라고 할 수 있으며, 막대한 금액의 손해배상을 지급하도록 명함으로써 처벌할 수 있다. 하지만 판사가 존 무어에게 그의 세포의 상업화로 발생한 이익 중 그의 몫에 해당하는 금액을 주려면, 현재의 지배적인 독트린을 부정해야 한다.

따라서 지배적인 독트린을 존중하는 프랑스 판사는 **인격에 대**

신체, 이 거추장스러운 물건

한 경멸의 가장 완벽한 표현인 이 의학적 행위를 쉽게 처벌하지 못할 것이다. 외과의사들이 존 무어의 비장을 제거했다는 사실을 안다고 해도 그렇다. 환자의 세포에 어떤 특성이 있는지 알게 된 의사들은 수술실 문 앞에서 비장을 나누어 가지기로 하고 집도의와 계약서를 썼다! 프랑스의 의료체계에서 병원 폐기물은 버려진 물건으로서 보통 소각되며, 원하는 사람은 누구든 가져갈 수 있다.[14] 프랑스 법이 이런 상황에서 완전히 무력하다고 말하지는 않겠다. 얼마간 모험적인 접근을 생각할 수 있다. 예를 들어 환자의 존엄에 손상을 입힌 것에 대해 의사에게 민사상의 책임을 물을 수 있다. 하지만 캘리포니아 판사의 해결책이 단순함이나 효율성의 면에서 환자의 인격의 존엄성과 신체를 보호하는 더 나은 방법이었다는 점을 인정하지 않을 수 없다. 사실 자신의 몸과 자기에게 속한 모든 것을 소유권에 의해 엄격히 보호받는 것과 몸에서 떨어져 나온 모든 것이 (황금으로 바뀔 수도 있는) 쓰레기로 취급되는 것 중에서 어느 쪽이 더 인간에게 불명예스러운 일이겠는가?

프랑스 법의 독트린이 몸이 물건이 아님을 보이려 하면서도 그 반대를 입증할 때

프랑스 법의 독트린 체계는 비능률적이다. 몸을 제대로 보호하지 못할 뿐 아니라—이는 인간의 존엄을 훌륭하게 보호한다는 장점으로도 상쇄되지 않는 결함이다— 일관성이 하나도 없다. 그중에서도 가장 심각한 비일관성은 해석 체계 전체를 단번에 파괴하는데, 우리는 국무원 보고서의 다음 구절에서 그 전모를 볼 수 있다.[15]

> 몸은 곧 사람이다. 이는 몸이 물건의 범주, 혹은 재화의 범주에 들어갈 수 없음을 말한다. 몸은 물건이 아니기에, 전유의 대상이 될 수 없으며 다른 재화들에 섞여 유통될 수 없음이 여기서 분명해진다. 하지만 이 원칙은 명시적인 법률의 형태로 존재하지 않는다. 그것은 "유통되는 물건만이 합의의 대상이 될 수 있다"는 민법 1128조[2016년 10월 1일 개정되기 전 법률이다]에서 연역되어 암묵적인 방식으로만 인정된다.

몸이 물건이 아니라고 단언하면서, 거래에서 배제되는 물건을 다루는 민법의 조항에서 논리를 끌어내는 것은 어불성설이다. 로마법은 유통물 *res in commercio*, 즉 계약의 대상이 될 수 있는 물건과 비유통물 *res extra commercium*을 구별하는데, 1128조는 여기서 직접적으로 유래한다. 따라서 민법 1128조를 언급할 때마다 우리는 몸이 물건임을 인정하는 셈이다.

게다가 민법 1128조를 참조하는 것은 잘못이 아니다. 심지어 나는 프랑스 법의 독트린 체계가 이 텍스트를 기둥으로 삼아 그 내적 일관성뿐 아니라 자신의 원천인 로마법의 개념 구조와의 조화를 발견해야 한다고 말하고 싶다. 하지만 그러려면 프랑스 법의 독트린

신체, 이 거추장스러운 물건

은 먼저 몸이 물건이라는 점을 인정해야 할 것이다. 그래야 그다음 단계로 나아가 몸이 거래에서 제외된, 또는 상업화가 제한된 물건임을 인정할 수 있다.

"몸은 돈이다"라는 극단적 주장 앞에서, 프랑스 법체계의 비효율성과 비일관성 앞에서, 법의 역사는 나름대로 할 말이 있다. 지난 2천 년 간 몸이 법률의 무대 위로 어떻게 솟아올라서 민법의 기초를 재고하도록 만들었는지 보여주면서 말이다.

역 사 앞 에 선 민 법

여기서 더 나아가려면 민법이 무엇인지 정의해야 한다.[16]

528년에서 534년 사이 콘스탄티노플에서 유스티니아누스 황제의 명으로 훗날 『로마법 대전』으로 알려질 기념비적 법전이 편찬된다. 우선 "칙령들"을 집대성한 『칙법집』이 편찬되었는데, 이때의 칙령은 황제의 입법행위를 가리킨다. 뒤이어 535년에서 555년 사이의 새로운 칙령들을 모은 『신칙법집』이 나와서 이 법전을 보완하였다. 『로마법 대전』의 또 다른 일부는 『학설휘찬』인데 로마 법률가들의 저술에서 학설들을 발췌하여 방대한 규모로 모은 것이다. 유스티니아누스는 여기서 끝내지 않고 『법학제요』라는 소품을 덧붙였다. 이것은 교과서로서, 어마어마한 사례연구를 포함하는 다른 두 저작과 대조적으로, 근면한 젊은이들에게 민법이라는 이 로마법의 정수를 맛보게 해준다.

『로마법 대전』첫 권의 첫 부분인 『법학제요』는 미래의 법관에게 법이란 무엇인가에 대해 일반적으로 설명하면서 동시에 그의 연구 대상이 될 법이 무엇인지 설명한다. 우선 공법公法이 있는데, 이는 보통 '로마 국가' 또는 '로마 공화국'으로 번역되는 로마의 국제國制, status rei romana와 관련된다. 이어서 6세기의 법학도는 공법 이외에 사인私人들 사이의 일을 다루는 사법私法이 있음을 배운다. 사법은 (살아있는 존재들 전체와 관련된) 자연법, (인간 존재 전체에게 고유한) 만민법, 그리고 마지막으로 (로마 시민의 권리인) 민법(또는 시민법)으로 나뉜다.

(일반적인 것에서 특수한 것으로 나아가는) 서론의 수사학적 절차는, 『로마법 대전』의 다른 권들과 모순되지 않는 『법학제요』의 내용과 함께, 법이라는 이름으로 가르쳐지는 것의 핵심에 민법이 있음을 보여준다. 민법의 알맹이는 로마 시민들의 지위, 그들 사이에서 생겨나는 계약적 의무와 형사상의 의무 그리고 그들이 물질적인 재화들과 맺는 관계이다. 한편 공법은 **성스러운 것들, 사제, 그리고 행정관들**과 관련된다.(『학설휘찬』)

민법이 법의 다른 분야들과 맺어온 관계의 역사를 보면 벌써, 로마의 법적 사유의 핵심에 인간 육체를 추방하려는 경향이 있다는 의심이 생긴다. 공법을 구성하는 것들의 목록만 보더라도 그렇다. 『법학제요』가 그 목록을 인용하는 이유는 그것을 논의에서 배제하기 위해서다. 성스러운 것이 공법에 포함되었다는 점은 육체적인 성스러움이 민법에서 배제됨을 암시한다. 인간 육체는 숭고한 무언가를 가지고 있어서 배제될 수도 있지만, 저속하기 때문에 그럴 수도 있다. 먹어대고 더러운 것을 만들어낸다는 점에서 말이다. 그런데 로마의 행정관들은 위생을 관리했을 뿐 아니라, 점점 더 식량 공급(현물 배급)의 책임자가 되어갔다. 한편으로는 성스러움, 다른 한편으로는 위생과 식량 공급. 인간의 몸은 민법학자의 박학함보다는 종교와 보건의 공적인 관리에 더 자연스럽게 속하는 것 같았다.

형법에 어떤 일이 일어났는지에 대해서도 덧붙이기로 하자. 『로마법 대전』 시대에 형법은 민법의 일부였다. 하지만 로마법은 오래전부터, 피해자가 배상을 목적으로 소송을 한다고 규정하면서, 그리고 신체형을 공권력에 의해 선고되는 것으로 만들면서, 형법의 역사 속에서 거듭 확인된 바 있는 진화를 개시하고 있었다.[17]

여기서 또다시, 공법과 달리 아직 독립적인 분야가 아니었던(하지만 그렇게 될) 이 형법과 민법의 관계는 그것만으로도 민법 바깥으로의 신체의 추방을 의심하도록 만든다. 무엇보다 형법 그 자체는 언젠가 '자유를 박탈하지만 신체형은 아닌 형벌'이라는 원칙을 받아들일 것이다. 그런 형벌의 존재가 환상이 아니라면 말이다.

중세는 『로마법 대전』의 재발견(11세기 말)에서 출발하여 로마시대의 법률가들의 이론적 작업을 이어갔다. 이 시기 동안 교회 안에서 교회법이라는 독립된 법 분야가 발전했다. 교회법의 존재는 공법의 개념을 사제들과 신성성으로부터 떼어놓을 수 있게 해주었다. 나중에 보겠지만, 이것은 몸의 법적 역사에서 매우 중요한 순간이었다. 공법의 이 같은 축소는 근대 국가의 틀 안에서의 헌법, 행정법, 세법(또는 조세법)의 발전에 의해 대체로 상쇄되었다. 같은 시기에 민법은 몇 개의 가지들(상법[또는 육상법], 해상법, 노동법 등)로 갈라졌다. 이 가지들은 사법의 목록을 늘리게 될 것이다. 자연법과 만민법은 철학의 영토로 들어가서 사색의 주제로 바뀌었다. 한편 형법과 소송법은 사법과 공법을 매개하는 위치 덕택에 자율성을 누리고 있었다.

이 진화의 끝에서 현재와 같은 민법이 사법의 가장 중요한 부분으로, 즉 개인의 신분, 가족관계, 재산권 제도, 계약의 규칙을 다루는 법으로 자리 잡았다.

이 민법이 이제 역사상 가장 중요한 순간을 겪고 있다. 그것의 토대—인격과 물건의 구별—가 생명공학의 격렬한 폭발에 직면한 것이다. 이 굉장한 이론적 도전은 과학적 적법성scientific legality의 현 체계 안에서 민법학자의 권위를 시험했다.[18] 민법학자로서는 이것이 신체의 관리라는 영역에 진출할 기회이기도 했다. 지금까지는 민법 없이도 종교와 의학의 분담 속에서, 공공 행정의 중재에 의해 모든 것이 잘 처리되고 있는 것처럼 보였지만 말이다.

신체, 이 거추장스러운 물건

　몸이 어떻게, 물건의 범주에 분류되었어야 하는 순간에 로마인들의 민법에서 벗어났는지, 어떻게 몸이 민법학자들의 시야 속으로 다시 들어왔는지, 왜 몸을 물건으로 분류하는 것을 결국 인정해야 하는지…. 우리의 기획은 주로 이런 질문들을 향해 나아간다. 우리는 인간의 실존을 임종에서부터 검토하려 한다. 왜냐하면, 법률가가 해부학자를 본받고자 한다면, 그는 시체 해부를 통해 핵심을 이해할 것이기 때문이다.

Chapter 03

먼저, 종말에 대해서

시체가 성스러운 것은 물건이기 때문이다.

인간의 몸이라는 문제 영역이 낙태, 보조 생식, 유전자 조작 같은 쟁점에 지배되면서, 배아의 법적 지위에 대한 질문을 통해 이 영역에 접근하는 것이 일반화되었다.

하지만 이것은 몸의 법적 지위를 묻는 방법으로는 최악이다. 배아 이야기가 나오자마자 사람들은 모든 문제를 뒤섞는다. 생식세포의 고유한 삶, 생명이 출현하는 순간, 의식이 있는 존재가 실존하는 순간, 그리고 몸의 법적 본성 등등을.

그 결과는 몸의 본성이라는 문제가 인간 존재의 출현 문제에 묻혀서 사라진다는 것이다. 시기 구분이 본질을 압도한다.

그러므로 나는 순서를 바꾸어 먼저 시체의 법적 상태를 다루자고 제의한다.

탄생과 달리, 물리적 죽음과 법적으로 공증된 죽음의 구별이 있을 수 있지만, 죽음의 순간을 특정하는 문제는 임신 과정 속에서 인간 존재의 출현 순간을 특정하는 것보다 훨씬 쉽다. 그리하여 우리는 시간 순서와 관련된 문제를 없앨 수 있다. 시체는 계속 시체이기 때문이다. 게다가 시체는 어떤 면에서 가장 나무랄 데 없는 몸이다. **산 자는 인간이지만, 죽은 자는 몸일 뿐이다.**

혼수에 포함된 시체

4세기 키프로스의 주교였던 생 스피리동은 생전에 다양한 기적을 행했다고 전해지는데, 그 기적들의 공통점은 '부유하게 만든다'는 것이었다.[19] 뱀을 금으로 만들기, 보물의 발견, 풍년을 불러오는 비 등. 죽은 뒤에 그의 몸은 미라로 만들어져 열렬한 민중 신앙의 대상이 되었다. 그러한 믿음의 가장 직접적인 결과는 그 시신을 간직했던 케르키라 섬의 가족이 (보시, 봉납*ex-voto* 등으로) 부자가 되었다는 것이다. 4세기 중반까지 생 스피리동 가문은 시신을 가산의 중요한 부분으로 간주하였다. 그래서 심지어 딸들의 혼수에 그것을 포함시켰다. 우리는 이를 혼인 계약서 중 혼수 목록에서 확인할 수 있다.[20] 이 일화는 특이할 뿐 아니라, 그 행위의 투박한 단순함으로써, 학식 있는 법관들이 완곡하게 숨기려는 것을 드러낸다. 이는 두 단계로 표현된다.

시체는 물건이다.

시체는 물건일 뿐 아니라 돈벌이가 되는 물건이다.

시체는 성스러운 물건이다.

성자의 시체가 아닌 경우에도 그렇다. 종교사가들과 민족학자들은 언제나 무덤의 성스러움을 불변항으로 간주했다. 여기에는 시체가 당연히 더 성스럽다는 전제가 깔려 있다. 무덤의 성스러움은 시체가 묻혀 있다는 사실에서 비롯되기 때문이다. 하물며 성인의 시체라면 성스러움이 더 강력해진다. 직접적 혹은 간접적인 접촉이 초자연적 효과를 만들어낸다고 여기는 것이다.[21]

이와 같이 우리는, 일화를 통해 우회함으로써 근본적인 어떤 것에 접근한다. 바로 시체의 신성함이 무엇을 의미하느냐는 문제다. 시체는 몸이로되 우리 모두가 물건임을 확신하는 몸이다. 그런데 이 신체적 실체를 강렬하게 의식할수록 그 성스러움 역시 강화된다. 인류학적 관점에서는 기초적이라 할 수 있는 이러한 언명은 프랑스 법의 독트린을 돌이킬 수 없이 잠식한다. 장 카르보니에의 분석은 이 학설을 공식으로 요약하는 데 크게 기여했다.

> 몸은 인격 자체라는 사실에 의해 법 안에서 아주 특수한 자리를 차지한다. 몸은 일종의 성스러움을 지닌다.[22]

프랑스 법의 독트린이 저지르는 기념비적 오류의 근원이 바로 여기 있다. 시체를 중심으로 몸의 실체에 접근하면 불현듯 정반대의 진실이 드러난다. **시체가 성스러운 것은 물건이기 때문이다.**

몸의 성스러움이 몸과 인격의 동일시에서 비롯된다는 말은 인격이 사라지는 순간, 즉 장례가 시작되는 순간 몸이 성스러움을 잃는다는 말과 같다! 하지만 대체로 존경스러운 한 명의 저자가 자신의 주장과 모순됨에도 불구하고 신성함이 어떤 역할을 할 수 있음을 과감하게 암시했다는 점만큼은 높이 평가하기로 하자. 즉 그는 법적 사유의 전통적인 틀을 확장할 필요가 있음을 암시했다. 어쨌거나 성스러움에 대한 이러한 환기는 저자가 주장하려는 바와 반대되는 사실을 입증한다.

20세기 내내 종교사가, 인류학자, 언어학자와 몇몇 신학자들은 성스러움, 즉 감각할 수 있는 세계에서의 초자연적인 것의 현현에 대해 풍부하게 연구했다. 그중에서 우리가 먼저 고려해야 할 것은 엘리아데Mircea Eliade의 작업이다. 그는 "성스러운 것은 완전히 현실적인 것"이며 인간이 감각할 수 있는 세계의 중심에 인간의 몸이 있다고 주장함으로써,[23] 성스러움에 대한 우리의 인식 형성에 근본적으로 기여했다.

인격의 성스러움을 논거로 삼아 몸과 인격의 동일시를 확립하려 하는 이론 구조는 이렇게 해서 무너지고 만다. 인격의 개념—뒤에 자세히 다룰 것이다—은 기술技術적인 추상으로서, 근본적으로 세속적인 세계에 등록되어 있다. 인간 안에 성스러운 무언가가 있을 수 있다고 상상한다는 단순한 사실 자체가 인간의 몸을 물건의 범주 속에 포함시키도록 이끈다.

모든 것이 다음을 말해주는 듯하다. 프랑스 법의 공식적인 독트린이라고 말해지는 것이 몸의 신성함에 대한 오인에 기초하고 있고, 검열이 그러한 오인을 강화한다는 것. 아마도 성스러움의 이중적인 모호성이 이러한 오류를 초래했을 것이다. 라틴어로 사케르*sacer*는 숭배해야 하는 것과 두려움을 일으키는 것을 동시에 가리킨다.[24] 이는, 루돌프 오토에 따르면, 무시무시하면서도 매혹적인 어떤 신비에 대한 직관이다.[25] 게다가 성스러움은 또 다른 점에서도 양가적이다. 성스러움은 숭고하기까지한 초자연적인 것과 접촉하며, 동시에, 혐오스러운 심연을 내포하는 현실적인 것과도 접촉한다. 시체의 복잡한 상황은 이를 잘 보여준다. 시체는 성스럽다. 그러면서도 음식이자 약이자 공해이다.

치료제로서의 시신

물질적 실재(시간과 물건들)만이 성스러울 수 있다. 성스러움이 초자연적인 것과 지상의 실재들의 조우에서 태어났다는 바로 그 사실에 의해서다. 이런 이유로 민중은 물건들을 섬긴다.

성 스피리동의 미라 이야기 뒤에는 기독교 세계의 거대한 성물 사업이 있다. 이 사업은 다음 명제와 더불어 우리에게 견고한 출발점을 제공해준다. 죽음은 몸의 실재와 성스러움 간의 연결을 드러낸다. 성자의 시체가 물건이기 때문에 신도는 그 성스러움을 이용할 수 있는 것이다. 성물의 거래가 죽은 자의 생기를 산 자에게 옮기려는 목적으로 행해지는 식인 의례와 유사하다는 점 역시 확실히 할 필요가 있다. 두 경우 모두 처분 행위*acte de disposition*——전자는 양도

alienation, 후자는 씹어 먹음에 의한 파괴—는 시체라는 현실이 내포하는 바들을 극단까지 밀고가는데, 이는 그 성스러움을 더 잘 이용하기 위해서이다. 다른 말로 하자면, **시체의 성스러움에 대한 인식은 시체를 물건처럼 다루는 것으로 귀결된다.**

이처럼, 종교의 이름으로, 또는 인간의 존엄을 명목으로 시체를 경배하는 행위는, 시체를 먹는 행위가 시체에 부여하는 것과 동일한 성질을 시체에 부여한다. 인간이 시체를 직접 먹든지 동물에게 던져주든지—티베트에 지금까지 남아 있는 이 태곳적 관습은 뱃사람들에게서도 나타나는데—, 시체를 음식으로 취급하는 것은 시신에 대한 숭배와 충돌하지 않는다. 사실 타인의 시체에 의해 돌봄을 받는다는 관념의 기원에는 식인 풍습이 있다. 우선 인간은 생존을 위해 시체라는 식량을 놓고 동물과 다툰다. 다음으로 시체는 약이자 이식용 장기이다. 죽은 자의 장기를, 그 생명력의 요소를 차지하기 위해 먹는 행위는 금세기 초 프랑스 의사들이 인간 즙식요법 opothérapie humaine이라는 이름을 붙여 연구한 극동의 치료적 관행으로, 그 목적에 있어서 장기 이식과 차이가 없다.[26] 두 치료법 모두 이전移轉의 혜택을 받는 사람의 건강 상태를 개선하거나 생명을 살리는 것이 관건이다. 기대되는 효과를 어떤 논리로 설명하느냐에서 차이가 날 따름이다. 전자가 주술적, 종교적이라면 후자는 생리학적이다. 이 서로 다른 두 개의 지적 세계를 연결하는 매개고리는 성물의 효력에 대한 기독교적 믿음이다.

서구의 야만성은 인류학자들이 열대 지역에서 발견하고 경탄한 야만성과 흡사하다. 뤼시엥 레비-브륄은 원시적 영혼âme primitive의 초상을 그리면서, 독자들에게 썩어가는 시체에서 흘러나오는 것을 모두 모아 사용하는 인도네시아의 저 "역겨운 관습"을 생각해보라고 말했다.[27] 그런데 이는 중세 서구에서도 성물의 숭배라는 개념적 틀 안에서 흔히 행해진 관습이었다. 사람들은 외용약, 또는 내복약을 만들기 위해 성자의 무덤에서 스며 나오는 것을 모두 모았으며, 비나지vinage에 의해 생산되는 것도 모았다. 비나지란 시체와 무덤, 그리고 성자와 접촉했던 모든 것을 포도주로 씻는 행위를 말한다.[28]

나는 야만의 기독교화라는 진부한 공식이 아니라, 매개 고리에 대해서 이야기하고 있다. 의례적 식인에서 오늘날의, 시신에서 적출된 장기의 이식으로, 단순한 미끄러짐만으로 이행하려면, 주술적-종교적 우주와 근대적 생리학을 잇는 교의가 필요하다. 이 교의는 기독교가 고대의 이교 문명을 지배한 치유 이론을 고유한 치유 이론으로 대체하려고 했을 때, 발견되었다.

알린 루셀의 '고대 후기 골족의 신앙' 연구는 서구의 치료술의 지적 우주에 대한 우리의 지식을 결정적으로 진전시켰다. 루셀은 기독교가 골족에게서 샘물 숭배에 기초한 기적의 치료법을 발견했음을 밝혔다. 고대의 의사들은 순례 장소 근처에 자리 잡고 영리하게 이 숭배를 이용했다. 조금 뒤에 이야기하겠지만, 이러한 조우는 이교적 숭배, 기독교적 숭배, 그리고 의학적 온천학이라는 세 종류의

　　　　　　　　　　　　　　　먼저, 종말에 대해서

하이드로테라피[물을 이용한 치료법]가 나란히 발전했음을 보여준다.

일단 지금은 수원에 대한 숭배를 성물 숭배로 바꾸기 위해 4세기에 교회가 정교화한 논지에 주목하자. 알린 루셀에 따르면 이 논지를 가장 명료하게 표현한 것이 루앙의 비트리스 주교가 396년경에 집필한 『성인 찬미』Louange des Saints이다.

성물에 대한 기독교 교의 전체는 인류가 하나의 유일한 신체를 이룬다는 관념에서 출발한다. 이브를 만드는 데 사용된 살은 아담에게서 떼어낸 게 아니었던가? 그리고 우리는 모두 최초의 부부의 자손들이 아닌가? 이 육체적 결합에, 그리스도를 머리로 하는 신비로운 몸corps mystique 안에서의 기독교인들의 결합이 덧붙여진다. 이러한 접근은 아주 중요하다. 왜냐하면 성물과의 접촉이 갖는 치료 효과에 대한 믿음은 처음부터 일종의 이식 적합성 이론에 의해 정당화되었기 때문이다. 나머지는 이 최초의 입장에서 자연스럽게 흘러나온다. 성자의 몸은 성자가 신과 관계를 맺고 있다는 사실 덕택에 치료적 효능vertu을 갖는다. 그리고 전체의 효능은 부분들(성물들) 속에서 재발견된다.[29]

하지만, 이 점을 강조해야겠다. 모든 것의 출발점에는 법적이면서 물리적인 신체 공동체에 대한 이론이 있다. 프랑스 법에서 시체의 집합적 소유는 장기적출에 관한 1976년 12월 22일 법에 의해 회복되었다. 이 이론이 얼마나 순진한지는 나중에 설명하겠다. 아무튼 이 이론은 정상급 의학자들에 의해 표명되었다. 그에 따르면 사법적

정교화 전체는 과학적 발견에 의해 의문에 부쳐질 수 있다.[30]

시신, 공해公害의 원형

시체가 일으키는 거부감은 그 성스러움의 다른 측면을 드러낼 뿐 아니라, 건강이 자리 잡는 장소이자 공해의 원형이라는 몸의 위생학적 양면성을 지시한다. 배설물과 시체는 산 자들의 안락과 건강을 위협하는 인간적 노쇠를 표상한다. 19세기의 보건학 문헌은 쓰레기, 배설물, 무덤을 동일한 항목에 포함시켰다. 쓰레기장과 묘지—이것이 유명한 보건학자이자 법의학자인 암브르와즈 타르디외Ambroise Tardieu가 1852년에 쓴 논문 주제였다. **실체**로서의 몸은 그러므로 하찮은 성격을 띠었다. 시신은 육체의 하찮음을 그로테스크한 수준으로 밀어붙인다. 그것이 우리가 그로테스크 예술에 대한 논의로 돌아가야 하는 이유다. 그로테스크 예술은 인간의 육체와 물건의 상호 침투와 융합, 물질의 집합에 의한 몸의 소화를 표현한다. 그런데 생리학자들은 오래전에 부패와 소화의 유사성을 보여준 바 있다.(둘 다 펩톤, 로이신, 티로신 같은 아미노산을 생산한다) 부패가 완료되면 몸은 유기화학에 의해 알려진 여러 물질들로 분해된다.

시체의 처리에는 전문가가 따로 있다. 성스러운 의례를 담당하는 사제와 해로운 물질의 처리를 맡은 의사가 그들이다. 법학자가 꼭 여기 끼어들어야 하는 것은 아님을 지적하고 싶다. 사제와 의사의 관

먼저, 종말에 대해서

계는 경쟁과 협조가 혼합된 성격을 띤다. 한편 장의사, 즉 "시체의 의사"는 신도들이 성자의 몸에 다가갈 수 있게 해준다. 즉 장의사의 일은 시체에 대한 경배를 돕는다. 전통적으로 의사는 사제에게 협조하였지만, 18세기가 되면 사제가 의사에게 시신을 교회 안에 매장하지 말라고 요구한다. 모든 것으로 미루어볼 때 프랑스에서 이러한 금지를 명시한 1776년 3월 5일의 선언은 신도들의 소망에 반하면서 사제의 바람에는 부합하는 것이었음이 분명하다.

하지만 산업 발전의 세기이자 의학적 권위가 확립되는 시기였던 18세기는 의사들이 폐기물의 재활용이라는 그들의 포괄적 기획을 시체에 적용하는 것을 가능하게 했다. 이 기획에는 끔찍한 측면들이 포함된다. 공권력과 보건 전문가들의 공모 덕택에 대중에게는 거의 알려지지 않았던, 인체 유래물질의 거래가 그것이다. 인간의 몸에서 나온 지방의 암거래는 엄청난 스캔들을 일으키기 직전의 수준까지 갔다. 제정帝政 하에서는 파리 묘지의 과밀화(구덩이 하나에 15~20구의 시신을 안치했다) 탓에 시신이 자주 도난당했고, 그 가장 큰 수혜자는 해부학 교실이었다. 시신을 풍부하게 공급받은 해부학 교실들은 이제 해부의 잔해를 처리하는 문제에 직면했다. 해부학 교실의 소유자들이 하숙집을 운영하기 시작한 것은 이런 이유에서였다. 이 하숙집들에서 사용된 연료의 상당 부분은 인간의 지방으로 이루어져 있었다. 이어서 의과대학과 해부학 교실의 직원들이 인간 지방을 법랑 제작자와 가짜 진주 제조자, 약장수(약품 재료로),

짐수레꾼(바퀴살에 기름칠을 하는 용도로), 그리고 양초 제조자에게 팔았다.(이렇게 만들어진 양초는 우선 의과대학의 불을 밝히는 데 쓰였고, 나폴레옹과 마리-루이즈의 결혼식 때 뤽상부르 궁을 밝히는 데도 사용되었다) 이 암거래는 1813년에 종지부를 찍었는데, 당시 한 범죄자의 집에서는 무려 2천~3천 리터의 인간 지방이 발견되었다. 이 지방은 쓰레기와 동물 사체 처리 시스템에 포함되어 몽포콩의 쓰레기장에 던져졌다.[31] 또 장정용의 인간 가죽 암거래 사례들도 있었다.[32]

이 믿기 어려운 일화들의 행간에는 어떤 문제가 감춰져 있었다. 19세기 의학이 충분히 인지하고 있었던 이 문제는 시신의 경배와 공해의 제거라는 두 가지 요구를 모두 충족시키려면 매장埋葬 외에 다른 방법이 없느냐 하는 것이었다. 공업 사회의 바글거리는 도시에서 매장만을 고집하는 것이 가능한가? 보건학의 시대에 걸맞은 장례 의식, 공해의 제거를 허용하는 경배 의식을 발명할 필요가 있지 않을까? 바로 이런 생각에서 건축가 피에르 지로Pierre Giaud는 학사원 공모전에 수지화를 통한 시신의 재활용이라는 안을 제출했던 것이다. 그는 시신에서 얻은 수지로 망자의 초상을 새긴 메달 두 개를 만들어서 하나는 묘지에, 또 하나는 집에 두자고 제안했다.

얼마나 많은 아이들이 유년기가 막 시작되었을 때 덕망 높은 조상의 메달을 한번 보는 것만으로도 범죄와 낭비의 길에서 멀어지겠는가?[33]

사실 프랑스 법은 1887년 11월 15일에야 비로소 화장을 허용했고, 뒤늦게 설득된 가톨릭 교회는 『교회법 대전』에 "매장을 강력하게 권한다"고 명기하면서도 "소각을 금지하지 않는다"고 덧붙인다.

민법학자들이 시체에 무관심해질 때

중세(아무튼 죽음과 친숙했다고 여겨지는 시대)의 민법학자는 죽음의 물리적 측면을 혐오한 나머지, 사망의 결과에 대해 연구해야 할 때조차 육체적이지 않은 죽음—민법상의 죽음—에 의지하였다.[34]

중세의 민법학자—즉 주석학파 *glossateur* [12세기 이르네리우스에 의해 볼로냐에서 시작된 로마법학파]라고도 불리는 로마법 연구가 *romaniste*—는 선조에게서 물려받은 혐오의 전통 안에 있다. 그의 선조, 즉 로마의 법학자는 매장이 인간의 물질성 전체를 법이 더 이상 개입할 수 없는 성스러운 영역으로 내던지기를 바랐다. 인간의 의지가 유언장의 항목들 속에서 살아남을 수 있다 해도, 그 **실체**는 민법에서 벗어나 여분성 *exteranéité* 을 얻는데, 이 여분성은 이례적인 보호를 제공한다. 묘지에 부여된 신성함에 의해 시신은 불가침의 존재가 되었다. 이런 상황에서는 성물의 거래가 완전히 금지된다는 점을 지적해두자. 그러한 거래가 조직될 수 있었던 것은 기독교적 관습이 로마법을 압도했기 때문이다.

무덤(레스 렐리지오사 *res religiosae*)은 이른바 신성법 *droit divin*

의 관할에 속했다. 매장된 시신은 엄격하게 보호되었다. 하지만 그 때문에, 시체는 돈벌이를 위한 거래는 물론이고, 법적 거래 전체에서 제외되었다. 무덤은 어떤 계약의 대상도 될 수 없었다. 무덤의 신성함은 시신의 신성함의 결과에 불과했으므로, 이 "민법의 바깥에 있음으로 인한 보호"는 당연히 망자의 몸에 적용되었다. 로마법의 지적 상속자들은 장례 문제에 대해 동일한 망설임을 보여주었다. 장례 문제는 국가적 권위의 중재 아래 의사와 사제의 전문적 능력에 맡겨졌다. 우선 로마 문명 안에 있었던 식인 풍습의 존재를 승인할 가능성은 완전히 배제되었다. 형법은 광인에 대한 지배를 유지하기 위해 언제나 정신이 맑은 순간을 찾으려고 애썼지만, 19세기에 접어들고도 한참 지나 알사스에서 한 여인이 배가 고픈 나머지 아들을 잡아먹으려 했을 때는, 그런 사례를 인정하느니 차라리 "인간성에 대한 경의에서" 의학이 인지하지 못한 광기의 사례를 발명하는 편을 택했다.[35]

　　그들로서는 장례 부문에서 신성한 해로움을 관리하는 것 역시 힘겨운 일이었다. 물론 행정법 전문가라는 새로운 종류의 법률가가 탄생하면서, 그중 일부가—비록 소수였지만— 이 영역에 헌신했던 건 사실이다.[36] 하지만 민법학자들, 점점 더 다양해지는 법률가 공동체에서 인간 존재의 법적 지위를 전문적으로 다루고 있었던 그들은 장례와 관련된 모든 것에 대한 강한 반감을 지속적으로 드러내었다. 이 지점에서 『달로즈 법률학 사전』 *Répertoire Dalloz* [달로즈 출판사에서 간행한 법률학 사전]이라는, 19세기 중반의 학설의 바다를 탐사하는 것은 특별한 의의를 지닌다.

이 책은 장례 문제가 "행정적 역량", "유대인", "도급", "의학" 그리고 "시료원", "형벌" 항목에서 다루어질 것임을 "행정구역" 항목에서 알리면서, 이 항목들 각각을 "묘지" 항목에 나오는 기본 설명으로 데려간다. 그런데 이 마지막 항목에 이르면 이미 인용된 모든 항목으로의 소급이 발견될 뿐이다. 악순환의 형태를 한 은폐라고나 할까….

사실 그런 은폐 뒤에서 감지되는 것은 다음과 같다. **시체는 매장될 것이고 그리하여 민법의 범주들을 벗어날 것이다.** 시체가 땅에 붙들려 있는 한, 민법은 그것을 붙들 수 없다. 민법학자가 시체를 소환하는 데 실패한다면, 그는 자기가 시체에서 인격의 특성을 발견할 수 없음을 인정해야 하며, 그런데도 그것을 사물의 범주에 포함시키지 않으려 한다는 사실을 고백해야 한다. 여기서 시체는 법적으로 무無라는 명제가 연역된다. 경악스러운 명제가 아닐 수 없다. 민법은 공백을 두려워하기 때문이다. 리페르 Goeges Ripert[1880~1958. 비시 정권에 협력한 보수적 법학자]는 플라뇰Marcel Planiol[1853~1931. 법학 교수. 주저로 프랑스 민법을 기초적 원칙, 특히 로마법의 핵심에서 출발하여 설명한 책 『민법기초론』Traité Élémentaire de Droit Civil이 있음]을 검열하면서 이런 두려움을 잘 보여주었다.

"죽은 자들은 더 이상 인격이 아니다. 그들은 아무것도 아니다"라고 플라놀은 썼다. 이 문장은 리페르에게 너무 잔혹해보였다. 그래서 플라놀의 저서를 다시 편집하면서 그것을 빼버렸다.[37]

이 사건은 단순한 일화를 넘어, 드물게 볼 수 있는 어떤 것, 즉 시체가 검열되는, 나아가 몸이 검열되는 메커니즘을 보여준다. 이 검열은 대개 은연중에 나타나는 현상이지만, 이 경우에는 눈에 보이게 작동했다.

근대 민법에서 우리는 옛 레스 렐리지오사의 잔존을 본다. 민법학자들의 이해 속으로 들어가기를 거부한 이 성스러운 물건. 물론 민법 재판소들은 공동묘지 내의 분양된 묘역과 관련된 소송에서 의견을 표명해야 했다. 하지만 이는 단지 자기들이 민법의 근본 원리의 바깥에 있음을 고백하기 위해서였다. 민법은 개인만을 인지하며, 가족에게는 법적 인격성을 인정해주지 않는다. 그 결과 가족은 어떤 권리의 소지자도 될 수 없다. 그런데, 세속적인 것을 넘어서는 어떤 판례에 근거하여, 묘역과 관련되어 있을 경우 프랑스 민법전의 상속과 분배의 규정들을 무시해야 한다는 원칙이 확립되었다. 묘역은 가족을 벗어날 수 없고, 영구적인 비분할 상태로 유지되어야 한다. 법사가는 이 판례의 의미를 손쉽게 설명할 수 있다: 로마에서처럼 무덤은 민법을 벗어나 가족적 제례의 성스러움 속으로 들어간다.

그 양면성에 의해 검열되는 시체

시체를 연구함으로써 우리가 얻을 수 있는, 특히 견고한 명제들은 다음과 같다.

명제 1. 시체는 물건이다.

명제 2. 시체는 성스러운 물건이다.

명제 3. 시체는 음식이자 약이다.

명제 4. 시체는 해롭다.

명제 5. 시체의 처리는 자연스럽게 사제와 의사가 나누어 맡는다.

명제 6. 민법학자는 시체의 처리에 개입하기 싫어한다.

이 명제들은 어떤 모호함을, 성스러움 특유의 양면성을 표시한다. 초자연적인 것과 물질적인 것 간의 계약의 장소로서, 성스러움은 전자가 지닌 가장 숭고한 것(신성)과 후자에 숨은 가장 혐오스러운 것(배설물)을 연결한다. 성스러움은 그러므로 심오하게 발설할 수 없는 무언가를 내포한다. 이는 시체가 검열된다는 사실에서 특히 잘 드러나는데, 이를 통해서 우리는 살아있는 몸 역시 검열되리라는 것을 추측할 수 있다.

이처럼 모든 것이 시체의 **실체**를 중심으로 돌아간다. 그렇다면 왜 이를 자연스럽게 표현하지 않는 것일까? 어쩌다가 시체의 법적 상태situation에 대해 숙고하게 된 사람들로부터 이 고백을 끌어내기에 이르렀는가? 대답은 관련자 모두가 검열에 기여한다는 사실에 있다. 시체의 성스러움(명제 2)을 다루어야 하는 사람들은 시체가 음식이자 약이라는 점(명제 3) 및 시체가 해롭다는 점(명제 4)을 떠올리지 않으려 한다. 반면 시체의 해로움(명제 4)을 과학적으로 처리해야 하는 사람들은 그 성스러움(명제 2)을 불편하게 여기며, 시체를 음식과 약으로 쓰는 것(명제 3)의 야만성에 대해서도 거북함을 느낀다. 사제(명제 2)와 의사(명제 3, 4)는 서로 협의 아래 행동하지만, 시체에 대해 정반대로 접근한다는 점에서 경쟁관계에 있다.(명제 5) 성스러운 물건은 해로운 물건/음식/약을 검열하고 후자는 역으로 전자를 검열하는데, **이는 최종적으로 물건 자체를 검열한다.** 민법학자가 오랫동안 머물렀던 주변적 위치(명제 6)는 시체의 현실에 대한 그의 분명한 언급(명제 1)과 대조를 이룬다. 여기서 우리는 다시 한번 악순환의 형태를 띤 검열을 발견한다.

종교의 이름으로든, 과학의 이름으로든, 아니면 (성스러움의 담론을 현대적으로 옮겨 쓰면서)인간의 존엄을 내세우면서이든, 시체의 네 가지 요소(물건-성스러움-음식/약-해로움)가 관점에 따라 자명한 것으로 나타나기도 하고 언급하면 안 되는 어떤 것으로 나타나기도 하는 이유가 여기에 있다. 실로, 시체가 무엇인지 탐구하기란 쉽지 않다. 바로 시체의 양면성 때문이다. 한편에는 성스러움을 중시하는 사제가 있고, 다른 한편에는 그에 맞서—문명인답게— 시체가 음식이 될 수 있다는 사실을 감추면서, 시체의 해로움과 약으로

먼저, 종말에 대해서

사용될 가능성을 강조하는 의사가 있다. 시체의 양면성은 이 모든 관점의 접근을 가능하게 한다.

우리가, 특히 민법학자가 시체를 이해하지 못했던 것은 이 시체의 근본적인 양면성에 기인한다. 법관들이 시체에 대해 발언하는 것은 이미 로마시대에도 예외적인 일이었다. 법관들은 시체의 성스러움에 대해, 나아가 그 **실체**에 대해 이야기해야 할 때가 있었다. 그럴 때 성스러움과 **실체** 사이의 끈은 몸이, 대지와 마찬가지로, 성스러움이 거주하는 영토임을 고백하도록 그들을 이끌었다. 『로마법 대전』에 그런 위상학의 예가 있다. 토막 난 몸의 부분들을 따로 묻어야 할 때, 머리가 묻힌 곳만 성스럽다.[38]

하지만 이런 모호함이 시체만의 특성일까? 시체에 대해 방금 확인했던 사실들은 살아있는 몸에도 해당되지 않을까?

시체에서 살아있는 몸으로

죽음을 통해서 인간은 몸으로 돌아가는가 아니면 죽음은 인간이 몸이라는 사실을 그저 추인할 뿐인가? 시체의 **실체**를 근거로 살아있는 인간의 몸의 **실체**를 연역할 수 있는가? 아니면, 피에르 르장드르가 그랬듯이, "죽음이 몸을 물건의 범주에 들어가게 한다"[39]고 말해야 할까?

나는 이 책을 통해 다음을 증명하고 싶다. 로마법에서 나온 분류 방식들을 고려했을 때 살아있는 인체는 물건의 범주에 들어가야 한다는 것, 인체의 법적 성격은 죽음의 순간에도 바뀌지 않는다는 것, 그리고 인체의 구성 요소들은 몸에 붙어 있든 아니든 동일한 실체적 성질을 지닌다는 것.

여기서는 몇 개의 방증을 제시하는 데 그치려 한다. 시체와 관련하여 논의된, 신성한 것의 위상학과 양면성이 살아있는 몸에도 완벽하게 적용된다는 사실에서 출발하기로 하자.

생물학적인 활동은 시체의 전체성 속에서 인지되었던 것을 구별하고 나누도록 허용한다. 그리하여 우리는 살아있는 몸과 시체가 유사하다는 첫 번째 방증을 얻는다. 시체와 마찬가지로 살아있는 몸은 성스러움의 요소와 식량의 요소, 그리고 치료제의 요소를 지니고 있다. 게다가 해롭기도 하다. 피는 확실히 성스럽고, 젖은 확실히 식량이며, 혈청과 이식용 장기에는 확실히 치료적 효능이 있다. 그리고 배설물은 해로움의 원형이다. 그 전체성 속에서 포착했을 때, 살아있는 인간의 몸은 시체와 마찬가지로 여러 성질들의 모호한 혼합으로 나타나는데, 그 성질들의 공통점은 **물건**이라는 것이다. 이 기본적인 증거들은 모두 살아있는 몸이 물건임을 의심하지 못하게 만든다.

한편, 우리가 기독교 문화의 틀 안에서 진화해왔으니만큼, 어떤 기독교적 관습도 죽음을 거치면서 몸의 성격이 바뀐다고 암시하지 않는다는 점을 지적해두자. 죽음은 오히려 몸의 실체를 확인하는 것으로 보인다. 교회가 적어도 일 년에 한 번, 재의 수요일에 신도들에게 "너희는 먼지에 지나지 않으니 먼지로 돌아가리라"고 확언하면서 환기시키는 바로 그 물질성을. 몸의 본성의 이 항구성을 성 바울은 『로마서』(7장 24절)에서 살아있는 인간의 몸을 코르푸스 모르티스^{corpus mortis}, 즉 "사자死者의 몸"이라고 일컬으면서 강력하게 표현한 바 있다.

또 하나의 지표는 1844년 3월 14일 센의 경죄법원^{tribunal correctionnel}(제1심법원 형사부에 해당)이 "인체는 죽기 전이든 죽은 후든 상품으로 여겨질 수 없다"[40]는 이유로 시체의 방부 절차에 대한 특허권 인정을 거부한 것이다. 이 법리적 태도는 각별하게 흥미롭다. 한편으로는 그것이 장례와 관련된 일들을 상거래에서 배제하는 로마적 관념의 재발견을 보여주기 때문이고, 다른 한편으로 살아있는 몸과 시신을 동일한 법적 범주에 포함시키기 때문이다. 즉 거래에서 배제되기는 하지만 그렇다고 물건이 아닌 것은 아닌 물건들의 범주이다. 앞에서 보았듯이 우리가 신체에 대한 권리를 견고한 토대 위에 정초하려면 이 범주를 되살려야 한다.

같은 취지의 법률상 근거가 1949년 7월 7일 법에 존재한다. 장기 기증을 규제하는 최초의 프랑스 텍스트인 이 법은 "유언에 의한 처분으로 안구를 물려주는" 것을 허용하며, 이 행위를 유산 상속의 틀, 즉 물건에 대한 소유권을 이전하는 기법^{technique}에 종속시켰다. 안구는 죽은 후에는 물건이다. 유언을 통해 이를 처분하려면 그 법적 성격이 사망 이전과 같아야 한다. 그리고 안구의 법적 성격을 몸의 다른 부분의 법적 성격과 구별하게 해주는 것은 아무것도 없으므로, 1949년의 법은 사망 전후 몸의 법적 지위가 변하지 않는다는 사실 속에서 자신의 논리를 발견한다.

마지막으로 지적하자면, 우리의 공상-재판은 다음을 확언하도록 허용한다. 그 다양한 구성요소들 속에서 고려되었을 때 인체는 생리학적 죽음의 단계를 통과하면서 법적인 성격이 바뀌지 않는다. 몸에서 분리된 사지와 기타 인체 요소는 부패로 인해 이식이나 재이식 혹은 재주입에 부적합해지기 전에도 법적으로 물건이다. 그 전체성 속에서 고려되었을 때 그것들은 인체를, 즉 부분들의 집합과 법적으로 구별되는 성격을 갖는다고 생각하기 어려운 하나의 전체를 구성한다.

법적 죽음은—앞으로 우리는 그것이 의학적 죽음이나 부패와 어떻게 다른지 보게 될 텐데— 인격을, 권리들의 주체를 사라지게 한다. 하지만 몸의 법적 성격에 대해서는 아무 영향을 주지 않는다. 시체가 물건이라는 사실은 살아있는 인간의 몸도 그러함을 짐작하게 한다.

*

죽음의 나라로의 이 예비적인 여행 덕택에 우리는 민법의 해석 체계가 몸을 요술로 사라지게 만들었다는 사실을 깨달을 수 있다.

의학과 생명공학이 지금처럼 발전하고 있는 상황에서 더 이상 유지되기 어려운 요술이다.

우리가 살고 있는 20세기 말은 법의 역사에서 사법적 숙고가 몸을 다시 발견해야 했던 시대로 기록될 것이다. 하지만 그러한 숙고가 펼쳐지는 사유 체계는 2천 년 전에 만들어졌고, 그 목적은 바로 몸에 대해 말하지 않기 위해서, 몸의 법적인 본성에 대해 발언할 필요가 없게 하기 위해서, 몸이라는 이 물건의 신성함은 사제에게, 그리고 저속함은 의사에게 맡긴 채, 법학자는 인격들, 즉 법적 창조물들로 이루어진 인류를 재구성할 수 있도록 하기 위해서였다. 여기서 창조자는 물론 법학자다.

법학자들은 이 도전을 받아들이기 시작했다. 그들의 목소리는 아직 엄청난 소란에 휩싸여 있다. 그 안에서는 윤리적인 호소가 거의 모든 것—도덕, 종교, 금기 등등—을 뒤덮고 있는 상태이다. 사법적 해석은 결국 깨달았다. 몸의 법적 본성이라는 중대한 문제를 더 이상 회피할 수 없다는 것을. 시체가 물건이라는 사실을 무시하는 것이 더 이상 불가능해졌다는 것을. 이것이 우리가 자비에 라베 같은 사람에게서 발견하는 고무적인 태도이다. 「출생 이전과 죽음 이후의 인간 신체의 법적 상태」라는 제목이 붙은 그의 박사논문은 몸의 **實體**의 인식으로 불가피하게 이어질 해석적 도정으로 나아가는 중대한 한 걸음으로 간주되어야 한다. 한편 이 책의 서문 집필자가 독자들이 받을 충격을 고려하여 덧붙인 주의사항이나 "영원한 안식의 권리", "신체적으로 온전할 권리" 같은 중요한 항목의 부재는 저자가 인류학적-역사적 관점에서 더없이 중요해 보이는 영역, 하지만 로마적 사유에서 나온 민법 안에서는 무지의 전통이 유지되었던 영역을 탐사하기 시작했다는 점을 보여준다.[41] 민법학자들에게 있어서 시체를 보지 않는 것은 인간의 몸을 문명세계 바깥으로 밀쳐내는 가장 분명한 방법이었다.[42]

Chapter 04

로마의 시빌리테가 법의
탈육체화를 강제했다는것

로마의 시빌리테는 몸과 영혼을 동시에 검열하는 세계를 건설했다.

고유한 창조물들이 거주하는 세계,

법적 삶이라는 무대 위에 올린 인격들의 세계를.

생명공학의 난입이 없었다면, 민법에서 인간 지위의 역사는 곧 그 몸에 대한 검열의 역사였을 것이다. 그리고 몸은 종교와 의학의 영역에 내버려졌을 것이다. 여기서 나는 이러한 몸의 실종이 민법학자들의 시빌리테의 표현이었음을 보이려 한다.

시빌리제^{civiliser}[문명화하다]라는 프랑스어 동사와 그 명사형인 시빌리자시옹^{civilisation}[문명]은 "형법이 관장했어야 할 사건을 민법의 관점에서 판단함"과 "풍속이 문명에 더 가까워짐"이라는 이중적인 의미를 띠고 각각 16세기와 17세기에 나타났다.[43] 그런데 **야만**의 반대말로 이해되었던 이 **문명**의 출현을 목도한 세기는 '형벌은 죄인의 육체에 고통을 주어야 한다'는 것을 원칙으로 삼았던 형법의 야만성을 고발한 세기이기도 했다. 법의 탈육체화의 최종 단계인 신체형의 포기가 이렇게 해서 가능해졌고, 문명—이 단어가 이미 존재했으므로—의 진보로 분명하게 고지되었다.

이러한 상황 증거에 노베르트 엘리아스의 『풍속의 문명화』를 덧붙이기로 하자. 같은 시기인 16~18세기에 품위 있게 행동하는 법이 체계화되었는데, 이는 몸에 대한 검열로 이어졌다. 이처럼, 법규범과 관련해서든 예의범절과 관련해서든, 문명화 과정은 몸의 상실로 감지되었다. 에티켓이란 육체적 삶을 잊어버리고 우리가 인격이라고 부르는 비물질적인 존재들의 삶을 하나의 규범 체계 속에서 재창조하는 것이다. 민법은 바로 이 규범 체계 안에 등록된다.

라틴어에는 문명에 대응하는 단어가 하나도 없다. 하지만 라틴어는 키빌리타스^{civilitas}라는, 문명에 있어서 핵심적인 개념을 발명하였다. 문명^{civilisation}은 키빌리타스로 들어가는 입구이다. 로마인들에게 키빌리타스는 시민으로서의 덕성, 사회성, 예의, 선의, 그리고 정치적-사법적 체계를 동시에 가리키는 단어였다. 그들은 이 모든 것을 참조하여 민법(또는 시민법)을 자연법 및 만민법과 구별했던 것이다.

선조들의 기억을 애지중지했던 로마인들은 그들의 민법이 키리테스^{Quirites}(로마의 거주자들을 가리키는 고어)의 법이라고 늘 주장하였다. 하지만 사실 민법은 몸의 존재를 전제하는 법적 건축물의 잔해 위에 세워졌다. 법의 탈육체화를 통해 비로소, 신체를 주술적으로 속박하는 관행들의 야만성이 법적 관계들에 대한 합리적 담론으로 대체된다.

법이 소유하는 신체

여기서 우리는 진짜 소유의 사례들을 다루려 한다. 이때의 '소유'는 신자나 민속학자가 초자연적인 상태를 묘사하려 할 때 사용하는 의미로 쓴 것이다.

이것은 고전기 이전의^{archaïque} 사회 체계에서 어떻게 개인으로부터 법에 대한 복종을 얻어냈느냐 하는 문제, 즉 개인들을 집단에 묶어두거나, 그들끼리 묶어두는 일이 어떻게 가능했느냐와 관련된 중대한 문제다. 고전기 이전 사법 체계의 기저에는 언제나 물리적 폭력이 있었다. 하지만 초자연적 절차에 의한 구속은 어떤 의무를 진 사람을 묶어놓음으로써 그가 신체적으로 공격당하는 것을 막는 데 목적이 있었다. 고전기 이전의 법은 죗값을 치러야 하는 범죄자이건, 아니면 돈을 지불하거나 어떤 일을 해야 하는 사람이건, 죄인 혹은 채무자의 몸이 물리적으로 속박된 사람과 유사한 처지에 있도록 초자연적인 힘을 개입시켰다.('속죄한다'는 의미의 불어 expier의 어원인 ex-piare는 몸에서 신성함이 떠나가도록 만든다는 뜻이다) 그는 "묶여 있는 것과 마찬가지"다. 왜냐하면 그는 유사-구속의 의례 행위, 즉 오블리가티오*obligatio*의 대상이기 때문이다. 법적 의무 *obligation juridique*의 개념은 여기서 나왔다.

범죄자의 신성화*consécration*

사케르 에스토*Sacer esto*! 성스러울지어다!

서력 5세기 중반의 로마인들은 12표법에 따라 이런 말과 함께 사형에 처해지곤 했다. 로마인들의 이 "사케르 에스토!"는 성스러움의 신체적 물질성을 완벽하게 표현한다. "사케르 에스토!"와 함께 "희생"*sacrifice*이 집행되는데, "희생"은 어원학적으로 "성스러운 것을 만들어냄" 이상의 무엇도 의미하지 않는다. 여기서 우리는 다시 종교사가들의 도움을 받을 수 있다. 그들에 따르면 인신의 희생은 음식의 공양으로 시작되는 사슬의 맨 끝에 온다. 사케르의 몸은 신들의 소유물이 된다. 신들은 그것을 마음대로 처분할 수 있었을 것이다. 소유권에는 파괴할 권리도 포함된다는 점—이는 소유권의 독특한 점이기도 한데—을 감안한다면 말이다. 이처럼 신들이 죄수의 몸을 차지하는 것은 고대 지중해 일대에서 하나의 불변항이었고, 「창세기」(4장 13~15절)에 나오는 최초의 살인에 관한 이야기에 완벽하게 표현되어 있다. 법의 바깥에 놓인 카인이 아무나 자기를 죽일 거라고 두려워하자 야훼는 "아무나 그를 칠 수 없도록 카인에게 표식을" 남긴다. 즉, 신은 자신에게 속한 몸에 표시를 한 것이다.

범죄자에게 사형선고를 내리는 사람들은 신의 복수의 도구에 지나지 않는다는 관념의 기원이 여기 있다. 이 관념은 대부분의 고대 형법에서 발견되는, 같은 사람을 두 번 매달지 않는다는 규칙의 배경을 이룬다. 『형량의 계산』 *De Poenis Temperandis*에서 16세기 프랑스의 법학자이자 정치가인 티라코 André Tiraqueau는 이 규칙을 다음과 같이 정당화한다.

> 만일 교수형에 처해진 죄수가 줄이 끊어져서 땅에 떨어진다면, 이것이 기적이 아닌지 의심해보아야 한다. 피고가 무죄를 주장했던 경우라면, 그에게 자유를 돌려주는 것이 당연하다.[44]

현대의 형법에서는 이 규칙이 사라졌지만, 처형 도구가 불완전하게 작동하면 죄수가 자동적으로 사면된다는 믿음이 아직도 널리 퍼져 있다는 점을 지적해두기로 하자. 지우고 다시 써넣은 양피지의 글자들 밑에 "사케르 에스토!"가 여전히 희미하게 남아 있는 것이다.

채무자의 저주

타인을 노예로 삼는 이 신적인 권력을 어떻게 조금이라도 인간에게 부여하느냐? 주술적 감응의 풍부한 목록 가운데 저주에 관한 장에는 법률과 관련된 항목이 하나 있다.

근대 학설들이 채권자의 억압적 장치 사용을 정당화하면서 제시하는 근거들은 다양하다. 의지의 자율성, 법의 존중, 판결의 권위 등등. 19세기 독일의 학설은 법적 의무를 채무Schuld와 책임Haftung 이라는 두 가지 요소로 구별하는 이론을 개발하였다. 이 이론은 근대 학설의 맥락에서는 솔깃하지만, 12표법에 나타난 고대 로마법의 의무들을 연구하는 데는 큰 도움이 안 된다. 사실 거기서 우리가 발견하는 것은 이행해야 하는 일들뿐 아니라, 채무자의 신체이며, 또한 채무자의 약속을 대신하는 이 신체에 대한, 주술적인 기원을 가진 지배이다.[45]

신체를 담보로 삼는 행위는 경범죄자에게 가해지는 공개적 처벌에서, 그리고 범인을 희생자에게 묶어놓는 형사상의 의무들과 관련하여 특히 인상적으로 나타난다. 이때의 원칙은 경범죄자[프랑스 형법은 범죄를 경중에 따라 구별한다. 여기서 경범죄로 번역한 délit는 감옥형에 처해질 수 있는 범법행위로, crime(중죄)보다 가볍지만 contravention(위반)보다는 무겁다. 경범죄의 판결은 경죄법원 판사가 맡는다]가 자신의 잘못에 대해 몸으로 책임을 져야 한다는 것이다. 이는 물론 멤브룸 룹툼*membrum ruptum*(신체절단)의 경우 '눈에는 눈, 이에는 이'의 적용을 정당화한다. 그 밖의 경우에도 언제나 몸이 연루된다. 오스 프락툼*os fractum*(골절)이라 불린 폭력이 금전적 보상으로 대체된 이유는 범죄자에게 희생자가 당한 것과 똑같이 골절상을 입히는 것을 상상하기 어렵기 때문이다. 일정액의 돈을 주도록 함으로써 경미한 폭력을 제재할 때 그 기저에 깔린 법의 정신은, 자발적이거나 의무적인 타협이 이루어지는 다른 경우들에서처럼, 돈은 몸값이라는 것이다. 희생자들에게 금전적으로 보상하는 방법이 일반화되긴 했지만 형사상의 책임을 지우는 데 있어서는 초기의 신체적 구속의 원칙이 살아있었다. '아방동 녹살'*abandon noxal*이라고 불리는 제도가 좋은 본보기다. 6세기의 『로마법 대전』에 따르면, 한 가정의 가장은 자신의 가축이나 노예가 남에게 손해를 끼쳤을 때, 그 가축이나 노예를 —살아있든 죽었든 상관없이— 피해자에게 넘길 수 있다. 이 시대까지 가장은 그가 법적으로 책임지고 있는 자유인을 누구든—심지어 자기 아들이라 해도—이 같은 방법으로 버릴 수 있었다.

동일한 신체적 담보가 계약적 의무의 영역에서도 발견된다. 넥시(귀족에게서 돈을 빌린 평민)와 프라에데스(보증인), 그리고 유디카티(마누스 인젝티오라고 불리는 형벌을 받은 범죄자)는 경범죄자와 동일한 상황에 있었다. 즉 그들은 풀려나려면 돈을 내야 했다. 이 채무자들 중 하나가 채권자에게 넘겨진다면, 그는 후자가 어느 쪽을 원하느냐에 따라, 사슬에 묶여 감금되거나 노예가 되었다.

배상금을 지불한 경범죄자와 돈을 갚은 채무자는 자신의 몸을 되산다는 것이 고대 로마법의 일반적 규칙이었다. 이 신체적 저당이 어디까지 갈 수 있는지 알고 싶다면 12표법을 보면 된다. 12표법은 여러 명에게 돈을 꾸었는데 갚을 능력이 없는 유디카투스는 몸이 여러 조각으로 잘려야 한다고 규정하고 있다.

범죄자의 몸에 새겨진 자국의 성스러움—"사케르 에스토"와 함께 극도로 표현되는—은 더 이상 증명이 필요 없다. 고대사가들, 성서 주석가들("복수를 부르짖는 피"), 그리고 민속학자들의 연구는 이 지점에서 수렴한다. 고전기 이전의 계약적 의무 체계에서 신체의 저당은 같은 방법으로 나타난다. 서력 1세기의 법학자들은 채권자와 채무자의 관계를 유리스 윈쿨룸*iuris vinculum*이라는 말로 정의했다. 이 법적인 연결에는 훗날 점점 더 은유적인 의미가 부여된다. 하지만 12표법에서는 이 연결이 현실이다. 지불 불능의 채무자가 유죄판결을 받으면 이 연결이 물리적인 성격을 띨 수 있다. 그런데 이때의 물리적 속박은 그 이전의, 보이지 않지만 분명히 존재해온 속박, 채무자의 몸에 주술을 거는 방식으로 이루어진 초자연적 속박

로마의 시빌리테가 법의 탈육체화를 강제했다는것

을 물리적으로 구현한 것에 지나지 않는다. 의무와 관련된 법의 영역에서 사용되는 동사들인 오블리가레*obligare*, 넥테레*nectere*, 솔베레 *solvere*가 "'물리적인 연결을 만들거나 푼다'는 의미에 더하여, 종교적·주술적 의미를 지니며, 주문이나 예식의 도움을 받아 확립되는 종교적 관계와 관련하여 사용된다"[46]는 것을 지적할 필요가 있다.

이처럼 고전기 이전의 의무는 신체적이면서 동시에 성스러웠다. 그것은 성스럽기 때문에 신체적이었다. 나중에 다시 이야기하겠지만, 성스러운 기원을 지닌 신체적 연결이라는 관념은 기독교적 결혼관(혼인의 '신성한 유대') 속에서 살아남는다.

육 체 화 에 대 항 하 는 시 빌 리 테

12표법은 엄밀히 말해 법이 아니다. 그보다는 주술적인 분위기에 잠겨 있는, 본질적이고 농촌적이고 폭력적인 사회 특유의 관습적 권리를 요약한 것이다. 이는 우리가 "법학자들의 시빌리테"라고 부르는 것과 완전히 무관한 문화였다. 거기서는 법의 육체화를 정당화하는 어떤 논리도 제자리를 발견할 수 없었다. 이런 측면에서 서력 2세기 중반에 가이우스가 란세 리시오케*lance licioque*, 즉 '쟁반과 속바지에 의한' 가택수색에 대해 취한 태도는 특히 의미심장하다. 12표법에 규정된 이 절차는 도둑맞은 사람이 속바지 차림으로 쟁반을 들고 혐의자의 집에 들어가서 잃어버린 물건을 찾아낼 경우 그 혐의자를 현행범으로 취급하여 사형에 처하는 것을 허락한다. 로마 법률가들의 시빌리테를 가장 잘 표현한 사람이었을 가이우스에게 이것은 "완전히 웃기는 법"이었다. 법의 역사를 가르치는 교수들은 수업시간에 란세 리시오케에 의한 가택수색을 이야기할 때마다 멋진 성공을 거둔다. 가이우스는 안토니우스 피우스와 마르쿠스 아우렐리우스가 다스리던 시대에 살았지만, 지적인 면에서는 자신보다 6세기 전에 이 법을 정식화했던 로마인들보다 오히려 두 번째 천년의 끝을 살아가는 젊은 청중들과 훨씬 더 비슷하다. 로마제국 전기의 법률가들의 사회와 오늘날의 법대 대형 강의실은 사법적 절차 속에 신체가 개입하는 것을 상상할 수 없는, 그리고 고대 이전의 사법체계 안에서는 그런 관행이 인정되었다[47]는 점에 대해 전혀 신경 쓰지 않는, 민법의 이 동일한 시빌리테에 속한다.

  란세 리시오케의 의미에 대해 역사가들은 의견이 갈린다. 하지만 그들은 신체의 개입이 성스러운 의례와 관련되어 있다는 점에 대체로 동의한다. 가이우스는 이 절차를 비웃었다. 거기서 어떤 실용성도 발견하지 못했기 때문이다. 그가 로마의 시빌리테에 속해 있다는 사실이 그가 인류학자의 시선으로 이 제도를 바라보는 것을 방해했던 것이다. 그렇지 않았더라면 그는 여기서 전례적인 의미를 포착할 수 있었을 텐데 말이다. 민법의 시각 체계에서 '몸'이 추방된 것은 인간에 대한 민법의 담론에서 성스러움이 추방되었기 때문이다. 성스러움을 잃었기에, 희생자의 몸이 소송에 끼어드는 것은 비웃음과

로마의 시빌리테가 법의 탈육체화를 강제했다는 것

함께 지워질, 부적절한 저속함에 지나지 않는다.

우리는 여기서 몸의 근원적인 양면성을 발견한다. 하지만 어떤 용어도 몸이 민법 안에 들어가는 것을 허용하지 않는다. 왜냐하면 몸은 성스럽고도 저속하기 때문이다. 몸이 법률가들의 시빌리테에 의해 민법에서 배제된 반면, 민중문화 안에서는 계속 중요하게 다루어지는 것은 바로 그 한가지 이유에서다.

몸의 성스러움에 직면한 민법의 거부반응

공화정의 마지막 몇 세기 동안 로마인들의 법 생활은 학식 있는 법률가들의 중개를 통해 표현되었는데, 이들은 더 이상 사제들의 세계에 속하지 않는다는 것이 중요한 특징이었다. 로마의 법률가들은 구두로 의견을 표명하든 전문서를 편찬하든, 입법자에게 영감을 주든, 판결을 내리든, 행정에 관여하든, 가르치든, 증서를 만들든 아니면 변호하든, **합리적이면서 동시에 실용적인** 담론 속에서 사회 현실을 고려하려 했다. 그런데 성스러움의 개입만큼 그러한 담론을 방해하는 것은 없다. 특히 인간 존재가 문제일 때 그렇다.

로마의 법학자들은 결코 종교가 없는 사람들이 아니었다. 그들은 오늘날 우리가 독트린이라고 부르고 그들이 판례라고 불렀던 것이 "신의 일과 인간의 일에 대한 지식"으로 이루어져 있다고 보았다. 무엇보다 고전기(공화국 말기와 제국 전기)의 법학자들은 "신 혹은 신관의 법"에 대해 많은 책을 썼고 이를 민법 저서와 분명하게 구별하였다. 이처럼 민법은 종교적인 것, 특히 성스러운 것을 괄호 안에 넣음으로써 종교(처음에는 로마교, 나중에는 기독교)를 부정하지 않고도 사유할 수 있는 하나의 분야로 등장했다.

어떻게 성스러움을, 그리하여 몸을 민법 바깥으로 밀어냈는지 살펴보려면, 『로마법 대전』을 참조하는 게 가장 좋은 방법이다. 이 법전은 민법 전체를 세 개의 항목으로 분류한다: 인人[권리주체], 물物[권리객체] 그리고 소권訴權[권리]. 민법의 이런 조직 방식이 몸에 대한 검열로 이어졌다는 점, 그리고 몸의 **실체**를 언급하지 않는 것으로 귀결되었다는 점은 나중에 논증하기로 하고, 우선 거기서 찾아낼 수 있는 성스러움의 거부 메커니즘을 설명하는 데 그치려 한다. 「법학제요」는 또한 물건의 범주를 크게 "상업적으로 유통되는 물건"(유통물)과 "상거래 바깥에 있는 물건"(비유통물)으로 구별하며, 후자는 어떤 법률 행위의 대상도 될 수 없다고 가르친다. 이 '상거래 바깥에 있는 물건'의 집합(프랑스 민법전 1128조는 여기서 유래했는데) 자체는 다시 인간의 법과 관련된 이유로 상거래에서 배제된 물건(모든 인간이 공동으로 소유하는 물건이나 어떤 공동체에 속하는 물건)과, 신법과 관련된 이유로 그러한 물건으로 나뉜다. 후자 가운데 일부는 이른바 성스럽다sacrée. 또 일부는 고결하며sainte, 일부는 종교적이다(묘지를 생각할 것). 하지만 이 모두에는 신성함의 표식이 찍혀 있다. 즉 인간의 물질적 환경과 신의 세계의 접촉에 의해서 다른

　　　　　　로마의 시빌리테가 법의 탈육체화를 강제했다는것

것들과 구별된다. 이렇듯 로마법은 어떤 물건들의 성스러움을 부인하지 않는다. **다만 이 물건들이 법적 삶의 바깥에 있다는 사실을 명시하기 위해 그 성스러움을 알릴 뿐이다.**

반면에 인격이 성스럽다는(혹은 몸이 성스럽다는) 진술은 민법 어디에도 없다. 그 몸이 특별한 성스러움의 대상이 될 수 있는 인격들은 사제나 행정관처럼 공법에 등록된 범주에 속하기 때문이다. 무엇보다도 『로마법 대전』에는, 칙법집을 제외하면, 성스러운 인격과 물건에 대한 언급 자체가 매우 드물다. 이 저작이 기독교적 신앙과 성스러움의 영향 아래 있으며, 사실상 로마의 시빌리테의 중대한 위기를 고지하고 있음을 지적해두어야겠다. 이 위기는 중세 유럽에서 교회법의 출현, 그리고 세속적인 권력과 영적 권력의 대립이라는 무시무시한 정치적 위기로 나타난다.

육체의 저속함에 직면한 로마의 시빌리테의 거부감

그리스 철학, 로마의 법적 사유가 그 안에서 발전했던 이 지적인 틀은 학파를 막론하고 몸에 대해 깊은 경멸을 품고 있었다. 몸은 영혼의 "감옥", "무덤" 또는 "적"으로 비난받았다. 이런 지적 전통 안에서 육체의 거부는 영혼의 승리를 뜻했다.[48]

육체를 거부한다는 말이 육체를 학대한다는 뜻은 아니다. 오히려 고행은 몸에 지나친 중요성을 부여하면서 편집증에 빠진다. 반면 그리스-로마 문화에서 중요하게 여겨졌던 스포츠와 목욕은 몸을 부인하는 방법 중 하나였다. 깨끗하고 튼튼하고 건강한 몸은 '몸'의 존재를 잊게 하며, 정신의 건강이라는 진정한 이상에 도달하는 것을 허락한다. 이것이 "건강한 몸에 건강한 정신이 깃든다"*mens sana in corpore sano*라는 금언의 의미이다. 완벽하게 훈련받은 운동선수에게 적당한 신체적 연습은 미적이고 지적일 뿐 아니라 어느 정도는 도덕적인 활동이다.

육체미의 찬양 역시, 그리스와 로마의 예술가에게는 영혼과 가까워지는 하나의 방법이었다. 아름다움은 하나의 이상이 된다. 즉 인간이 지닌 신적인 것—영혼—을 표상하면서 몸의 현실을 부인하는 수단이 된다. 몸은 (불결해질 수 있는) 물질과 신성이 만나는 지점을 표시하는 이 성스러움의 양가성을 지닌다. 한편 영혼은 필연적으로 숭고하다. 인간의 아름다움은 신성처럼 표현된다. 비너스와 아폴론은 신이었다. 안티누스는 신격화되었다.[안티누스는 하드리아누스 황제의 총애를 받은 그리스 청년으로 젊은 나이에 죽은 후 신격화되어 수많은 예술 작품에 등장했다] 영혼이란 인간의 내부에 자리 잡은 비인간적으로 아름다운 신성이다. 인간 내부 어디에? 어디에나. 왜냐하면 르장드르가 간파했듯이 서양 사상에서 영혼은 몸 안의 특정한 곳에 머무르지 않기 때문이다. 영혼은 몸 전체에 구석구석 퍼져 있다. 그리하여 영혼은 "일종의 불가사의한 분신이자 두 번째 몸이 되는데, 우리는 이를 미술에서 볼 수 있다." 마찬가지로 춤은 "다른 존재가 되려는 열정"을 표

로마의 시빌리테가 법의 탈육체화를 강제했다는것

현한다.[49] 춤의 목적은 영혼이라는 이상적인 육체의 이미지를 좇아 새로운 육체를 만드는 것이다. 이러한 환상을 가장 모던한 방식으로 베껴 쓴 것이 **보디빌딩**이라 불리는 신체적 건축학의 프로그램이다.

*

사람들은 로마의 법적 사유가 그리스 철학에 젖은 지적 분위기 속에서 발전했다고 지적하곤 한다. 아닌 게 아니라 이는 정확한 전거에 의해 확인된 사실이다. 뒷장에서 우리는 법학자들이 "예술은 자연을 모방해야 한다"는 아리스토텔레스의 원칙에 어떤 중요성을 부여했는지 볼 것이다. 반면에 로마의 시빌리테나 그것이 숨기고 있는 프로메테우스적 야심은 독창성을 인정받지 못했다.

로마의 법학자들이 그리스 철학을 참조한 공식들을 일부러 사용하지 않았을 때 그 침묵을 충성의 표시로 해석한다는 게 문제였다. 이런 식의 해석은 도박처럼 아슬아슬하다.

로마의 시빌리테가 그리스 철학을 참조하면서도 심오한 독창성을 유지했다는 점. 우리는 곧 인격의 연출 속에서 이 점을 발견할 것이다. 방금 나는 그리스적 사유가 몸의 저속함을 검열하는 성향을 설명할 수 있다고 말했다. 하지만 그리스적 사유가 어떤 역할을 했다면 이는 보조적인 힘에 지나지 않는다. 본질적인 작용은 **법적 인격**의 발명과 더불어 로마의 시빌리테의 핵심에서 이루어졌기 때문이다.

그리스의 철학적 사유는 인간을 육체와 영혼으로 지각한다는 점에서 머지않아 기독교적 사유와 조우할 것이다. 로마의 시빌리테는 이와 달리 몸과 영혼을 동시에 검열하는 세계를 건설했다. 고유한 창조물들이 거주하는 세계, 민법학자들이 연출을 맡아서 법적 삶이라는 무대 위에 올린 이 인격들의 세계를.

로마의 시빌리테가 법의 탈육체화를 강제했다는것

Chapter 05

자신의 연출자를 창조한 인격

인격의 발명은 법학자들에게 탈신성화된 인류를 재창조하도록 허락하였다.

법적 인격은 **인간을 법적 삶이라는 무대에 올리기 위해** 로마인의 시빌리테 속에서 고안된 개념이다. 이로써 민법은, 법률가들의 실용주의에 합류하면서, 고대 철학과 기독교가 제시했던 바와 같은 '개인', 즉 영혼이 거하는 육체라는 관념에 맞섰다. 인격은 그러므로 영혼과 육체를 동시에 대체하기 위해 민법의 사유 체계 속에 등장한 셈이다.

법률가는 이제 그의 행위를 연극적인 연출의 공간이자 신적인 창조의 공간이기도 한 하나의 영역에 기입할 수 있게 되었다. 인격의 발명은 법학자들에게 탈신성화된 인류를 재창조하도록 허락하였다. 이는 앞에서 언급했듯이, 성스러움이 『법학제요』에서 공식적으로 물건의 범주 속에 분류되었다는 사실에서 완벽하게 확인된다.

그 성스러움 때문에 인간의 육체는 물건의 범주에 속한다. 더 정확히 말하면 신성법과 관련된 물건들, 즉 민법이 다룰 수 없는 물건들에 속한다. 인격의 발명은, 그리고 그와 동시에 이루어진 육체에 대한 검열은 인간의 법이 인간적인 문제에 대처하기 위한 불가결한 조건으로서 로마의 시빌리테 안에 자리 잡았다.

카푸트와 페르소나: 머리와 가면

추상화 작업은 민법이 카푸트*caput*, 즉 머리에 은유적인 의미를 부

자신의 연출자를 창조한 인격

여했을 때 시작되었다. 머리는 목숨이었고, 따라서 그 통합성 속에 있는 사람이었다. 그 후, 사람의 머리에 대한 언급은 우의적인 성격을 띠게 되었다. 카푸트는 도시국가의 정치적, 사법적 체계 안에 있는 인간의 존재를 표현한다. 법적인 삶 속에 온전하게 존재하는 로마인으로 인정받기 위해서는 카푸트의 세 요소를 갖추어야 한다. 자유인의 지위*status libertatis*, 시민의 지위*status civitatis*, 그리고 가장家長의 지위*status familiae*. 이 요소들 중 하나라도 사라지거나 바뀌면, 그 사람은 "머리의 축소"*capitis deminutio*를 겪었다고 간주된다. 이는 머리의 상실, 즉 시민적 죽음으로 이어질 수 있다.

몸이 그대로 있는데도 법적으로 머리를 자르다니, 굉장한 곡예가 아닌가? 법의 이 탈육체화를 어떻게 설명해야 할까? 인간의 머리와는 구별되는, 법적인 삶을 위한 머리, 하지만 그 유사성에 의해서, 그리고 대변인으로서의 성격에 의해서 전자에게 의존하는 머리가 존재해야 했다. 하지만 그런 머리가 있다면, 그것은 연극의 가면이 아닌가? 인간의 머리를 대신해서 말하는 이 법적 머리는 목소리가 멀리까지 들리도록 솜씨 좋게 만들어진 가면, 배우가 페르 소나레*per sonare*(sounding through) 즉 청중 전체에게 자신의 말이 도달하도록 사용하는 페르소나*persona*가 아닌가?

인격 개념의 출현은 법의 탈육체화의 역사에서 결정적인 한 걸음이었으며, 바로 그 때문에 그 성격을 아주 명확하게 규정할 필요가 있다. 로마인들이 페르소나라고 부른 것, 그리고 우리가 자연인

personne physique이라고 부르는 것은 하나의 추상이다. 이렇게 미리 명확히 하는 이유는 법인격 이론이 뒤늦게 발전하면서 문제가 불분명해졌기 때문이다. 그러므로 아주 확실하게 말해두기로 하자. **자연인은 법인**personne morale**과 똑같이 하나의 추상이지만, 동시에 실제로 존재하는 추상이다.** 이 점에서 법률가는 창조자의 역할을 한다.

창조자인 법률가

(입법가를 포함하여, 가장 넓은 의미에서의) 법률가는 인격 개념을 이용하면서 사회적 극장의 위대한 연출가가 될 것이다. 아니 그 이상으로 예술적인 창조자가 될 것이다. **그의 창조물은 실제로 존재하며, 그것이 대표하는 피와 살이 있는 존재를 대신하는 경향이 있다.** 이 곡예를 완수하고 나면, 인격에 대해 더없이 눈부신 조작을 가하는 것이 수월해진다.

법적인 연출은 연극에서의 연출과 달리, 진실로 창조적이다. 법적 인격들은 일상 속에 존재한다는 점에서 연극 속의 인물들과 다르다. 인격은 추상이다. 하지만 허구는 아니다. 왜냐하면 인격을 탄생시킨 법체계라는 감독이 누가 얼마나 오래 존재해야 하는지를 결정하기 때문이다. 학설은 결국 로마의 시빌리테 속에서 인격들의 역할을 규정할 것이다. 물건이 권리의 객체라면 인격은 권리의 주체다. 법률가들은 그들이 무대 위에 올린 권리들에게 보유자를 만들어주기 위해 인격을 창조하였다. 로마법이 표현하는 문명 체계 전체는 인간이 법에 의해 인격의 형태로 '재창조'되면서 초자연적 힘의 노리개 노릇을 그만둔다는 관념을 깊은 토대로 삼는다. 인간 앞에 나타나 물건들의 성스러움을 매개로 그에게 작용하는 저 보이지 않는 힘 말이다. 『학설휘찬』의 다음 구절은 이 관념을 표현한다. "법 전체는 인간을 위해 만들어졌다"*hominum causa omne jus constitutum* 민법을 탈신성화하면서, 그리고 동시에 물건에 대한 인격의 지배를 확언하면서, 로마의 사법체계는 **주관적 법**droit subjectif, **즉 권리**의 맹아 형태를 포함하고 있었다.[프랑스어의 droit는 '법'으로도, '권리'로도 번역된다. 권리는 주관적인 관점에서의 법이라고 할 수 있다. 그러므로 이하에서는 droit subjectif를 모두 '권리'로 번역한다] 사물의 자연적 질서는 법률가로 하여금 각자에게 그의 몫을 주도록 강제하는데, 주관적 법이란 이러한 질서에 입각하지 않더라도 한 사람에게 인정되는 권리이다.

나는 지금 미셸 빌레이Michel Villey의 가르침을 따르는 법철학 학파와 대립하고 있다.

미셸 빌레이는 전통적으로 고대 로마의 법에서 나왔다고 여겨졌던 어떤 개념들이 사실은 중세의 신학자들과 로마법 연구자들 및 교회법 연구자들의 고안물이었음을 프랑스 법률가들에게 이해시키는 데 기여하였다.[50] 그의 저서 및 제자들의 저서의 주요 테마 중 하나는 주관적 법 또는 권리 개념의 출현과 관련되어 있다. 미셸 빌레이에 따르면, 로마의 법학자들은 아리스토텔레스의 영향 아래, 법 안에서 사물의 자연적 질서에 대한 존중만을 보았다. 이러한 시각은 중세가 되어서야 뒤집힌다. 윌리엄 오캄은 개인으로부터 출발하여, 즉 권리들을 보유한 법적 주체로부터 출발하여 법을 재구성했다.

권리 개념이 오캄의 명목론에 의해 공고해지기는 했지만, 그 개념이 처음 나타난 것은 오캄 이전이라는 사실이 오늘날 잘 입증되어 있다.[51] 중세철학 전문가들은 법제사가들의 회의주의를 정당화했다. 법제사가들은 언제나 거대한 이론사적 단절들에 대한 믿음이 전승의 현실에 대한 무지를 감추고 있다고 진단했다.[52]

미셸 빌레이의 이론의 주된 결함은 인격을 개인과 혼동한다는 것이다. 인격은 사물들의 자연적 질서의 바깥에 있는 추상적 구성물이다. 자연적 질서는 개인을 단지 영혼이 거주하는 육체로 바라본다. 인격의 개념화를 가능하게 해주는 지적인 작업은 진정한 **추상**의 과업이다. 추상이라는 말은 여기서 **감각가능한 현실 바깥으로 끌어냈다**는 어원적인 의미로 사용된 것이다. 즉 몸과 동일시된 인간 바깥으로 말이다.[53]

만일 우리가 인격이 법적 무대 위의 실재적 창조물임을 이해한다면, 우리는 인격이 법적 권리들의 주체 외의 다른 것이 아님을, 인격은 법의 주체가 되기 위해, 그리고 법의 주관적 개념화를 기초하기 위해 발명되었음을 깨달을 것이다. 로마의 시빌리테는 사물들의 자연적 질서를 무시하지 않는다. 이 질서는 우리가 곧 보겠지만, (괴물을 만들지 않도록) 법률가들의 권력에 한계를 설정한다. 하지만

자신의 연출자를 창조한 인격

이 한계 안에서 법률가는 인격들에게 창조자의 권력을 휘두른다. 이 권력은 창조적이기에, 자연 질서의 단순한 복제가 될 수 없다. 미셸 빌레이의 이론은 인격의 출현이 법의 탈육체화의 산물이라는, 이 핵심적인 사실에 대한 무지로 인해 토대에서부터 망가졌다. 바로 이 같은 무지가 이 저자에게 프란시스코 교단의 청빈 논쟁의 진정한 의미를 보지 못하게 한다는 점을 우리는 지적할 것이다. 인간의 육체를 다시 소유권과 관련된 법적 담론 안에 끌어들였다는 것이 그 논쟁의 의의다.

법률가는 어떻게 진정한 창조자가 될 수 있을까? 우리는 15세기 그리고 특히 16세기의 신학적-법적 사유 안에서 '이 세상에는 신의 영역과 동일한 성격을 띠거나 신의 영역을 반영하는 어떤 인간의 영역이 있다'는 이론이 발전하는 것을 본다.[54] 이 학설은 하나의 견고한 신적인 참조점을 통해 소유자들 중 가장 보잘것없는 자의 권리를 정당화하면서, 먼저 교황에게, 그다음에는 독일 황제에게, 근대 왕국들에게, 그리고 위임에 의해 법률가들 전체에게, 창조의 권리에 다름 아닌 하나의 권리를, 즉 "존재하지 않는 곳에 무언가를 만들 권리"*de nullo potest aliquid fieri*를 부여하는 이론의 뒤를 잇는다. 에른스트 칸토로비치는, 모든 문학적이고 예술적인 창조 이론이 입법자들의 창조하는 권력을 참조하며 정교화되었음을 명석하게 지적하면서, 법에 의해 창조된 인격들의 현실적 존재를 자신의 논증의 기초로 삼는다.[55]

『법학제요』에 기록된 대로, 로마의 시빌리테의 우주는 인격, 물건, 소권[소송의 근거가 되는 권리]으로 이루어져 있다. 소송은 무엇보다 법적 연출의 가장 강렬한 순간, 드라마로서의 재판, 어떤 절차의 시간, 일상의 연출이다.

고대 로마에서는 어떤 법의 존재를 소권의 존재로부터 연역할 수 있을 정도로, 사법체계 안에서 소송이 매우 중요했다. 로마의 시빌리테는 소송을 통해 **인격들**을, 그들 간의 관계 및 그들이 **물건들**과 맺는 관계들 속에서 연출했다. 이 인격들을 법적인 삶 속에 정말로 존재하도록 만드는 것은 인간적인 창조의 성과로서, 종교에서 신의 창조의 결과물이라고 말하는 것들과 비교할 만하다. 그러므로 이 성과는 신성함이 망각되고, 그 결과 몸이 검열될 것을 절대적으로 요구한다.

그것의 중요성을 확인하는 의미에서, 로마법이 신성한 물건들의 범주를 미리 만들어두었지만 신성한 인격들의 범주는 만들지 않았다는 점을 상기하자. 그럼 로마 종교의 사제, 신격화된 황제, 그리고 훗날의 기독교 성직자는 어디에 분류해야 하는가? 이 로마인들은 분명히 신성함의 광휘에 둘러싸여 있었으며, 그들이 신성화된 인격의 범주에 분류되지 않았다면, 이는 신성한 것은 그들의 인격이 아니라 물건으로서의 그들의 몸이기 때문이었다.

인격과 물건의 구별은 신의 영향에서 벗어나 인간에 대해 합리적인 법적 성찰을 전개하려 했던 하나의 사유 체계 속에서 자연스럽

자신의 연출자를 창조한 인격

게 이루어졌다. 인간에 대한 신의 지배가 그의 몸의 신성을 통해 감지되었기에, 몸에 대한 검열 역시 자동적으로 부과되었다. 몸이 검열되었다는 사실은 우리가 시신이 그 자체의 신성함을 무덤에 부여한다는 점을 살펴보았을 때, 하지만 시신의 고유한 신성성이 어디에서도 분명하게 설명되어 있지 않기에, 무덤이 신성한데 하물며 시신은 얼마나 신성하겠느냐는 논리에 따라 그것을 연역해야 했을 때, 이미 완벽하게 드러난 셈이다.

　인격 개념의 발명을 정당화한 사유 체계를 이해함으로써 우리는 이 개념이 모든 형태의 신성함의 지배에 철저하게 저항한다는 사실을 이해할 수 있다. 하지만 여기서 우리는 언어적인 수준에서의 어떤 어려움에 부딪친다. 인격 개념으로의 대체를 통한 몸의 검열, 그리고 인격의 보호가 그것을 소유한 몸의 보호를 가져온다는 것, 이 모든 것은 인격의 개념이 일상적인 언어에서만이 아니라 법의 언어에서도, 인간의 몸을 가리키는 데 사용되었다는 점을 말해준다. 그리하여 사람들은 왕의 성스러운 인격에 대해 이야기할 수 있었다. 성스러움에 관한 장章에서뿐 아니라 왕의 손길에 의해 나력瘰癧[결핵성 임파선염]이 낫는 것에 대한 대목에서도. 물론 모독죄에 대한 피비린내 나는 처벌을 잊어서는 안 된다. 사실, 뒤 캉쥐Du Cange의 『용어사전』Glossarium(1678)을 찾아보면 17세기에는 "코르푸스 레지스"corpus regis라는 표현이 프랑스어로 "왕의 인격"으로 번역되었음을 알 수 있다. 왕의 신성함은 그러므로 인격의 신성함이 아니다. 대관식 날 사람들은 왕의 몸에 성유를 바른다. 그리고 나력에 걸린 병자는 바로 이 몸에 접촉하려고 애쓴다. 모독죄로 말하자면, 먼저 그것은 왕의 신체에 대한 공격으로 정의되었다. 그리고 유추에 의해서 비로소 모반을 비롯한 정치적 범죄에 적용되었다. 하지만 가장 큰 모독죄는 국왕 살해였다.[56] 이 모든 것은 인격을 탄생시킨 로마의 시빌리테에게는 꽤나 낯선 것이었다.

법률가, 인격들의 삶을 조작하는 자

15세기 도핀의 법률가 기-파프 Gui-Pape 는 입법자의 창조적 권력을 인상적으로 묘사할 방법을 찾으면서 황제는 "죽은 자를 살아있다고 선언"[57]할 수 있다고 쓴다.

인격이라는 추상을 발명하면서 법률가가 인격에 대해 커다란 권력, 우리가 생명공학의 미래를 이야기할 때 상상할 수 있는 수준을 뛰어넘는 권력을 손에 넣은 것은 사실이다. 자연인은 물질적 실체의 존재, 즉 몸의 존재에 의존하면서도 그것의 노예는 아닌, 법적 실재이다. 인격은 몸에 앞서 태어날 수 있다. 인격은 또한 몸이 죽은 뒤에도 살아남을 수 있고, 몸을 놔둔 채 사라질 수도 있다. 인격은 무엇보다 고유한 힘을 지닌다.

자신의 연출자를 창조한 인격

인격은 몸에 앞서 태어날 수 있다

자연인의 삶은 이렇듯 물질적인 삶에 의존하면서도 고유한 규칙들을 따른다. 이는 프랑스 법에서 언제나 라틴어 격언 "인판스 콘셉투스…"*Infans conceptus…*[58]로 표현되는 원칙, 곧 배 속의 아이를 이미 태어난 것으로 간주하는 것이 그 아이에게 이익이 된다면 그 아이는 태어난 것으로 간주될 수 있다는 원칙에서 특히 잘 드러난다. 로마법에서 인격은 출생 후에만 존재할 수 있었다. 하지만 태어난 아이에게 이익이 된다면, 법은 그의 인격의 출현 시점을 임신의 순간으로 거슬러 올라가서 결정하는 것을 허용했다. 자비에 라베의 논문은 사람의 법적 인격성이 출생 이전에 존재한다고 주장하기 위해 제출된 논거들을 모두 파괴했다. 그리하여 그 논문은 프랑스의 현행법이, 로마법과 마찬가지로, 태어난 개인의 인격만을 인정하며, 그 인격이 그것이 대표하는 인간 존재의 출생에 몇 달 앞서서 법적 무대에 출현했다고 결정하는 것은 경우에 따라서만 허용한다고 결론지었다.[59]

미셸 빌레이처럼 인격의 연출이 함축하는 탈육체화를 파악하지 못한 사람들이 "출생 전의 아이에게 인격을 인정하는 것 같은, 몇 가지 세부적인 규칙을 제외하면"[60] 우리가 인격에 관한 로마인들의 법을 전혀 물려받지 않았다고 믿는 것은 이해할 수 있다. 하지만 로마법은 "인판스 콘셉투스…"의 격언과 더불어 그 인격 개념의 핵심을 우리에게 전해주었다. 법적 존재와 물리적 존재의 구별이 바로 그 핵심인데, 이 구별 덕택에 법률가들은 인격의 출현 시점을 그 인격의 이익에 따라 결정할 수 있다. 인격이 죽을 때도 마찬가지다.

인격은 몸보다 먼저, 또는 나중에 죽을 수 있다

인격은 인간 존재보다 오래 살아남을 수 있다. 로마법에서 상속인
이 없는 유산은 언제나 죽은 자의 인격에 속하는 것으로 간주되었
다. 게다가 로마법과 그것의 영향을 받은 사법체계들—프랑스 민법
도 포함된다—은 물리적 죽음을 확인하지 못한 부재자의 인격을 영
원히 살아있다고 추정하게 만드는 실종 이론을 발전시켰다. 역으로,
인격은 몸이 멀쩡히 살아있는데도 죽을 수 있다. 1977년 12월 28일
에 제정된 프랑스의 현행 실종법이 바로 그런 결과를 초래한다. 이
시스템에서는 신체적으로 살아있는 사람을 실종 선고로 사실상 사
망시킬 수 있다. 그러면 그의 재산이 상속자에게 넘어가고, 배우자
에게는 재혼이 허용된다. 하지만 실종자가 다시 돌아올 가능성도 고
려해야 했기에, 귀가한 사람에게 사법적 인격성을 다시 부여하도록
했는데, 민법학자들은 아주 정확하게도 이를 **부활**^{résurrection}이라고
부른다.[61]

사실 프랑스의 현행 실종법은 고대의 시민적 죽음을 복원한다.
1854년 5월 31일 법이 이런 이름을 달고 있는 형벌을 폐지한 이래,
사람들은 시민적 죽음이 프랑스 법에서 사라졌다고 말해왔다. 하지
만 로마인들이 카피티스 데미누티오 막시마^{capitis deminutio maxima}

자신의 연출자를 창조한 인격

라는 이름으로 알고 있던 이 제도는 원래 적에게 억류된 시민의 지위와 관련이 있었으며, 그에게 시민법상의 죽음을 선언함으로써 실종 상황을 해결하는 것이 핵심이었다. 중세의 로마법 연구자들은 여기에 종교에 귀의하는 경우와 특정한 형사상의 선고를 받는 경우를 추가했다.

시민적 죽음 제도는 또한 법률가들에게 물리적인 죽음을 떠올리지 않고도 죽음의 사법적 결과에 대해 성찰할 수 있게 해준다는 점에서 교의적으로 중요한 역할을 하였다. 죽음을 순수하게 사법적인 기준들에 의해 정의하는 것은 사실상 육체적 죽음을 검열하는 것이며, 최종적으로 몸을—원초적인 성스러움과 저속함으로 각인되어 있어서 법률가들의 정교한 학문적 논변 속에 자리 잡기 어려운 이 물건을— 망각하는 것이다.

로랑 메이알리에 의하면, 중세의 법률가들은 정서적인 외상과 영혼의 안녕에 관한 문제, 몸의 사후적 분해 등을 환기시키는 죽음을 잊고 싶어했으며, 죽음을 평온하게, 즉 **문명인답게** civilement 다루기를 원했다.[62] 그러한 죽음은 그들에게 평온한 정신 상태로 직면할 수 있는 진짜 죽음이자, 합리적으로 다가갈 수 있는 세속적 죽음이었다. 시민적 죽음은, 법률가들에게 죽음의 기준으로 제시되면서, 법의 탈육체화를 향해 새로운 한 걸음을 내디뎠다.

인격은 육체적 힘이나 인간적 지성과는 구별되는 힘과 지성을 소유한다

한 인격의 힘과 지성은 민법학자들이 '능력'capacité이라고 부르는 것과 동일시된다. 이 개념은 어떤 사람이 권리의 보유자이면서도 그것을 직접 행사하지는 못할 수 있음을 뜻한다.[63]

법적 능력은 한 인격이 법적인 장면에서 행동할 수 있는 자격aptitude이다. 우리가 보았듯이 로마에서 한 사람의 법적 존재는 머리에 준거하여 표현되었다. 법적으로 존재한다는 것은 하나의 '머리'라는 것이며, 이는 지적 능력을 함축하는 신체적 준거점에 의해 인식된다는 것이다. 무능력이라는 관념은 원래 신체적인 약함을 기준으로 삼았다. 법학자들이 그런 상황(법적 무능력)을 정당화하기 위해 사용한 인피르미타스infirmitas와 임베실리타스imbecillitas의 개념은 지적인 결함으로 확장되기 이전에 먼저 신체적인 약함을 가리켰다. 아이의 무능력은 무엇보다 말을 할 수 없는 불구자의 무능력이었고(아이를 뜻하는 라틴어 인판스infans는 언어 장애인이라는 뜻이다), 나아가 자신의 이익을 효과적으로 방어할 수 없는 자의 무능력이었다.

약한 성에 속하는 인류의 절반의, 저 유명한 임베실리타스 섹수스imbecillitas sexus(성적 미성숙)는 법적 무능력이라는 관념의 신체적 기원을 뒷받침한다. 오랫동안 사람들은 여성에게서 짝짓기 능력, 육체적으로 남성과 여성에게 똑같이 음모의 출현으로써 표시

자신의 연출자를 창조한 인격

되는 적합성만을 인정해왔다. 성행위가 (일반적으로 말해서…) 남성의 육체적 우월성을 확인하는 행위로 인식되면서 (기혼이든 아니든) 여성의 능력은 단지 혼인의 적합성으로 축소되었다. 반면, 남성의 사춘기는, 보통 여성보다 늦게 오지만, 완전한 법적 능력을 초래한다.

심신상실자의 무능력에서도 신체적인 것은 동일한 중요성을 지닌다. 처음에는 발작 상태의 광인, 즉 그의 이익을 돌보기 전에 먼저 물리적으로 제압해야 하는 사람만이 무능력하다고 여겨졌다. 그러다가 광기의 발작이라는 규정을 다른 병리적 상태로 확대하면서, 로마법은 심신상실자의 무능력에 대한 일반적 규정을 정교화한다.

여기서 우리가 보는 것은 무능력에 대한 법의 진화의 일반적인 방향, 즉 심리적인 기준들을 핵심적으로 고려하는 경향이다. 임베실리타스 섹수스가 주로 정신적인 의미로 받아들여지는 것은 그로 인해서다. 사춘기에서 신체적 현상의 중요성을 축소하고, 그것을 뒤로 미루거나(25세 미만은 사업의 정글로부터 보호된다) 앞당기는 것(사춘기 이전의 청소년에게 유리한 활동들과 관련해서)도 마찬가지다.

마침내 민법학자들은 인격의 법적 능력을 인간적인 현실로부터 부분적으로 떼어내기에 이르렀다. 그리하여 그들은 사춘기의 "법적 연령"을 여아 12세, 남아 14세로 고정했는데, 프랑스 민법은 이 문턱을 높이면서 혼인 가능연령으로 바꾸었다(각각 15세와 18세). 말할 필요도 없는 일이지만, 로마법 체계에서는 진짜 사춘기(현대 과학은 사춘기와 결혼 적령기가 오랫동안 동일시되어 온 것은 잘못이라고 말한다)에 도달하지 않은 사람도 결혼을 할 수 있었다. 프랑스법의 경우, 법적 혼인 연령이 신체적인 혼인 가능 연령보다 늦다는 것을 새삼 지적하지 않아도 될 것이다. 그런데 혼인 가능 연령에서 남녀의 차이가 유지되었다는 사실은 민법이 이 지점에서 다시 한번 (인류를 재창조하는 자신의 시스템 속으로 이전된)생물학을 조작했음을 보여준다.

인간의 능력을 민법적으로 정의하는 것은 사실상 평등을 제도화하는 것이다. 주어진 능력의 영역에서 모든 존재(여자, 남자, 아이, 광인)는 지적인 면에서나 신체적인 면에서 우열이 없다. 결혼 적령기에 대한 법적 정의는 바로 이 점을 표현한다. 모든 사람은 사랑과 재생산에 있어서 동등하다. 왜냐하면 그들의 몸이 검열되어 사라졌기 때문이다. 이렇듯 법의 탈육체화는 물질적인 현실의 관점에서는 상식에 어긋나는 것을 단언한다. 예를 들어, 건강하고 영양 상태가 좋으며 창고에 식량이 가득한 사람과, 병들고 굶주려서 다른 사람이 가진 것을 조금이라도 얻으려 하는 사람이 평등하다고 말하는 것이다. 몸이 검열되었기 때문에 이 두 사람은 평등한 상태에 있다. 이 평등은 그들의 자유와 연관되어 있다. 한 명은 팔지 않을 자유가 있고 다른 한 명은 사지 않을 자유가 있다. 법의 탈육체화가 식량의 구입과, 예컨대 예술품의 구입을 구별하지 않는 것으로 귀결되기 때

자신의 연출자를 창조한 인격

문에, 민법은 사람은 식량이 없어도 살아갈 수 있다고 결론짓는다. 로마의 시빌리테는 굶어 죽는 사람들이 있다는 사실을 문제 삼지 않는다. 우리가 나중에 보겠지만, 중세가 되자마자 로마의 시빌리테는 바로 이 부분에서 격렬하게 비난받을 것이다.

괴물의 제조는 금지되어 있다

로마의 시빌리테는 생명의 조작이라는 관념을 탄생시켰을 뿐 아니라, 생물학적 조작의 한계를 처음으로 설정하였다.

인격의 조작은 비물질적이지만, 그러한 조작은 여전히 피와 살을 가진 존재들에 영향을 미친다. 몸을 검열해서 보이지 않게 해도 몸은 존재한다. 그리고 자연은 자신의 이미지를 법률가들에게 제시하여 인격에 대한 그들의 권력을 제한한다.

로마의 시빌리테는 그리스 철학이 지배하는 철학적 우주 안에서 성립되었고, 이 그리스 철학 안에서 예술은 자연을 모방해야 한다는 이론이 확고하게 자리 잡았다. 특히 아리스토텔레스가 이런 예술 이론을 표명한 바 있다. 그런데 자연은 우리에게 인간과 괴물을 본능적으로 구별하는 법을 가르친다. 괴물이 유발하는 불쾌감에 의해서 말이다.[64] 로마법이 여기서부터 끌어낸 명제는 다음과 같다: 어떤 여자에게서 태어난 것이 괴물의 특징을 가지고 있다면 그와 같은 생명체는 인간으로 인정될 수 없다. 이는 그러한 거부가 함축하는 온갖 우생학적 결과들로 이어졌다.(『학설휘찬』) 괴물은 인격이 될 수 없다. 마찬가지로 법률가들은 인격의 생명을 조작함으로써 괴물을 창조해서는 안 된다. 로마법과 법체계는 이 원칙을 고수하면서 그것이 적용되는 두 개의 영역을 발견한다. 바로 입양과 법인이다.

입양은 괴물을 제조하기 위해 발명된 것이 아니다

가문의 힘을 키우기 위해서든, 아이를 갖고 싶은 욕망에서든, 아니면 고아에게 행복을 주기 위해서든, 입양의 발명은 가장 놀라운 법적 조작 가운데 하나다. 입양은 신체적으로 무관한 두 사람 사이에 하나의 혈연관계를 확립한다. 법률가들은 즉시 그들이 자기들의 기예의 한계를 건드리고 있음을 깨달았다. 인격은 몸으로부터 상대적인 자율성만 가지고 있기에, 입양하는 자와 입양되는 자 사이에 혈연관계를 만드는 것이 지나치게 비정상적인 결과에 도달하지는 않는지 판단하기 위해서는 두 사람의 신체를 고려해야 했다. 아리스토텔레스 이래 로마의 법률가들은 "예술은 자연을 모방해야 한다"고 되뇌었다. 하지만 그들은 정당화가 불가능해지는 지점 직전에서 멈추면서 이 격언을 온건하게만 적용하였다. 예를 들어 성교불능자에게는 입양을 허용했으나 거세된 자에게는 허용하지 않았다.[65] 그들은 사물의 자연적인 질서와 관련해서 어느 정도 유연하게 대처했으며(결혼하지 않고 입양하거나, 자식이 없는데 손자를 입양하는 등

자신의 연출자를 창조한 인격

⁶⁶), 아버지가 아들보다 더 젊어지는 것 같은 극단적인 상황에서만 괴물스러움을 인정하였다.

자기보다 나이 든 사람을 입양해서는 안된다는 것은 지당하다. 입양은 자연을 모방해야 한다. 아들이 아버지보다 늙은 것은 괴물스럽다.⁶⁷

머리가 둘인 교회는 괴물이다

이는 12세기의 『쾰른 대전』 *Summa Coloniensis* 에 명확하게 표현되어 있다. "머리가 둘인 교회는 사실상 괴물이 될 수 있다." *Ecclesia beceps effecta ad monstrum declinet*

인격의 조작을 통해 얻어진 가장 놀라운 결과는 중세에 로마인 의 업적을 발전시키면서 만들어낸, '법인' *personne morale* 이라 불리는 것이다. 그 아이디어는 정말이지 환상적이었다. 게다가 실제로 끊임 없이 환상을 불러일으켰다. 법인의 발견은 두 단계로 이루어졌다.

1단계: 인간 공동체가 인간의 몸과 유사한 집합적 신체를 형성 한다고 상상

2단계: 이 가상의 신체에 인간의 인격에서 베껴온 인격성을 부여

집합적 신체의 존재에 대한 믿음이 법인의 발명에 기여했으리

라고 추측케 하는 첫 번째 방증을 라틴어에서 찾아낼 수 있다. 로마에서는 사람들의 결사체가 그 구성원들의 법적 존재와 구별되는 법적 존재를 가질 때 그것을 코르푸스^{corpus}(몸)라고 불렀다.[68] 코르푸스는 조직된 인간 공동체를 가리키는 최초의 단어였다. 집합적인 몸에 물질성을 부여하는 것은 사물의 자연적 질서 안에서는 생각하기 어려운 조작이다. 하지만 초자연적인 것이 개입하면 가능하다. 이는 성찬식을 통해 서로 교감하는 기독교인들의 사회에서라면 충분히 생각할 수 있는 사건이다. 사도 바울은 『고린도전서』에서 교회는 "그리스도의 몸"을 이룬다고 썼다. 14세기 초 교황 보니파체 8세는 교회가 "신비로운 몸을 구성하며 그 머리가 교회"라는 원리를 결정적으로 확립했다.(교령 『우남 상크탐』^{Unam Sanctam} [1302]) 기독교인들의 결속에 있어서 성찬식의 중요성을 고려한다면, 또한 12세기 중반부터 교회가 성체배령 때 그리스도의 몸의 현전을 단언한다는 점을 고려한다면, 우리는 신비로운 몸이라는 교의가, 물론 초험적이지만 신도들에게는 현실적인, 어떤 물질성으로 여겨진다는 사실을 이해할 수 있다. 이와 동시에, 교회의 신비로운 몸 옆에 "정치체"라고도 불리는 "공화국의 신비로운 몸"이 존재한다는 관념이 뚜렷해졌다. 한쪽에는 머리, 즉 (지상에서 그리스도의 자리를 차지하는) 교황의 지배를 받는 손발로서의 신도들이 있었고, 다른 쪽에는 머리인 군주가 손발인 백성을 이끌고 있었다(여기서 국가의 '수반'^{首班}이라는 말이 나온다). 사회가 인간의 몸처럼 작동한다고 설명하는

자신의 연출자를 창조한 인격

유기체론의 전통보다 더 멀리 나아가면서, 토마스 홉스는 『리바이어던』에서 국가는 인간이 창조한 집합적 존재라고 설명한다.

신이 자연이라는 예술을 통해 세계를 창조했고 다스린다면, 인간의 예술은 다른 점에서도 그렇지만 인공적인 동물을 생산한다는 점에서 자연을 모방한다⋯. 우리가 공화국이나 국가(라틴어로는 키비타스*Civitas*)라고 부르는 이 거대한 리바이어던을 창조한 것은 예술이다. 그 지위가 자연인에 비해 어떠하며, 자연인보다 얼마나 더 큰 힘을 가지고 있든, 리바이어던은 인조인간에 지나지 않는다⋯[69]

'리바이어던'이 물리적으로 존재하는 집합적 신체에 대한 환상을 유지하는 데 기여하기는 했지만, 이 존재가 법적인 창조물이라는 점은 자명하다. 몸은 자연적 존재의 이미지이자 법률가의 예술적 권력을 제한하는 모범이었다. 창조된 것, 몸이 아니면서 몸을 참조하는 것은 법적인 인격 외에 다른 무엇도 아니다. 교회의 신비로운 몸 이론과 정치체 이론, 그리고 오늘날 우리가 "법인"이라고 부르는 "가상의 인격"*persona ficta* 이론은 13세기에서 14세기에 걸쳐 동시적으로 발전하였다.[70]

법인에 대해 신비로운 몸은 인간의 몸이 자연인에 대해 갖는 기능과 비견할 만한 기능을 갖는다. 두 경우 모두, 몸은 인격에 대한 법의 조작이 괴물을 만들어내고 있는지 아닌지를 판단하는 척도이다. 12세기의 가장 중요한 『교회법 대전』*Somme Canonique* 중 하나로, 앞에서도 인용한 『쾰른 대전』*Summa Coloniensis*에서 익명의 저자는 두 명의 사제를 한 교회의 책임자로 임명하는 것에 반대하면서 그런 교회는 비켑스*biceps*, 즉 머리가 둘인 괴물이 될 거라고 주장했다.[71] 이 정식定式은 특별한 운명을 겪어야 했다. 어느 보잘것없는 교구에서 나온 이 가설은 13~14세기에 서구 기독교 세계 전체로 퍼진다. 그리하여 교황 보니파체 8세가 세속적 권력을 제거하려는 신정론적 의지를 표명하면서, 머리 둘인 괴물을 피해야 한다고 말하기에 이른다.(교령 『우남 상크탐』)

　　가톨릭 사도 교회는 하나뿐이며, 괴물처럼 머리가 둘 달린 게 아니라, 하나의 머리만을 갖는다.

　　그러므로 몸에 대한 참조는 단순한 알레고리가 아니다. 그것은 교회 조직 안에 수도원적 질서와 정치적 모임들, 그리고 분명한 법적 결과들을 야기한다. 그중에서 가장 인상적인 결과는 군주제의 원리에 생물학적인 정당화를 제공한다는 것이다.

*

　　민법학자들은 절대적인 권력을 찬탈하지 않았다. 자연적 규범이 그것을 저지했다. 그렇다고 하더라도 그들은 우리가 현재 의학과 생명공학의 발전을 보면서 생각할 수 있는 것보다 훨씬 멀리 나아갔

자신의 연출자를 창조한 인격

다. 당분간 의학과 생명공학은 집합적 존재의 제조를 감히 꿈꾸는, 지극히 몽환적인 공상과학 속에서만 법을 따라잡을 수 있을 것이다. 사람들은 생명을 다루는 과학과 기술이, 민법이 더없이 비범하게 개념화한 것을 모방하면서, 너무 멀리까지 가지 않을까 우려한다. 하지만 법을 재육체화하면서 과학과 기술은 오히려 인격과 물건 사이에서 인간의 몸이 처한 상황이라는 불편한 문제를 제기한다.

발설할 수 없는 어떤 논리가 밝혀지는 것은 바로 이 지점에서다.

Chapter 06

몸이라는 유형물:
보기 드문 증거에 대해

교회법은 민법과 의학 사이를 비집고 들어가,

법률가들의 시야 속으로의 몸의 화려한 귀환을 기획할 것이다.

이제 모든 게 분명해진 것 같다. 하지만 명백해 보이는 것이라도 논증할 필요가 있다. 왜냐하면 로마법은 조금 전에 보았듯이 자연적인 인간을 인격으로 대체했기 때문이다. 몸이 유형물이라는 자명한 이치는 어디에도 새겨져 있지 않다. 로마법의 지적 체계가 몸을 언급에서 제외한 탓이다. 그러므로 우리는 말해지지 않은 것의 논리를 복원해야 한다.

『로마법 대전』, 『학설휘찬』 그리고 『칙법집』은 그 판례적인 형식 덕택에 통계적인 유용성을 지닌다. 그래서 로마인들이 무언가에 대해 이야기할 때 우리는 그들이 무엇을 염두에 두고 있는지 짐작할 수 있다. 예를 들어 어떤 동산이 매우 가치가 있어서 자주 소송 대상이 된다면, 그 동산은 십중팔구 노예이다. 이는 언뜻 보기에 노예는 물건이라는 로마법 연구자들의 공통된 의견을 공고하게 해준다.

『로마법 대전』 중에서 『법학제요』는 형태가 아주 다르다. 법률가 양성을 위한 교과서로, 그보다 400년 전에 편찬된 가이우스의 『법학제요』에 폭넓은 영향을 받은 이 책은 로마법 체계에 대해 종합적 시각을 제공한다. 그러므로 거기서 인격과 물건의 대립을 찾는 것은 각별히 중요하다. 그 결과를 있는 그대로 제시하면 다음과 같다.

텍스트 1: 우리가 사용하는 법 전체는 인격에 관한 것이거나 물건에 관

몸이라는 유형물: 보기 드문 증거에 대해

한 것이거나 법적 행위에 관한 것이다. 먼저 우리는 인격에 관한 법을 다룰 것이다… 이렇듯 인격에 대한 법에 있어서 주요 구분은 다음과 같다: 모든 인간은 자유롭거나 노예이다.[72]

텍스트 2: 게다가, 어떤 물건들은 몸이 있고corporelles 또 다른 물건들은 몸이 없다. 몸이 있는 물건들은 그 본성에 의해 만질 수 있다. 토지, 인간, 의복, 금, 은, 그 밖의 수많은 물건이 그렇다.[73]

이 두 텍스트의 대립은 중대한 문제를 제기한다. 몸이 있는 물건들의 목록에 포함된 인격(텍스트 2)이 노예라면, 어찌하여 노예의 지위를 인격에 대한 법의 틀 안에서 연구하는가?

　법제사가들은 가이우스와 유스티니아누스가 노예를 인격의 범주 안에 넣었다는 사실에 당황했다. 가능한 설명은 노예의 종속성이 그들의 인간으로서의 특질을 인정하는 것과 대립하지 않는다는 것이다.[74] 하지만 그렇다면, 모든 인간이 인격이라면, 어떻게 인간이 몸이 있는 물건에 포함될 수 있는가? 게다가 로마인들이 "노예"라고 말할 곳에서 "인간"homo이라고 말하는 일이 있다고는 하지만, 노예, 즉 세르부스le servus가 이 몸이 있는 물건들의 범주 속에서 정확하게 지시되지 않는다는 사실이 놀랍지 않은가? 인간을 포함한 이 물질적 물건들이 레스 코르포랄레스res corporales라고 불리는 것은 어찌된 일인가?

이 명백한 모순을 해결하는 유일한 방법은 다음을 인정하는 것이다.

로마법에서 1) 모든 인간은 인격이다.

　　　　2) 모든 인간 신체는 물건이다.

　　　　3) 자유인의 신체는 가격을 매길 수 없는 물건이다.

모든 인간은 인격이다

이 말로써 민법이 한 인간의 존재를 인정할 때, 즉 그가 태어났고 아직 죽지 않았다는 것을 법의 범주들에 따라 확인할 때, 인간은 어떤 경우든 법적 인격의 얼마간 발전된 형태로 인지된다.

　　물론 법률가들이 "석학들의 공통된 견해"라고 불러온 것을 거스르기란 쉽지 않다. 로마의 노예가 물건이었다는 것은 견고하게 확립된 사실이다. 심지어 장 카르보니에 Jean Carbonnier 는 인간과 자연인의 구별이 여기서 나왔다고 주장했다.[75]

　　그러므로 『로마법 대전』에 아무 모호함 없이 기록된, 인격의 범주 안에 노예가 포함된다는 문장이 글자 그대로 받아들여지지 않고, 이러한 확신이 생겨난 이유가 무엇인지 자문해야 한다. 완전한 법적 인격은 정의상 카푸트의 세 요소, 즉 자유, 시민 자격, 가장의 자질을 갖추어야 한다. 이 정의에 비추어 노예의 상황을 검토했을 때 저자들

몸이라는 유형물: 보기 드문 증거에 대해

은 노예를 물건의 범주에 넣을 수밖에 없었을 것이다. 노예는 이 중 하나도 가지고 있지 않기 때문이다.

하지만 가장인 시민이 유일하게 로마에서 완전한 법적 인격을 향유했다 해도, 그가 유일한 자연인이 아니었음은 자명하다. 가장과 노예의 신분 사이에는 알리에니 유리스*alieni juris* ("타인의 권리에 예속된 자")의 범주에 속하는, 매개적인 신분의 스펙트럼이 있었다. 이 범주는 가장의 권위에 복종하는 사람들로 이루어지고, 노예,[76] 아들, 여자들, 그리고 인 만키피오*in mancipio*인 사람들, 즉 노예와 비슷한 상태의 자유인들—다른 가장에게서 사온 아이들과 어떤 범죄에 대한 배상으로 버려진 아이들(아방동 녹살)—을 포함한다. 제국 후기에는 이 목록에 숫적으로 아주 많은, 콜로누스 신분의 농부들이 추가된다.[로마 제국 말기의 소작농. 법적으로 자유민이나 대토지의 지주에 얽매여 거주지 이전의 자유가 없었으며 중세 농노의 기원이 되었다] 이런 다양한 상황들 앞에서 종속적 지위의 종별성은 더 이상 자명하지 않다.

그런 만큼 노예의 독특한 지위에 대해 일반화해 이야기하는 것은 잘못이다. 종속의 세계는 형벌 노예의 아주 고통스러운 처지에서 도시나 국가에 속한 공복*servi publici*의 부러운 처지까지 다양한 상황들을 포함하고 있었다. 물론 가장의 완전한 인격성과 형벌 노예의 완전한 예속 사이에는 어마어마한 차이가 존재했다. 하지만 자유인의 세계와 노예의 세계 내부에서 법적 인격성의 미묘한 단계적 변화는 양쪽의 상황들을 너무 근접시켜서, 사람과 물건 사이에 분명한 경계를 발견하기 어렵게 만들었다.

노예의 법적 상황에는 인격성의 맹아가 있었고, 이 맹아는 여러 세기를 거치면서 아들의 법적 인격성과 나란히, 꾸준하게 발전한다. 이 맹아의 존재는 우선 가족법의 영역에서 드러났다.

프랑스와 테레François Terré는 혈통과 법에 관한 자신의 책에 『노예의 아이』라는 제목을 붙이고,[77] 어떻게 노예의 인간다움이 그를 단지 물건으로 간주하는 것에 저항하는지 보여주고자 했다. 노예의 아이는 용익권자用益權者가 차지할 수 있는 열매가 아니라는 데 로마의 법학자들이 동의했을 때, 그들은 암묵적으로, 노예의 인격성을 인정했던 셈이다.[78] 이는 기원전 2세기의 마지막 몇 십 년 동안 확립되었다. 법적 삶에서 노예에게 충분한 중요성을 부여하여, 그들이 법적 인격성의 보유자임을 명시적으로 인정할 수밖에 없게 만드는 어떤 진화가 이 시기에 시작되었다. 이것이 유스티니아누스의 결론과 일치한다는 점은 아무리 강조해도 지나치지 않을 것이다.

마르셀 모라비토의 독창적인 논문은 통계적인 방법을 사용하여 로마의 예속 신분에 대한 우리의 지식을 완전히 일신했는데, 그에 따르면 노예와 법적 행위가 나오는 『학설휘찬』의 문장들 중 노예가 판매, 임대차, 회사, 위임, 위탁, 저당, 사용대차, 증여, 혹은 약정 등의 행위에 당사자로 개입하는 경우가 44%에 달했다. 그렇게 다양한 행위의 당사자인 노예가 어떻게 단순한 물건일 수 있겠는가? 물론 고전적인 해석에 의하면 노예의 인격성은, 주인의 인격성의 표현

몸이라는 유형물: 보기 드문 증거에 대해

이 아닐 때는, 그가 나중에 해방된다는 조건—소급 효과를 낳는—에 매여 있었던 것이 사실이다.

이 지점에서 노예와 아들의 법적 처지를 비교하는 것이 특별히 흥미로워진다. 둘의 상황은 비슷하게 진화한다. 고전기 이전의 로마에서 아버지는 아들에 대해, 노예에게 행사하는 것과 (똑같지는 않더라도 적어도) 비교할 만한 권리들을 행사했다. 처음에는 아들과 노예의 법적 존재가 사실상 아무것도 아니었다. 하지만 여러 세기를 거치면서 우리는 그들 각각의 지위가 비교할 만한 방식으로 진화하는 것을 보게 된다. 노예가 되었든 아들이 되었든, 우리는 가장의 권위라는 엄격한 원칙의 영구성과 그들(노예 또는 아들)에게 법적 삶에서 중요한 역할을 부여하도록 이끄는 실천들의 진화를 동시에 확인한다.

로마에서 아버지들은 아들에게 죽임을 당할지 모른다는 두려움 속에서 살았다. 그리고 바로 여기서 우리는 노예와 아들의 첫 번째 유사성을 수립할 수 있다. 로마가 가끔씩 노예의 반란을 두려워했다면, 부친살해는 로마의 일상적인 강박관념이었다. 왜냐하면 아들은, 사춘기가 지나면, 시민이 되어 최고 관직을 꿈꿀 수 있기 때문이다. 하지만 총독이나 집정관이 된 뒤에도 아들은 법적으로, 그리고 세습 재산의 면에서 아버지에게 종속되어 있었다. 예를 들어 아버지는 경제적 지원을 거부함으로써 아들의 멋진 경력을 끝장낼 수 있었다.[고대 로마에서는 관직을 유지하려면 많은 돈이 들었다. 로마의 남자는 아버지가 살아있는 한, 경제적으로 아버지에게 종속되어 있었으므로, 그의 경력은 아버지의 손에 달려 있는 셈이었다] 로마의 문학, 연극, 정치적 드라마와 가십이 아버지의 두려움과 아들의 폭력으로 가득 차 있는 것도 무리가 아니다.[79]

아들과 노예의 유사성은 엄격한 원칙들의 측면에서도 임시방편적인 실천의 측면에서도 나타난다. 양쪽 모두에서 우리는 법적 무대에서 점점 더 중요해지는 하나의 개입을 확인할 수 있다. 아주 일찍부터 노예는 자유로운 아들처럼 가장의 이름으로 재산을 획득하고 그를 대리할 수 있었다. 이어서 가장이 아들이나 노예를 어떤 사업(상점이나 공장이나 선박)의 우두머리로 삼는 일이 흔해졌다. 마지막으로 노예나 아들이 자기 자신의 이익을 위해 쓸 수 있게 가산의 일부를 받는 경우가 나타났다. 이것을 페쿨리움이라고 하는데, 노예나 아들이 자유롭게 운용할 수 있는 자산을 뜻한다.

이렇듯 로마법이 노예를 인격으로 분류했다는 사실을 최소한의 인간적인 양보로 해석하는 것은 잘못이다. 가이우스 이후, 유스티니아누스 시대의 법률가들이 "노예는 인격"이라고 썼을 때, 그들은 가족의 권리의 맹아가 인정되는 것을 보았던 사람들,[80] 때로는 기업을 운영했고, 다른 노예들을 부릴 수 있었으며, 황제가 고위 관직을 맡기거나, 심지어 자기들끼리 혹은 자유인들과 함께, 그들과 동등한 위치에서, 집합체들(조합이나 "상호부조"를 위한 모임, 상조회 등)을 만들었던 이들을 염두에 두고 있었다. 부유하고 권세 있는 황실 노예들, 그들이 베풀었던 금전적 지원과 보호에 감사하는 의미에

몸이라는 유형물: 보기 드문 증거에 대해

서 자유인들이 동업자 조합^{collèges}의 우두머리로 초빙했던 이들은 말할 것도 없다.[81]

하지만 그러면 어떻게 노예의 법적 인격을 확인하는 이 지표들과 노예가 또한 권리의 대상이었다는 의심의 여지없는 사실을 화해시킬 것인가? 노예는 여전히 매각, 증여, 대여의 대상이었고, 심지어 주인이 원한다면 파괴될 수 있었다. 왜냐하면 노예의 인격이 존재한다고 해도 이 인격은 그의 몸 안에 깃든 물건으로서의 속성을 배제하지 않았기 때문이다.

인간의 몸은 모두 물건이다

노예를 물건으로 간주하는 독트린 안에는 모든 인간이 인격에서 **물건**으로 이행하기 마련이라는 직관이 깃들어 있다. 오류는 자유인과 노예 사이에 구분선이 그어진다고 믿는 것이다. 그 구분선이 인간 안에서, 인격과 몸의 차이에 의해 생기는 것인데도 말이다.

고전기 이전의 로마법에서는 가부장적 유형의 사회 조직이 가장에게 그의 "집"^{domus}(도무스)에 대해 정치적 권위를 부여했다. 도무스는 집단과 경제적 단위를 동시에 나타내는 개념이다. 가장 오래된 체계에서는 가장이 물건들을 지배하고 사람들에게 권위를 행사할 수 있도록 특별한 권리를 인정받았던 것 같다.

그 뒤 물건에 대한 법과 인격에 대한 법이 나뉘었지만, 인격에 대한 법 안에 물건에 대한 법에 속하는 개념들과 방법들이 존속했다. 로마에서 노예가 인격이 되었음을 확인한 지금, 우리는 그들의 법적 지위가 어땠는지 말할 수 있다. 주인은 노예의 몸에 주인에게 배타적으로 속하는 특권을 행사할 수 있었다. 이 처분권능*jus abutendi*에는 양도할(팔거나, 주거나, 물려줄) 권리와 파괴할(죽일) 권리가 포함되었다.

더욱 흥미로운 것은 물건에 대한 권리와 자유인의 권리의 충돌이다. 고전기 이전의 체계에서는 아버지가 자녀에 대해 온전히 소유권을 행사했다. 그는, 적어도 기독교 제국 초기까지는, 신생아를 파괴할 권리를 누렸다. 그는 원하지 않는 신생아를 '내다놓을' 수 있었다. 즉 유기할 수 있었다.[고대 로마에서는 아버지가 인지하지 않은 신생아는 황야에 버려지거나, 노예 상인이 데려갈 수 있도록 광장의 기둥 아래 유기되었다. 이를 엑스포지티오*expositio*라 한다] 노예나 가축이나 생명이 없는 물건을 버리듯이 말이다. 또한 그는 신생아를 죽일 수 있었는데, 신생아의 외모가 괴물 같을 경우 이런 행위는 심지어 우생학적 관점에서 장려되었다. 괴물은 인간으로 여겨지지 않았기 때문이다. 이 파괴할 권리의 연장선상에서 형법상으로는 유죄인, 자식에 대한 생사여탈의 권리가 오래도록 유지되었음을 지적할 필요가 있다. 자식의 나이나 정치적인 명성은 중요하지 않았다. 로마사가들은 카틸리나 음모에 대해 이야기할 때 모반자들 중 한 명이 자기 아버지에 의해 재판 받고 처형되었다고 하나같이 지적한다.

몸이라는 유형물: 보기 드문 증거에 대해

자기 아들을 죽일 권리를 가지고 있으니만큼, 로마의 가장은 당연히 아들을 양도할 권리 역시 행사할 수 있었다. 12표법은 아동의 거래에 대해 숙고한다. 노예를 물건으로 분류하는 데 동의한다면, 여기에 미성년의 자녀를 포함시키는 것이 불가피하다. 아버지는 자녀를 만키파티오*mancipatio*의 방법으로 팔았다. 이것은 당시 농촌 경제에서 가장 중요하게 여겨진 동산들(땅, 지역권, 쟁기를 끄는 가축이나 짐 나르는 가축, 노예… 그리고 아이)을 양도하는 방법이다. 아버지가 아이를 티베르 강 저편에 팔면, 그 아이는 노예가 되었다. 이렇게 팔린 아이는 인 만키피오*in mancipio*로 분류되었는데, 이 범주는 범죄를 저지르고 자신의 아버지에 의해 피해자의 집에 넘겨진 경우(아방동 녹살)와 동일한 유사 노예 상태를 가리킨다. 만일 주인이 그를 해방시켜주면 그는 다시 부권의 지배 하에 놓이게 된다. 아버지는 이런 식으로 자식을 세 번까지 팔 수 있다. 12표법은 세 번 팔리고 세 번 해방된 아이는 부권에서 벗어나 자유로워진다고 사실상 규정한다. 뒤에 이 방법은 다른 사람과 공모하여 자식을 해방시키려는 목적으로 사용되기도 했다.(아들은 세 번, 딸과 손자는 한 번만 팔면 해방된다) 역으로, 아버지는 제삼자가 아이를 데려갔다고 주장하면서 반환소권*vindicatio*, 즉 빼앗긴 물질적 재화를 되찾을 때 사용되는 기법과 동일한 기법에 의지할 수 있었다. 마찬가지로 입양을 할 때 양자를 빼앗겼던 아들로 간주하면서 그에 대한 권리를 주장할 수 있었다.

혹자는 12표법의 시대에서 유스티니아누스의 시대로 오면서 아동의 처지가 주목할 만큼 개선되었다고 지적할 것이다. 여기에 대해서는 노예의 처지에 대해서도 같은 이야기가 가능하다는 말로 반박할 수 있다. 제국 전기에 노예의 물리적 존재는 점점 더 황제의 입법권에 의해 보호되었으며, 법적 삶 안에서의 그의 자리는 점점 더 중요해졌다. 물론 그는 언제나 소유권 이전移轉의 대상이 될 수 있었다. 하지만 자유로운 아동과 비교했을 때 이것이 과연 얼마나 특별한 점일까? 입양과 해방은 후자에 대해서도 소유권 이전 절차를 요구했다. 게다가 아동은 범죄를 저질렀을 때 언제나 피해자의 손에 넘겨질 수 있었다. 자유인을 양도하는 이 최후의 기법들을 폐지하게 될 사람은 다름 아닌 유스티니아누스였다. 널리 받아들여지는 견해대로라면, 자유로운 아동은 언제나 인격의 범주에, 그리고 노예는 물건의 범주에 분류되었어야 하겠지만 말이다.

인간의 몸을 물건의 범주에 포함시키는 것만이 이 해석의 함정으로부터 빠져나오는 것을 허락한다. 물론 로마의 법률가들이 물건(레스)이라고 말하면서 무엇을 염두에 두었는지를 분명히 해야 한다. 로마에서 **레스**는 물질적인 물건을 가리키지 않았다. **레스**는 법적인 사안에서 문제가 되는 물건을 가리키는 단어였다. 재판에서 이 단어는 소송의 대상을 가리켰다. 물론 이 대상은 물질적인 물건이 아닐 수도 있다. 하지만 물질적 물건이 소송의 대상일 때는 **레스**가 더 넓은 의미를 띠었다. 예를 들면 놓친 이익을 의미할 수 있었다. 유스티니아누스의 『법학제요』는 몸이 있는 **물건과 몸이 없는 물건[유형물과 무형물]**이라는 가이우스의 구별을 되풀이한다. 사실 가이우스는 법률가들의 세계보다는 문법학자와 수사학자들의 세계에 속하는 구별을 답습했던 것이다. 법률가들이 보기에 관심을 가질 가치가 있는 레스는, 그 첫 번째 정의로 인해, **몸이 없는 레스였다.**[82] 가이우스와 유스티니아누스가 고려한, **몸이 있는 레스**가 문제일 때는, 로마의 용법은 그것이 코르푸스에 대한 이야기이기를 바란다. 라틴어에서 코르푸스의 첫 번째 의미는 생명이 없는 물건의 물질적인 요소였고, 그다음으로는 육체, 그다음은 인격, 그리고 마지막으로 시체였다. 의미론의 강력한 증거들을 인정하도록 하자. 몸이란 생기를 얻었다가 다시 비활성 상태로 돌아가는 물질이다. 만일, 라틴어에서 물건이 곧 몸이라면, 인간의 몸을 **실체**로부터 도망치게 하는 것은 불가능하다.

자 유 인 의 몸 은 값 을 매 길 수 없 는 물 건 이 다

모든 인간이 하나의 인격이고 모든 인간의 몸이 하나의 물건이라면, 자유인과 노예를 갈라놓는 것은 인격과 물건을 나누는 경계선이 아니다. 오히려 그것은 **몸이 있는 물건의 범주 내부에 있는 구별**이다. 로마법의 진화의 마지막 단계에서는 사실상 노예의 몸만이 물건이었던 듯하다.

만일 우리가 고전기(기원전 2세기 중반에서 서기 3세기 말)의 로마법의 상태 및 제국 전기의 제도적 잔재들을 고찰한다면, 자유인에 대한 처분 행위가, 12표법의 시대와 달리, 더 이상 금전적인 목적을 갖지 않음을 발견할 것이다. 고전기에는 그러한 행위가 해방을 실현하거나, 입양을 허락받거나, 피해자에게 배상을 하는 것과 관련되어 있었다. 몸에 대한 권리의 이전이 있지만, 이는 결코 그 몸을 이용하여 이익을 얻으려 함이 아니다. **자유인의 몸은 아방동 녹살의 경우 유사 노예의 상태로 떨어질 수 있다. 그래도 그는 상품이 아니다.** 반면, 노예에 대한 행위는 이익의 추구에 의해 추동되는 것이 일반적이었다. 『학설휘찬』에 삽입된 울피아누스의 다음 문장—자유인이 신체적인 상해를 보상받기 위해 물건의 손상과 관련된 법들을 이용하는 것을 막는—은 이런 각도에서 읽어야 한다. "누구도 자신의 팔다리의 소유자가 아니다." 이 말은 부권에 종속되어 있을 때 몸이 양도될 수 있는 자유인이 더 이상 부권에 종속되어 있지 않을 때는 동일한 처분권을 갖지 않는다는 뜻인가? 아니면 신체의 양도를 개념화할 때 몸을 부분으로 나누지 말고 전체적으로 고려해야 한다는 말인가? 중세의 주석가들은 이 문장에서 심오한 의미를 발견했던 것 같다. 그들은 그것을 『학설휘찬』에 실린 울피아누스의 또 다른 문장과 비교했다. "자유인의 몸은 평가의 대상이 될 수 없다." *In homine libero nulla corporis aestimatio aestimatio fieri potest* [83] 이 자유인이 내일 노예가 된다면, 그의 몸은 평가할 수 없는 물건, 값을 따질 수 없는 물건이 되기를 그치고, 시장의 법칙에 의해서든, 과세에 의해서든 값이 정해질 것이다.

우리는 자유인의 몸에 대한 부정적인 정의에 도달한다. 로마법은 그것을 명시적으로 물건들 가운데 두지 않는다. 이러한 태도는 기억해둘 필요가 있다. 프랑스 법의 독트린에서도 동일한 얼버무림이 발견되기 때문이다. 프랑스 법이 수혈에 대해 입장을 표명해야 했을 때, 정통적 학설은 피가 무엇이 아닌지 강조하면서(피는 상품이 아니다) 피가 무엇인지를 숨기려 했다.

확실히, 그러한 검열은 몸이 있는 물건의 성스러움을 폭로한다. 몸을 몸이 있는 물건이라는 범주의 한구석으로 쫓아내야 했다면, 이는 앞에서 보았듯이 로마법의 역사가 곧 법의 탈육체화의 역사이기 때문이다. 이 텍스트의 바다에서 몸은 결국 거의 언급되지 않는다. 자연인이라는 추상적 개념이 온통 자리를 차지한 까닭이다. 몸이 신성하기 때문에 상거래에서 제외된다는 것을 『로마법 대전』으로 하여금 고백하게 하려면, 이런 이유에서 더욱, 무덤과 관련된 텍스트에서 출발해야 한다. 죽음이 몸을 가진 물건들의 평등성을 드러내기에, 자유인의 시신이든 노예의 시신이든, 묻히는 것만으로도 그 자리를 "종교적 장소"*locus relgiosus*로 변모시킬 수 있다.[84] 노예의 몸과 자유인의 몸이 똑같이 물건이기 때문에 죽은 뒤에 그들의 신성성이 똑같이 표현되는 것이다.

　그런데 콘스탄티누스 이후의 동로마제국은 서구가 기독교화하면서 다시 한번 야만으로 돌아가던 시기이기도 했다. 교회의 뼈대만 남겨두고 로마 문명이 몰락하자, 기독교적 입법권과 야만인의 법 사이에 충돌이 일어났다. 결과적으로는 그리 큰 갈등을 빚지 않은 조우였다. 프랑크 왕국 시대의 교회가 아무리 로마법의 품 안에서 살아간다고 자부했더라도,[85] 인간관계를 탈육체화한 로마 문명의 한가운데 "말씀이 몸이 된" 종교, 육체적 형벌을 통해 인간의 빚을 갚는 종교를 심는 것보다는 야만인들을 다스리는 일이 한결 쉬웠기 때문이다.

　그리하여 서로마 제국의 멸망(5세기 말) 이후 근대적 법전의 편찬(19세기 초)에 이르는 아주 긴 시기 동안, 우리는 법의 탈육체화라는, 로마의 시빌리테의 걸작이 야만적 관습들에 어쩔 도리 없이 직면하는 것을 본다. 11세기 말 이후 로마적 법적 사유의 부활은 이 관습들과 씨름해야 할 것이다. 한편 교회법은 민법과 의학 사이를 비집고 들어가 경쟁과 상호보완을 오가면서, 법률가들의 시야 속으로의 몸의 화려한 귀환을 기획할 것이다. 특히 민법 중에서 교회법이 일시적으로 정복한 영역인 혼인 관계에서 그렇다.

　우리는 하나의 지적 세계에서 또 다른 지적 세계로의 이행의 상징으로서, 성 바울이라는 이름으로 기독교인들에게 알려진 로마 시민이 결혼을 어떻게 정의했는가를 기억해야 한다.

　　　　　　　　　　몸이라는 유형물: 보기 드문 증거에 대해

아내는 자신의 몸을 사용할 수 없지만, 남편은 그럴 수 있다. 마찬가지로 남편은 자신의 몸을 사용할 수 없지만, 아내는 그럴 수 있다.[86]

Chapter 07

여담: 광기와
그로테스크함에 대하여

인간의 몸이 매혹적인 이유는 물건들 가운데 있는 물건이기 때문이다.

광기가 이곳을 서성이는 것은 사실이다. 사유하는 자에게는.

로마의 시빌리테는 세계를 두 덩어리로 나누었다. 권리의 주체인 인격들과 권리의 객체인 물건들. 소송은 이 모두를 무대 위에 올린다.
　이것이 로마 민법의 세계다.

학식 있는 법률가나 언변 좋은 철학자가 이 시스템 안에서 권리의 주체(그가 법적 무대 위에서 자신의 의지를 효과적으로 표현할 수 있다는 사실과 관련된 자질)이자 객체(죽음은 그의 몸의 실체를 부인할 수 없게 만든다)로서 스스로를 분석하고자 한다면, 자신의 이중성을 의식하면서 미쳐버릴 게 분명하다.

　생각하는 사람으로서 권리의 주체이면서 객체가 되는 일이 어떻게 가능하겠는가?
　그 지점까지 생각해야 한다….

　몽테뉴는 『수상록』(25장)에서 지식인들을 "책상물림"이라고 비웃는 농부의 말을 무시하지 않고 인용할 만큼 현명했다.[『수상록』 25장은 "현학에 대하여"라는 제목이 붙은 에세이다. 여기서 몽테뉴는 라블레와 에라스무스

몽테뉴의 증언은 민중문화와 식자들의 문화를 대립시키는 사람의 망설임을 극복하게 해준다. 그러한 뒷받침은 유용하다. 몸의 **실체**가 연극처럼 경험되지 않는 지식인 세계 역시 분명히 존재하기 때문이다. 뿐만 아니라, 게다가 이 또 다른 세계에서는 지식인 세계에서는 몸이 검열된다는 것, 그것도 물건이라서 검열된다는 것이 터무니없게 여겨진다.

이 세계에서는 사람들이 몸의 **실체** 앞에서 더 이상 자신의 이성을 위험에 빠뜨리지 않는다. 그리고 이는 무엇보다 사람들이 일반적으로 자신의 몸에 대해 숙고하면서 질문을 던지지 않기 때문이다. 대상으로서의 몸은 일단 타인의 몸이다.

로마 시민은 그가 대상으로 간주하는 인간의 몸들에 둘러싸여서 살았다. 노예의 기계-몸과 검투사의 장난감-몸, 매춘부나 미동美童의, 쾌락의 도구로 사용되는 몸이 있었다. 일상생활은 그에게 법이 몸의 **실체**를 배제하지 않는다는 점을 자주 환기시켰다. 노예의 몸이 공식적으로 물건의 범주에 들어갔다고 해서 노예가 법적으로나 사회적으로—나아가 정치적으로— 중요한 역할을 하지 못했을까? 매춘부가 된 자유인 여자나 검투사로 일한 로마 시민은 그들의 몸을 거래한 게 아니었을까? 심지어 검투사의 경우 이는 법률 행위

autoramentum[로마 시민은 자유의사에 따라 검투사로 일할 수 있었다. 그들은 아욱토라티auctorati라고 불렸으며, 보수 혹은 아욱토라멘툼을 받았다. 아욱토라티는 '법적인 의무에 매어 있다'는 뜻이다]의 결과가 아닌가? 동물이나 무생물이 철저히 영혼과 인격이 없는 존재인 건 확실한가? 종교적 감정의 기저에서 언제나 발견되는 신화와 애니미즘은 인격들의 세계와 물건들의 세계의 상호침투에도 기여했다.

우리가 사람들을 볼 때, 우리에게 보이는 것은 단지 몸이다. 그래서인지 몸을 검열하는 시빌리테는 민중문화(라고 부르기에 적절한 것) 안으로 쉽게 전파되지 않았다. 로마의 시빌리테를 설명하는 엘리트 집단 저편에는 또 다른 세계가 있었고, 그 세계에서는 몸이 망각될 수 없는 **실체**, 신체적 추함의 과시와 자연적 기능의 조야함을 통해 표현되는 **실체**였다. 바로 여기서 그로테스크가 등장한다.

무덤이 신법이 관장하는 물건들의 범주로 추방되었다는 사실에 더하여, 법률가들이 검열한 살아있는 몸의 이미지가 로마의 동굴들grottes에서 발견되었다는 사실은 로마의 시빌리테 안에서 육체가 법적으로 완전히 매장되었음을 상징한다. 15세기에 거기서 이루어진 발굴 작업 덕택에 흥미로운 아라베스크들이 발견되었는데, 발굴 당시에는 생소했던 이 양식을 사람들은 "그로테스크"grotesque라고 명명하였다. 로마 민중문화의 회화적 그로테스크와 중세 및 르네상스의 문학적 그로테스크를 연결하면서, 미하일 바흐친은 극히 본질적인 어떤 것을 밝혔는데, 나는 그것을 다음과 같이 정식화하고자 한

여담: 광기와 그로테스크함에 대하여

다. **인간의 몸이 매혹적인 이유는 물건들 가운데 있는 물건이기 때문이다.**[87] 이는 바로 민법의 시빌리테가 숨기려 한 것이다.

　로마인들의 회화적 그로테스크는 정상적이거나 괴물스러운 인간의 육체와 실재하거나 상상된 동물이 넘쳐나는 꽃과 과일과 이상한 물체들의 조합 속에서 태어나는, 변화무쌍한 나선형 장식으로 이루어져 있다. 라블레의 작품 속에 나타난 문학적 그로테스크에 대하여 바흐친은 육체의 그로테스크한 이미지가 "그 본성 자체에 의해 반교회적"이라고 지적하였다. 육체의 "교회적" 표상—저자는 이 개념을 최대한 광범위하게 제시하며, 법적인 표상들도 포함시킨다—은 완전하게 만들어진 인간, 진실로 완성된 인간이다. 반대로 그로테스크한 육체는 계속 만들어지는 중이며, 동시에 해체되는 중이다. 왜냐하면 그로테스크 양식은 민법의 시빌리테에 의해 검열된 것을 지칠 줄 모르고 다루기 때문이다. 짝짓기, 임신, 출산, 성장, 노화, 부패 해체, 등등. 게다가 라블레의 그로테스크는 몸을 물건과 접촉시키는 모든 것을 강조하였다. 구멍(입, 항문 등)이든, 돌출부(남근, 튀어나온 배 등)든 말이다.

　그로테스크한 형상화 속에 신성함이 있다는 점 역시 지적해야 한다. 다른 사물들에서 나와 다시 그리로 돌아가려 하는 이 인간의 육체는 기독교적 의례의 '먼지로 돌아가려 하는 먼지'다. 그런 까닭에 우리는 그로테스크한 것이 인간 생명의 비정상성 속에서 표현되었을 때만 그것을 비웃는다. 시체의 심오한 **실체**에 직면하여 그로테스크는 자신의 비극적 신성성을 드러낸다. 실로 "성스러운 우주는 혼돈에서 솟아나는 우주이자, 언제라도 그리로 돌아갈 수 있는 우주다."[88]

그로테스크의 담론에 주목해야 하는 이유는 그것이 민법의 시빌리테가 침묵을 강요하는 영역에서 수다스럽게 떠들기 때문만은 아니다. 그 혁명적 힘은 민중문화가 자명한 이치의 부정이라고 느끼는 것에 대항한다. 그로테스크의 담론은 로마의 시빌리테에도 불구하고 몸이 존재한다고 이야기한다. 그리고 로마적 질서가 조금이라도 흔들리면, 법의 탈육체화가 다시 문제시되고 있다고 추측하게 만든다.

Chapter 08

야만인들은 뿔이 있는가?

나폴레옹 법체계에서 인간은 하나의 의지였다.

신체적이기 때문에 폭력적이었고, 신체화되었기 때문에 신성했던 12표법은 원시적인 법의 자생적인 표현이었다. 그 후 기원전 3세기 말부터 법학자들의 학술적 담론이 야생적인 법적 사유를 대체하였고, 학술적 세계의 합리적 설명과 반드시 유사하지는 않았던 어떤 관습을 은폐했다. 로마 사회가 거의 천 년에 걸쳐 괄목할 만큼 진화한 것은 사실이다. 하지만 로마에 복속되어 212년부터 로마법을 따르게 된 민족들[89]의 폭넓은 다양성을 고려한다면, 우리는 이 담론의 장엄한 추상성이 현실적으로 어떻게 인식되었을지 자문해볼 수 있다. 은밀한 재판상의 관행이 법의 신성한 구현에 자리를 내준 지방들도 있을 것이다. 이는 무엇보다 서로마제국의 뒤를 이은 이민족 왕국들에서의 법 생활에 대한 연구가 완벽하게 보여주는 바이다. 11세기 말 서구세계가 『로마법 대전』을 재발견했을 때, 법조계의 문화는 둘로 갈라졌다. 한편에는 법적 관계의 자생적 표현에 가까운 관습법을 적용하는 실무자들의 세계가 있었다. 반대편에는 대학, 특히 볼로냐 대학을 본거지로 삼아, 로마의 법률가들의 교의적 저서의 연장선상에서 법을 연구하는 학자들이 있었다. 교회법이라는 새로운 분야와 나란히 발전하였던 민법이 그들의 탐구 대상이었다. 우리는 곧 어떻게 서양의 법체계가 몸의 관리를 (의학과 경쟁하는) 교회법에 맡겼는지 보게 될 것이다. 덕택에 민법은 법의 탈육체화 작업을 계

야만인들은 뿌리가 있는가?

속할 수 있었다. 하지만 새로운 어려움이 생겨났으니, 중세의 학술적 법이 등장한 곳은 야만인들의 사회였으며, 거기서는 육체의 전면적인 개입 없이는 법적 삶을 상상할 수 없었기 때문이다. 그러므로 우리가 여기서 확인하려는 것은 게르만족이 물러난 뒤 로마의 시빌리테가 맞이한 새로운 진보의 국면이다. 이 진보는 1804년 프랑스 민법전 속에서 명백한 승리를 거둔다.

야만인들의 뿔과 손

17세기 초 앙트완 르와젤은 프랑스의 관습법을 집약했다고 여겨지는 경구들을 모아 책으로 펴냈다. 이 책에서 법제사가들은 특히 다음 문장에 주목했다.

> 황소는 뿔이 묶이고 사람은 말에 묶인다. 단순한 약속이나 관례도 로마법의 규정만큼이나 가치가 있다.[90]

법제사가들의 관심을 끈 것은 주로 이 인용문의 뒷부분이었다. 그것은 사실상 의사주의意思主義, consensualisme의 역사에서 결정적인 한 걸음을 표시한다. 하지만 우리의 논의에서 중요한 것은 앞부분이다. "황소는 뿔이 묶이고 사람은 말에 묶인다." 관습법 전문가였던, 하지만 학생 시절 로마법을 공부했던 르와젤은 이 구절을 의사의 표현이 사람들 사이에서 한 쌍의 황소를 서로 묶는 물질적인 끈만큼이나 튼튼한 유대를 만들어낼 수 있다는 의미로 이해했다. 그런데 이 인용문의 원본은 스페인 속담이다. 르와젤은 자기 시대에 스페인을 넘어 프랑스까지 널리 퍼져 있던 속담을 가져와서 프랑스식으로 바꾸어놓았을 뿐이다.

> 황소가 뿔 때문에 묶이듯
>
> 사람은 말 때문에 바보가 된다.[91]

르와젤은 합의를 표현하는 말들은 아무리 단순하더라도 법적으로 중대한 결과를 초래한다고 주장하기 위해 이 격언을 사용한다. 하지만 원래의 속담은 정반대를 이야기하고 있다. 그것은 경고이다. "조심해라. 네가 하는 말에 주의해라. 법률가들이 네 말에서 무엇을 끌어낼지 너는 모른다. 너는 자신의 의지에 반하는 것에 묶일 수 있다." 결정적으로 속담은 몸을 걸고 들어가는 법적 관계 속에서는 속을 위험이 적다고 말한다.

그러므로 이는 야생의 법과 학자들의 법 사이의 새로운 대결과 관련이 있다. 서로마제국의 몰락은 신성한 물건으로서의 몸을 다시 한번 강력하게 끌어들이는 법체계의 출현을 허용하였다. 프랑스의 관습 속에서 유일하게 감지할 수 있는 로마의 유산은—법학자들이 놀랄 만큼 간과했던 부분인데— 피데스*fides*, 신뢰, 즉 누군가에 대한 신임이 오른손에 자리한다는 믿음이었다.

우리의 공상-재판에서 잘린 손은 물리적 우연에 지나지 않는다. 하지만 법적 관계에 대한 원시적 접근에서 그러한 절단은 어떤 종류의 법적 무능력을 초래한다. 체화된 법체계에서 머리가 법적으로 개인과 동일시된다면, 손은 법적인 약속을 위한 신체 기관이다. 선서를 위해 손을 들든, 맹세를 위해 손을 내밀든, 손의 사용은 신명神明 재판의 의미가 있다. '손모가지를 건다.' 즉 몸을 약속의 담보로 제공하는 것이다. 중세 이래 저 유명한 '진실의 입'이 악명을 얻은 것은 이런 논리에서였다. 코스메딘의 산타 마리아 성당에 있는 이 진실의 입은 거짓말쟁이의 손을 자른다고 여겨졌다. 자신의 손이 잘려도 좋다는 뜻으로 이 입속으로 손을 내미는 사람은 몸이 지닌, 법을 체현할 수 있는 능력 전체를 내기에 거는 셈이다. 오른손의 절단은 어떤 의미에서 "신체적인 시민적 죽음"이다. 즉 몸의 물리적 죽음과 인격의 시민적 죽음을 매개하는 하나의 상황이다. 민법학자들은 간과하고 있지만, 외과 교수들은 이러한 무능력에 대해 잘 알고 있다. 그들은 손을 수술하기로 결정할 때는 사람들이 두려워하는 파국적인 결과를 고려하면서 신중을 기하라고 충고한다.[92]

야만족들의 법에서 진정한 법적 약속은 보통 오른손으로 하는 손짓을 통해 이루어졌다. 맹세를 연출하면서 오른손을 앞으로 내밀거나, 서약의 표현으로 상대방 혹은 서약을 보증하는 제3자의 두 손 사이에 오른손을 넣는 등. 그래서 사람들은 "손으로 한 맹세"나 "몸으로 한 맹세"에 대해 말하곤 했다. 봉건적인 신종서약 속에 고스란히 남아 있던 의례가 단순화된 형태로 평민들의 관습의 일부가 된 것이 포메la paumée (서로 오른손을 내밀어 손바닥을 맞대는 것)[93]다. 포메는 지금도 시골 장터에 남아 있으며, 때로는 뿔이 묶인 황소와 농민들, 야만 문화의 상속자들인 파가누스(이교도이자 농민), 말로 '바보짓'을 할까 봐 걱정하는 사람들을 묘사한 상징적인 장식 속에서 볼 수 있다. 물론 오늘날에는 도시에서든 시골에서든 약속의 의미로 서명을 한다. 하지만 서명 역시 손으로 하는 행위가 아닌가? 서명은 아주 오래전부터 몸 전체를 끌어들이는 약속으로 인지되었다.[94]

서임investiture 의식(어떤 물건을 옷 따위로 덮으면서 상징적으로 자기 것으로 삼기)에서 여전히 중요하게 행해지는 봉건적 키스는 (때로는 평민의 키스 역시) 법적 삶에서의 몸의 연루를 표현한다. 몸의 연루는 불가피하게 법적 관계의 신성화를 초래한다. 맹세란 신을 보증인으로 삼는 약속을 뜻한다는 것을 기억하자. 그리고 특히 신명재판의 관습에 주의를 기울이자.[95] 이 관습은 서구문화에 뚜렷하게 새겨져서 아직도 그 흔적이 일상 속에 남아 있다.("내 손을 불에 넣더라도", "내 손목을 걸고", 등등) 신명 재판의 작동은 **실체**에 의지하며, 따라서 몸의 신성함에 의지한다. 신명 재판에서 사람들은 초현실적인 결과를 얻기 위해 무언가를 조작한다. 신의 판단이 신체적 표식을 통해 나타나도록 말이다. 죽음이 **실체**에 대한 의식意識과 몸의 신성함에 대한 의식을 동시에 강화한다는 것을 안다면, 시체가 사용되는 신명 재판에 특별한 중요성이 부여되었다는 사실에 놀라지 않을 것이다. 예를 들어 시간적으로나 공간적으로 가장 널리 퍼진 믿음 가운데 하나는 시체가 살인자 앞에서 피를 흘린다는 것이었다. 14세기 중반 법률가 파퐁은 여기에 대해 과학적인 설명을 시도하였다. "살해된 자는 그를 죽인 자에 대해 증오를 느꼈을 가능성이 크다. 증오가 극심한 나머지, 피가 굳었음에도 불구하고 흐르는 것이다."[96] 법의학이 시체에 대해 전혀 다른 방식으로 이야기하기 시작하면서 이런 믿음은 과학적 담론 바깥으로 밀려난다. 그래도 민중문화 속에서는 이 믿음이 유지되었다.[97]

관습의 보루 안에서의 법의 구현

사법적 삶에 연루된 몸을 가장 극적인 방식으로 묘사하는 신명 재판은 언제나 중세의 학식 있는 법률가에게 무엇이 그의 지적 세계와 법적 약속에 대한 민중적 관념을 분리시키는지 보여주었다. 15세기에 기-파프는 자기 말이 거짓이면 손목을 자르겠다고 장담해놓고 그렇게 하지 않은 어떤 남자와 관련해 자문을 받았다. 그의 손목을 잘라야 할까? 기-파프는 사람은 자기 손발의 주인이 아니라는 로마법의 원칙을 상기시켜야 했다.[98] 이렇듯 우리는 중세 말에서 근대법 편찬의 시대인 19세기 초 사이에 프랑스의 법률가들이 관습법과 관행 그리고 로마법을 융합시켜, 『로마법 대전』만큼이나 탈육체화된 프랑스 법을 탄생시키려고 애쓰는 모습을 본다. 앙트완 르와젤의 『관습법 요강』 *Les Institutes Coutumières* 은 원초적으로 구현된 법 내용 중 수용 가능한 부분이 있는지를 나폴레옹 법전보다 2세기 앞선 시기에 살핀다. 우리는 거기서 두 종류의 격언을 구별한다. 채무의 신체화와 관련이 있는 것과 동산을 신체와 연결시키는 것이다.

채무의 신체화 *incorporation des dettes*

야만족의 법 *le droit barbare* [5세기 중반에 편찬된 게르만족 고유의 법 모음. 게르만법이라고도 함]의 재발견에 의해서든, 로마 시대의 민중적 관습의 영향이든, 아니면 양쪽 다이든, 우리는 채무의 신체화라는 관념이 16세기에서 17세기로 바뀌는 시기에 프랑스 법 안에 훌륭하게 살아있었음을 인정해야 한다.

르와젤은 이를 고려해야 했다. 물론 그는 채권 *obligations*—뿔이 아니라 말—의 문제에 관한 한, 판단을 바꿀 수 없었다. 하지만 그는 그의 시대에 몸이 강하게 연루되어 있는 법적 영역, 즉 결혼과 형법의 영역에서 채무가 공공연히 신체화되어 있는 상황을 부정할 수 없었다.

"배우자를 얻은 사람은 빚을 얻는다" (n°110)

야만인들은 뿔이 있는가?

"원해서 맞는 사람은 없다: 돈으로 지불할 수 있는 사람은 몸으로 지불하지 않기 때문이다." (n° 836)

"자살한 사람의 몸은 유죄가 입증된 사람이나 유죄 판결을 받은 사람과 마찬가지로, 법정으로 끌려간다." (n° 838)

"하지만 중죄의 경우 평민은 신체적으로 귀족보다 더 심하게 처벌받지 않는다."(n° 851)

그러므로 르와젤을 읽을 때는 전체적으로 보는 것이 중요하다. 법적 관계를 신체적 관계로 만들지 않으려는 그의 의지는 계약적 의무의 분야에 한정되어 있었다. 한편 혼인과 관련하여 그의 시대의 민법은 배우자 간의 신체적 관계를 여전히 특별하게 취급하고 있었다. 타인의 육체에 대한 물권의 획득은 이 육체가 포함하는 모든 것의 획득을 함축했다. 체화된 빚 역시 여기 포함된다.

형법에서는 사회에 대한 범법자의 빚이 새겨지는 장소가 몸이라는 관념이 강력하게 확립되었다. 풍속의 진화는 "몸값"을 받아들였지만, 단호하게 환기되는 하나의 원칙을 파괴하지 못했다. 대가를 지불하는 것은 자연인이 아니라 몸이기 때문에 이 시스템에서는 자살한 사람의 시신이 처벌받기 위해 "법정으로 끌려가는" 것이 완전히 논리적이다. 동일한 논리가 동물에 대한 재판을 설명한다. 동물이 재판을 받는다고 해서 동물에게 법적인 인격이 있다는 뜻은 아니다. 형사 재판과 형사상의 판결에 개입하는 것은 인간이든 동물이든 몸체를 가진 물건임을 나타낼 뿐이다. 로마에서 그랬듯이, 르와젤의 시대에 몸의 **실체**가 함축하는 몸들의 평등은 **실체**의 평등 외에 다른 것이 아니었다. 그러므로 형법에서 귀족의 몸은 평민의 몸과 똑같이 취급될 것이다.

동산과 몸의 관계

> "동산은 몸을 따르고, 부동산은 그것이 자리 잡은 장소를 따른다."(n° 221)

부동산이란 움직일 수 없는 것이다. 동산은 움직이는 것이다. 전형적인 부동산이 땅이라면, 동산의 원형은 옷이다. 옷은 그 소유자의 몸의 움직임을 따른다. 이런 이유로 중세에는 옷과 관련된 상징들이 소유권을 이전하는 행위에서 핵심적인 위치를 차지했다. 서임은 재화를 과거의 소유자에게서 벗겨서 새로운 소유자에게 입힌다. 그러므로 우리는 소유권의 이전이 흔히 장갑을 건네주는 상징적 행위를 통해 실현되는 이유를 이해할 수 있다.

법의 역사는 인간적인 규모를 넘어서는 토지 소유가 언제나 위협 받았고, 수세기에 걸쳐 작인들의 소유로 대체되는 경향이 있었음을 증언한다. 신체적 척도에 의해 정의되는 수준(예를 들면 한 가족

야만인들은 뿔이 있는가?

을 먹여 살릴 수 있는 규모)의 소유라면, 그것은 거의 공략할 수 없는 지위를 점한다. 굶주린 자들이 식량을 빼돌릴 때, 사람들은 인간 생명에 대한 존중이 소유자들을 도난으로부터 보호한다고 여겨지는 사법체계 전체와 맞서는 영역 속으로 들어간다. 굶주린 자가 생존을 위해 훔치는 것은 죄가 없다는 신학적-교회법적 교의는 관습법과 법원들의 판례 안에서 커다란 반향을 일으켰다.[99] 식량과 의복은 그 취득 여부에 생명이 달려 있는 물건이다. 그것들은 몸 자체 다음으로, 몸을 가진 물건들의 정의에 정확하게 부합한다. 식량은 부분적으로 사람의 몸 자체가 되며, 의복은 몸의 덮개가 된다.[100] 그러므로 우리는 왜 중세에 부동산의 취득 절차가 논란의 여지없는 실행의 영역으로 들어가기 위해 옷과 관련된 상징, 즉 서임과 장갑 건네기를 사용했는지 이해할 수 있다.[101]

그러므로 동산은 몸을 따라간다. 어떤 동산은, 문명에 따라 그 숫자가 많을 수도 적을 수도 있는데, 심지어 시신을 따라 무덤 속까지 간다.[102] 이처럼 몸과 동산과 빚은 하나의 움직이는 전체를 형성한다. 몸이 있을 곳이 정해지면, 재화들과 부채들을 둘 곳도 정해진다. 빌려준 것을 돌려받기 위해 채권자는 우선 판사에게 채무자의 동산을 압류하게 해달라고 요구할 것이며, 이어서 채무자의 집에서 끼니를 해결하는 것을 허락해달라고 할 것이다. 그는 심지어 채무자의 감금, 처벌로서의 감금이 아니라 저당으로서의 감금을 얻어낼 수 있다.[103] 이는 "동산은 채무의 소재지이다"라는 관습법의 원칙

뒤에 사실상 빚의 신체화가 있으며, 결정적으로 신체가 법적 약속들을 보증하는 고대적 시스템이 있기 때문이다.

나폴레옹 법전과 요술로 감추어진 신체

르와젤이 "사람의 뿔을 묶지" 않으려는 의지를 표명했음에도 불구하고, 이렇듯 그의 시대에는 법 안에 몸을 끌어들이려는 강력한 관습적 경향이 존재했다. 이는 그 뒤 법의 탈육체화가 완성되는 두 세기 동안 나폴레옹 법전의 편찬, 특히 민법의 편찬 과정에서 실질적으로 몸이 논의에서 제외된 이유를 설명한다. 혼인법은 성관계에 대해 아무런 언급도 하지 않는다. 채권법은 의지의 자율성을 찬양하며 몸을 법적 관계로부터 빼낸다. "누구도 행위를 강요받을 수 없다"Nul ne peut être contraint à un fait 는 교의적인 해결책을 고수하면서 말이다. 계약에 의해 어떤 것을 할 의무가 있는데 이행하지 않은 사람은 그 대가로 일정액의 돈을 지불하는 벌만 받을 수 있다. 물권은 토지 소유권을 참조하면서 신체의 층위를 망각하게 만든다. 형법의 경우, 이 시기부터 신체형을 완전히 추방한 징벌 시스템이라는 유토피아가 유지된다. 이 법전들이 미터법을 창안한 사회에서 출현했다는 점을 기억하자. 미터법은 과거의 도량형과 달리 인간의 신체(발, 엄지손가락 등)나 그 움직임(리외=한 시간 동안 걷는 거리), 혹은 노동(주르날=하루에 일하는 시간)을 기준으로 삼지 않았다.

야만인들은 **뿔**이 있는가?

나폴레옹 법체계에서 인간은 하나의 의지였다. 민법이 유일하게 몸의 존재를 언급하는 경우는, 부부는 그들의 자녀를 "먹여 살릴" 의무가 있고(203조), 자녀는 궁핍한 부모에게 "식량"을 제공할 의무가 있다고 말할 때(205~211조), 그리고 간통이나 근친상간으로 태어난 아이는 자신의 부모에게서 "식량"을 얻을 권리가 있다고 말할 때(342조와 762조)이다. 그 밖의 경우에는 인간이 자연인의 추상으로 표상되는 것으로 충분한 듯 보였다. 물리적 공격에 대한 인간의 몸의 보호로 말하자면, 이는 형법에서 **"인격에 대한 중죄와 경범죄"**의 정의와 제재에 의해 실현된다. 인격의 개념이 이처럼 완벽하게 인간의 개체성 전체를 흡수한 나머지, 법률가들은 몸과 인격 사이에 동일성이 존재한다고 결론짓기에 이르렀다. 몸은 인격의 소유물이 아니다. 몸이 곧 인격이기 때문이다. 각자가 자신의 몸에 대해서 갖는 권력의 한계는 자신의 물건을 처분하는 권력에 대한 족쇄가 아니라, 인격들의 자유에 부과되는 한계였다. 현대의 법률가들 중에는 장 카르보니에가 가장 명확하게 이런 입장을 표명한다.[104]

몸이 실종되는 과정을 서술하면서, 마리-앙젤 에르미트는 1950년대 이전까지 법률가들이 사용한 백과사전과 색인표에서는 "선체"船體나 "헌법상의 구성체", 그리고 "신체구속"을 이야기할 때만 체體라는 단어가 나타난다고 지적한다.[105] 이렇듯 인간의 몸은 신체구속(채무에 의한 수감)과 관련해서만 법률가들의 시야에 나타났다. 신체구속은 채권자가 채무자의 몸에 행사했던 오래된 권리의 잔존으로서, 1867년 7월 22일 법과 1871년 12월 23일 법에 따라, 그리고 어떤 여파들의 경우 1958년의 형사소송법에 따라, 국가의 이익을 위해서는 사용될 수 있지만 더 이상 사적인 채권자에게는 제공되지 않는다.

행정관으로서 실무자들에게 유용한 책들을 쓴 외젠느 드라마르가 『대백과사전』 *La Grande Encyclopédie* 제26권(1897년 이후 출간)의 '인격' 항목을 집필하면서 사용한 어휘는 몸의 실종의 의미를 아주 명확하게 드러낸다. 자연인을 정의함에 있어서 그는 결코 몸에 대해 말하지 않고, "인간"과 "신체적 인간" 혹은 "개인"에 대해서만 말했다. 심지어 그는 몸을 "사회적 인격"과 대립하는 "자연인" l'homme physique으로 정의하기까지 했다.

> 인격이라는 표현을 그런 관점에서 사용하면서, 하지만 그 표현에 원래 그것에 속하지 않는 의미를 부여하면서, 우리는 여전히, 순수하게 신체적이고 생리학적인 인격과, 권리들과 의무들에 의해 자기와 유사한 존재들과 접촉하는 인격을 구별할 수 있다.

여기서 "인격"이라는 단어가 "몸" 대신 사용되었다는 것은 아주 분명하다. "몸"은 그것이 인간의 몸을 상기시킬 수 없을 때만, 예를 들어서 인간 공동체("어떤 단체 또는 기관")를 가리키기 위해서 사용된다. 그리하여 저자는 노예제가 폐지된 사회에서는 "자연인의

야만인들은 뿔이 있는가?

자리가 자연사나 생리학 안에만 있다"고 결론짓는다.

*

19세기에 법의 탈육체화는 마침내 민법의 위업이 되었던 것 같다. 사법적 신체화의 신성한 저속함에 맞서, 민법학자들은 두 종류의 전투를 수행했다. 하나는 초기 로마법에 맞선 전투였고 다른 하나는 중세의 사법적 관행의 야만적 자생성에 맞선 전투였다. 19세기에 민법학자는 마침내 **사람은 몸 때문에 묶이는 게 아니라 말 때문에 묶인다**고 판단한다.

로마시대 이래 민법학자는 그의 전문영역의 특수성으로 말미암아, 신체적인 물건들과 관련하여 장엄한 고립의 사치를 누렸다. 19세기의 민법은 밀집된 도시의 인구를 관리하는 공법이나 (훗날 교회법의 영역으로 들어가는) 신체적인 성스러움에 관한 법, 그리고 중세 말 이래 공법에 견인되는 형법으로부터 언제나 떨어져 있었다. 근대적 법전 편찬과 교육은 형법을 고유한 영역으로 인정한다.

형법은 우리를 **잘린 손** 사건으로 다시 데려간다. 1832년 4월 28일 손목 절단형이 폐지되면서 프랑스 법에서 절단형이 마침내 사라지기 때문이다. 그때까지 친부 살해자는 처형에 앞서 손목이 잘렸다. (고통을 주려는 의도가 없을 때는 본래의 의미에서의 신체형이라고 할 수 없는) 사형의 경우를 별도로 한다면, **잘린 손이 판사의 명령에 의해서 사라지는 것은 형법의 탈육체화를 더 없이 잘 상징한**

다. 왜냐하면 그때부터 형법은 더 이상 **몸으로 대가를 치르라고** 하지 않기 때문이다. 이제 영혼의 안녕을 위한 뉘우침의 기술과 더불어, 교회법 전문가들이 발전시킨 징벌의 과학은 그 육체가 범죄 성향을 드러낸다고 믿어지는(롬브로소가 누구보다도 그렇게 믿었다) 범죄자를 다루는 방법의 연구를 향해 대대적으로 나아가고 있다. 여기서 우리는 앞서 살펴보았던 경쟁-협조 관계를 재발견하면서, 몸의 관리에 있어서 사제와 의사의 분담을 다시 한번 확인한다. 이어지는 논의를 통해 이 부분을 재차 설명할 것이다.

야만인들은 뿔이 있는가?

Chapter 09

몸의 교회법적 정의: 권리의 대상

우리가 서 있는 곳은 이중의 교차로이다.

타인의 몸에 대한 행위와 자신의 몸을 가지고 하는 행위가 여기서 만나며,

성스러운 규칙과 윤리적-법적 규범들이 여기서 만난다.

이제 우리는 시신을 연구하면서 알 수 있었던 것을 확인하려 한다. 시체든 살아있는 신체든, 몸을 민법학자들의 시빌리테 바깥으로 몰아내는 것은 그것의 관리를 사제와 의사에게 맡기는 결과로 이어진다. 민법이 몸을 거부했다고 해서 몸이 아무런 관리 없이 방치된 것은 아니다. 로마의 시빌리테 바깥에서 몸은 오히려 종교와 의학이라는 이중의 규율에 복종했다. 두 분야 간의 경쟁이 영구적인 갈등 상황을 초래하지는 않았다. 그보다는 한 분야의 규범성이 언제나 다른 하나를 압도했다. 과학적 적법성의 중세적 시스템에서 의학의 지위는 종교에 비해 명백하게 열등했고, 이는 두 분야 간의 위계를 보여주는 대학들의 의례적 관행 속에서 단박에 드러났다. 신학의 지배 하에 있는 학문 세계는 의학을 말석으로 쫓아 보냈다.

몸의 훈련은 뚜렷하게 종교적인 색채를 띠었다. 하지만 이런 사실 이상으로 서구사회의 상황에 독창적인 성격을 부여했던 것은 몸의 종교적 관리에 법적 규범의 테크닉이 사용되었다는 점이다. 서구의 법에 몸을 재도입한 것은 교회법이었다. 교회법은 신명재판 같은 미개한 풍속의 관리를 수락했을 뿐 아니라, 영혼의 훈련과 배려가 근본적으로 몸의 훈련과 배려를 함축한다는 사실로부터 가능한 모든 결과들을 끌어내었다. 로마인들에게 종교적 문제들과 신성한 사업들은 공법의 중요한 부분을 구성하였다. 공법은 "성스러운 물건

몸의 교회법적 정의: 권리의 대상

들, 사제들, 행정관들"과 관련된다는 율피아누스의 정의를 기억하자. 이 정의는 『로마법 대전』에도 실려 있다.(『학설휘찬』) 중세의 주석가들이 이 문장을 논평했을 때 그들은 "성스러운 물건들과 사제들"의 영역이 당연히 공적인 관심사이지만, 이제 그것은 교회가 관장하는 영역이 되었으므로 더 이상 공법의 정의에 등장해서는 안 된다는 데 의견의 일치를 보았다.[106] 그때부터 성스러운 물건들과 관련된 모든 것은 교회법에 속하였다. 몸의 성스러움을 관리하는 일 역시 자연스럽게 교회법에 귀속되었다.

교회법 학자들이 몸에 강박관념이 있었던 이유는 그들이 본질적으로 영혼에 관심을 가졌기 때문이다. 신체적 **실체**—교회법 학자들이 그 활용을 규제하려 했던, 권리의 대상으로서의 몸—의 교회법적 의미를 규정하려면, 몸과 영혼의 밀접한 관계라는 전제에서 출발해야 한다.

영혼이 몸의 실체를 부인한다는 것

인격의 출현이 세속적 법의 시야로부터 몸을 사라지게 했다면, 영혼의 존재에 대한 믿음은 교회법 체계 안에서 몸을 받쳐줄 토대를 강화하였다. 인격이 몸을 은폐한 반면, 영혼은 몸과의 관련성 속에서 정의되었다.

더 정확하게 말하자면, 몸은 영혼에 필수적이다. 피에르 르장드르가 강력하게 논증했듯이, "몸을 가지지 않은 모든 것은 영혼도 갖지 않는다."[107] 영혼은 또 하나의 몸이다. **왜냐하면 영혼은 물건이 아닌 몸이기 때문이다.** 영혼과의 관계에서 몸은 필연적으로 물건이다. 그러므로 몸은 절대적으로 물건이어야 한다. 나는 몸이 필연적으로 물건이라고 주장한다. 왜냐하면 영혼의 숭고함은 몸의 **실체**에 의해 역으로 정의되기 때문이다. 나는 또 몸이 절대적으로 물건이어야 한다고 주장하는데, 이는 영혼을 표현하는 가장 좋은 방법은 그것과 대비되는 것을 한계까지 밀어붙이는 것이라는 의미에서다. 영혼의 반대말은 살아있는 몸이 아니라 시체다. 해골이라는, 절대적으로 유체성有體性을 띠는 물건이다.

피에르 르장드르는 1624년에 출판된 예수회원 헤르만 위고의 멋진 삽화를 자신의 책에 재수록하였다.[108] 그 삽화는 사도 바울의 「로마서」 7장 24절에서 가져온 짧은 설명과 함께, 해골 안에 갇힌 몸을 보여준다(「로마서」의 중요성에 대해서는 이미 지적한 바 있다). "오호라 나는 곤고한 사람이로다. 이 사망의 몸에서 누가 나를 건져내랴?"*Infelix ego homo! Quis me liberabit de corpore mortos huius?* 기독교적 사유는 이처럼 영혼을 가두는 육체의 감옥이라는 관념에 이르러 그리스 철학과 조우한다. 하지만 감옥은 집이기도 하다. 즉, 미르체아 엘리아데의 인류학적 관점에서 보자면, 인간을 둘러싼 성스러운 공간의 최소 범위인 것이다.

유럽과 아시아에 널리 퍼진, 망자의 영혼이 굴뚝을 통해 집 밖

몸의 교회법적 정의: 권리의 대상

으로 나간다는 믿음에는 "우리가 집에 거주하듯이 몸에 '거주한다'"[109]는 생각이 깔려 있다. 이 믿음은 또한 몸과 집이 동일한 **실체**의 성질을 나누어갖는다는 것을 표현한다.

여기서 우리는 다시 한번, 시체가 웅변적으로 논증하는, 육체의 양가성과 마주친다. 몸은 영혼에게 감옥이지만, 영혼이 몸에 거한다는 사실, 또는 거했다는 사실은 그 감옥을 성스럽게 하며, 그것을 성소로 변형한다.

살아있을 때 우리는 영혼에 도달하기 위해 몸을 거친다. 성사 의례에서 몸이 그토록 큰 자리를 차지하는 것은 그 때문이다. 이는 2세기에서 3세기로 넘어갈 무렵에 이미 테르툴리아누스가 힘주어 말했던 것이다. 육신은 안녕의 토대이다. 육신을 통해 영혼은 신과 이어진다. 영혼의 연결을 허락하는 것은 육신이기 때문이다. 목욕재계는 영혼의 때를 씻는다. 도유식은 영혼을 신성하게 한다. 안수례는 육체 위에 그림자를 던져서, 영혼이 성령에 의해 밝아지게 한다. 영혼이 신으로 충만하도록, 육신은 그리스도의 몸과 피에서 양분을 얻는다. 영혼과 육체의 기독교적 관계 속에서 몸은 물건으로 취급된다. 이 물건은 신성하지만, 그렇다고 권리의 대상이 아닌 것은 아니다.

타인의 몸에 대한 기독교인의 권리

교회법이 이 영역에서 집중적으로 성찰한 것은 혼인과 관련된 중대한 문제들이었다. 세속적 입법에서는 결혼이 본질적으로 사회적 규율의 문제였고, 그런 맥락에서 부모의 허락이 가장 중요했다. 반면 교회법은 혼인 당사자들의 동의를 강조했다. **왜냐하면 이 동의는 재생산에 필요한 행위를 완수하기 위해 육체를 서로에게 인도하는 것과 관련되어 있었기 때문이다.** 세속적인 법에서 혼인은 공적인 질서에 속하는 사안이었다. 교회법에서는 그것이 무엇보다 성생활 및 발생과 닿아 있는 주제였다.

부부가 서로의 몸에 대해 가지고 있는 권리를 사도 바울이 어떻게 정의했는지 기억해보자. 타인의 몸을 "사용"할 권리. 교회법은 결혼 속에서 계약을 발견했다. 그 계약의 내용은 13세기에서 14세기로 넘어갈 무렵 둔스 스코투스 Duns Scotus에 의해 정의되었다. "생식을 위해 영구적으로 사용할 수 있도록 남편과 아내가 서로에게 몸을 양도하는 것으로, 올바른 교육이 필요함."[110] 이 공식은 거의 자구 그대로 1917년에 『교회법전』 Code de Droit Canonique에 재수록된다. 그 후 근대 교회법은 이 문제에 대해 명확하게, 즉 법적으로 언급하기를 꺼린다. 1983년 『교회법전』은 더 이상 결혼을 "계약"이라고 하지 않고, "결합" alliance이라고 하며, "몸의 양도"는 "생활공동체"라는 막연한 표현에 자리를 내준다.

그렇다 하더라도 교회법은 여전히 결혼이 동의의 교환을 넘어서 완성, 즉 성공적인 짝짓기를 요구한다는 원칙을 견지했다. 혼인의 유대를 이런 식으로 개념화할 때 부부의 결합이 느슨해지는 것은 그

몸의 교회법적 정의: 권리의 대상

들의 몸이 서로 멀어지는 것으로 이해될 수밖에 없다. 이런 이유로 교회법은, 이혼을 거부하면서 그 대신 육체적 분리(19세기 법률가들의 언어로 가톨릭 신자들 사이의 이혼을 가리킨다)를 발명하였다.

타인의 몸에 대한 이 권리는 성적 행위를 엄밀하게 체계화한, 지극히 꼼꼼한 사례연구를 참조한다. 이 분야에서의 정점은 1592년에 출판된 토마스 산체스Thomas Sanchez의 『혼인 성사聖事에 관한 담론』Discussions sur le Saint Sacrement du Mariage이었다. 스페인의 제주이트가 쓴 이 책은 성관계에서 허용되는 것과 허용되지 않는 것을 확실하게 구별하기 위해, 에로틱한 행위에 관해 상상 가능한 것을 (때로는 상상할 수 없는 것까지) 너무나 자세히 언급한 나머지, "음란의 일리아드"나 "외설의 성무일과서" 등으로 불리었으며, 도서관과 서점에서 포르노 서적과 똑같이 취급되곤 했다.

하지만 교회가 정해준 범위 안에서 짝짓기를 위해 타인의 몸을 사용하는 권리는 절대적인 권리이다. 이 권리는 물권에 속한다. 즉 생명이 없는 물건에 대한 권리와 동일한 성질을 지닌다. 이로부터 중세의 교회법 학자들은 고대 로마에서는 아버지가 아들의 반환을 법정에서 요구할 수 있었던 것과 마찬가지로, 남편이나 아내 역시 바람피운 배우자를 되찾기 위해 로마법이 소유권의 영역에서 제공하는 다양한 길들을 이용할 수 있었다는 결론을 끌어내었다. 예를 들어 그들은 반환청구소송이나 점유보호청구소송('점유' 즉 물건에 대한 물리적 권리를 보호하는 소권)을 통해 부정한 배우자를 돌려받을

수 있었다.[111]

이처럼 타인의 몸에 대한 권리의 물권적 성격을 분명히 한 후에, 교회법은 **점유와 향유**라는 사법적 개념이 물권적 의미를 간직하면서도 성적인 의미로 사용되는 유일한 영역에서, 몸이라는 물건의 사용 방식을 세밀하게 규정할 수 있었다. 결혼은 몸의 상호 점유에 의해 완성될 때만 실제로 존재한다. 즉 삽입이 있어야 하고, 이어서 사정射精이 있어야 한다. 한편, 성적 향유를 포함하는, 이 물건의 법적juridique 향유는 생식이라는 목적에 의해서만 정당화된다.

타인의 육체를 성적으로 사용하는 데 있어서 엄격한 제한이 존재한다는 사실은 다음과 같은 뜻이다. 인간의 몸이 정말 물건이라면, 그 물건은 또한 성스러운 물건이다. 이렇게 해서 우리는 다시 한 번, 로마법이 성스러운 영역에 속한다는 이유로 법적 삶의 바깥에 두었던 물건들 가까이로 몸을 가져가기에 이른다. 몸은 물건이다. 그러므로 부부 중 한쪽은 빼앗긴 물건을 찾아오듯 부정한 배우자를 찾아올 수 있다. 하지만 이 물건은 성스럽다. 따라서 그것의 향유는 통제된다. 무엇보다 그것은 독점적이다. 부부 중 한쪽이 상대방의 몸에 대해 갖는 권리에는 그 몸을 타인에게 매각하거나 대여할 권리가 포함되지 않는다.

결혼이 죽이거나 불구로 만들 권리를 주지 않는다는 것은 말할 필요도 없다. 낙태의 문제를 제외한다면 말이다. 낙태는 기독교 사회가 전통적으로 완고하게 적대시했던 영역이지만, 이 전통은 또한

몸의 교회법적 정의: 권리의 대상

현실의 거대한 자락들에 의한 은폐와 결합되어 있었다.(예를 들면 매춘부는 원래 임신을 못한다는 허구가 유지되었다) [112]

성관계 항목에서 다루어지는 것만으로는 타인의 몸에 대한 권리라는 주제를 완전히 포괄할 수 없다. 여기에 합법적인 폭력과 관련된 것들 전부를 덧붙여야 한다. 이 영역에서 교회법은 주로 시민적 입법의 편을 들었다. 교회법은 다음 세 가지 경우에 대해서는 상처와 고통을 주는 행위나 불구로 만드는 행위는 물론이고, 살인까지 용인했다. 형벌을 집행할 때, 정당방위에 해당될 때, 그리고 이른바 정의로운 전쟁의 상황일 때가 그러했다.

이제 논리적으로는 자신의 몸에 대한 권리의 문제로 넘어갈 순서이다. 하지만 피와 정액의 성스러움이 이러한 진행 속에 끼어들어서 어떤 연결과 방해를 동시에 만들어낸다. 우리는 교차로에 서 있는 자신을 발견한다.

성스러운 죄의 피할 수 없는 교차로 : 피와 정액에 의한 오염

우리가 서 있는 곳은 이중의 교차로이다. 타인의 몸에 대한 행위와 자신의 몸을 가지고 하는 행위가 여기서 만나며, 성스러운 규칙들과 윤리적-법적 규범들이 여기서 만난다.

교회법은 몸을 끌어들임으로써 로마의 시빌리테에서 멀어졌는

데, 이를 보여주는 단적인 예가 '피와 정액에 의한 오염'이다.[113]

이 오염과 더불어 우리는 도덕적·법적 죄와 일치하는, 또 그러면서도 고유한 실재를 갖는, 성스러운 죄와 마주한다. 인류학적 언어의 통속화 덕택에 우리는 이 점과 관련하여 금기의 위반이라는 단어를 쓸 수 있게 되었다. 피와 정액이라는, 생명의 흐름의 두 가지 형태에 영향을 미치는 금기 말이다.[114]

성스러움은 자신에 대한 행위와 남에 대한 행위를 구별하지 않는다. 생명의 액체가 배출되었는지 여부만을 따질 뿐이다. 도덕적 죄는 배제되지 않지만, 그것이 원초적 규칙을 정당화하기 위해 뒤늦게야 합류한다는 것을 어느 모로 보나 알 수 있다. 성스러운 액체의 배출은 죄의식을 일으킨다. 그것을 도덕적 죄와 동일시할 수 없더라도 말이다.

피와 정액에는 신체적 성스러움의 정수가 모여 있다. 피와 정액은 또한 성스러움을 특징짓는 양가성을, 경배와 혐오의 분리 불가능한 혼합을, 지극히 잘 표현한다. 1940년대에 생명공학이 피와 정액을 인체 바깥에서 보존하는 데 성공했을 때, 이 '인간 재료'들은 비로소 민법의 영역으로 진입했다. 하지만 이 재료들이 즉시 법률가들에게 경외를 불러일으켰다는 사실은 법률가들이 이미 그 이전부터 그것들을 성스러운 것들이라는 항목에 분류해놓고 있었음을 보여준다.

우리는 인류학자들이 무수히 확인할 기회가 있었던 것을 성서

몸의 교회법적 정의: 권리의 대상

시대 안에서 발견한다. 피와 정액의 비정상적인 배출이 성스러움의 관점에서 변칙적인 상황을 야기한다는 것이다. 일반적으로 몸은 성스러움과 저속함의 집합체다. 신성함은 인간에게 생명의 **숨결을 불어넣어** 영혼을 선사했다. 로마인의 아니마와 그리스인의 프시케는 일차적으로 숨결을 뜻하고 이어서 영혼을 뜻한다. 신적인 것과 물질적인 것의 접촉에 의해 몸은 성스러워졌으며, 이 성스러움은 특히 생명의 액체(피/정액)에 모여 있다. 생명의 액체는 일반적으로 정액의 형태로 여성의 자궁 속에 들어갈 때만 남성의 몸 바깥으로 나간다. 이는 일반적으로 피와 정액이 성스러운 존재로서든 법적인 존재로서든, 몸과 생식의 존재와 분리될 수 없었음을 뜻한다.

이제 성스러움의 관점에서 비정상적인 것이 무엇인지 보도록 하자. 이는 신체적 폭력과 성적 위반(근친상간, 동성애, 수간)을 넘어서는 어떤 것이다. 진정한 비정상성은 바로 정액과 피가 몸 밖으로 흐른다는 것이다. 왜냐하면 그래야만 이 두 형태의 생명의 액체가 그것들이 빠져 나온 몸과 구별되는 실존을 획득하기 때문이다.

정액의 죄

수혈에 앞서 성교는 생명의 액체를 타인의 몸에 주입하는 첫 번째 방법이다. 나중에 팔에서 팔로의 수혈에 대해서도 같은 이야기를 하겠지만, 정상적인 성교에서는 생명의 액체가 결합하는 몸들의 존재와 구별되는 존재를 갖지 않는다. 정자가 고유한 존재를 획득하는 것은 정액이 하나의 몸에서 나왔으나 다른 몸으로 들어가지 않을 때이다. 그럴 때 정액은 성스러운 죄를 발생시킨다고 여겨진다. 이 죄는 그 자체로는 도덕적 죄나 법적 위반과 엄격하게 구별되지만, 그 둘과 결합할 수 있다. 성스러운 죄는 객관적이다. 즉 의도는 중요하지 않다. 예컨대 인위적으로 유도하지 않았고 심지어 원하지도 않은 정액의 배출—나아가 병적인 배출—도 하나의 죄를 구성한다. 그리고 금기의 영역에서 언제나 발견되듯이, 악은 전염성을 띤다. 그래서 이미 법을 위반한 사람이나 그가 건드린 물건들과 접촉하는 것만으로도 성스러운 죄를 지을 수 있다. 그에 대한 벌은 정화(성스러운 것들을 원래의 자리로 되돌리는 의식)이고, 가끔은 동물의 희생이다. "몸에서 흘러나옴"이 있었던 사람을 이와 같이 다루는 방식은 「레위기」 (15장 1~18절)에 나와 있다.

정액의 유출로 성스러운 것들의 시각적 장 안에 구별 가능한 사물이 창조된다. 거기서 비롯한 객관적 죄는 도덕적 죄에 의해, 그리고 때로는 사법적으로 제재되는 죄에 의해 배가된다. 「창세기」(38 장 8~9절)에 나오는 오난의 중죄가 이에 해당된다. 이 죄를 이해하려면, 그것을 신이 한 가족의 구성원인 남자에게 준 창조의 권력이라는 관점에서 보아야 한다. 그에게는 생명의 액체를 가족 안에 머물게 할 의무가 있다. 수혼제嫂婚制의 의미가 이와 같았다. 이 제도는 히브리와 앗시리아, 그리고 히타이트 사회에서 나타나는데, 형제가

몸의 교회법적 정의: 권리의 대상

후사 없이 죽으면 형수 또는 제수와 성교하여 아이를 임신시키도록 강제한다. 이 아이는 망자의 아들로 간주된다. 이 의무 앞에서 오난은 자기 방식대로 저항했다.

하지만 오난은 그 자손이 자기 것이 되지 못하리라는 것을 알고, 형의 아내와 결합할 때마다 그의 형이 후손을 갖지 못하도록 땅에 흘렸다.

흔히 생각하는 것과 달리, 오난이 행한 것은 자위 행위가 아니라 질외 사정이다. 더 정확히 말하자면, 그는 그의 형이 대를 이을 수 있도록 형수에게 씨를 뿌리는 것을 거부했다. 히브리인들이 종교적 기원을 갖는 법적 의무로 만든 이 책무를 거부하면서 오난은 공적으로 불명예를 안게 되었다(「신명기」, 25장 5절). 그가 사용한 기법은 정액을 일부러 흘리는 것이었다. 씨 뿌리기가 정액을 보이지 않게 한다면, 성교 중단은 정액을 몸 밖에 존재하게 한다. 파괴되는 것 외에 다른 목적을 갖지 않는 존재로 만드는 셈이다. 그러므로 법적인 죄에 성스러움과 관련된 위반이 겹쳐진다. 신이 오난을 죽게 한 것은 이런 까닭이라고 창세기는 우리에게 이야기한다.

복수를 부르짖는 피

성서는 피의 유출이, 도덕적인 죄나 형법에 따라 처벌되는 위반이기에 앞서, 우선 성스러운 죄로 인식됨을 보여준다. 「레위기」(15장 19~30절)에서 생리혈의 유출은 정액의 유출의 여성형으로서, 그것과 완벽하게 대칭을 이루는 죄로 제시된다. 정액의 유출과 마찬가지로 생리혈의 유출은 정화와 동물의 희생 의례를 통해서만 끝낼 수 있는, 성스러운 죄의 객관적 상황을 구성한다.

살인은 원래 이와 동일한 범주의 죄였다. 처음에는 그 자체가 도덕적으로 비난받아 마땅한 행위라기보다 "복수를 부르짖는 피"[115]가 문제였다. 그 뒤 암살범과 본의 아닌 살인자를 구별하지 않는 탄압이 아주 오랫동안 이어졌다. 죽임을 당한 자의 가장 가까운 친척이 고엘goel이 되었는데, 이는 히브리어로 "피의 복수자"라는 뜻이다. 그에게는 살인자를 찾는 성스러운 의무가 주어졌다. 히브리인들은 차츰 피에 대한 성스러운 죄 뒤에서 도덕적 죄를 감지하기 시작했고, 그리하여 의도적인 살해와 본의 아닌 살인의 차별성을 인식했지만, 그렇다고 성스러운 죄를 망각한 것은 아니었다. 「민수기」(35장 9~34절)의 시대에 이르러 히브리인들은 살인의 의도를 고려하고 "피의 복수"를 막기 위해 피난 마을을 만들었다.[「민수기」에 따르면 야훼는 모세에게 요단강을 건너 가나안으로 가면 몇 마을을 택하여 피난의 도시로 삼으라고 명한다. 이는 본의 아니게 사람을 죽인 사람이 재판을 받기 전까지 사적인 보복을 당하지 않게 하기 위함이다] 하지만 오염의 원천으로서의 성스러운 죄라는 관념이 여전히 이 주제를 지배하고 있었다. 왜냐하면 야훼는 이렇게 상기시키기 때문이다.

몸의 교회법적 정의: 권리의 대상

나라를 더럽히는 것은 피요, 피를 쏟은 자의 피만이 쏟은 피를 속죄할 수 있도다. 너는 너희가 살며 그 가운데 내가 사는 나라를 더럽히지 말지어다.

오염에 대한 교회의 접근

신에게 바친 장소가 출혈이나 정액의 유출에 의해 더럽혀질 수 있다는 생각은 서구 교회법에서 아주 강하게 나타난다. 이런 맥락에서 교회법은 오염의 결의론*une casuistique de la pollution*을 정교화한다.[결의론casuistry이란 응용윤리학과 법리학에서 사용되는 방법으로, 특정한 사례에서 하나의 원칙을 끌어내고 그것을 다른 사례에 적용하는 것을 말한다. casuistry는 case를 뜻하는 라틴어 *casus*에서 파생되었다. 이단어는 sophistry(궤변)와 동의어로 사용되기도 하는데, 이는 결의론이 일반론에 입각한 고찰을 비판하면서 종종 극단적 사례에 초점을 맞추기 때문이다]

이는 피나 정액이 교회 안에 쏟아졌을 경우를 다룬다.

더 깊이 들어가기 전에, 이런 이야기가 민법학자에게 얼마나 야만적으로 보일 수 있는지 짚어보자. 교회법 학자로 말하자면, 그가 살아가는 법적 세계는 우선 종교적인 우주이다. 그러므로 야생의 성스러움들을 관리하는 것 역시 그의 몫이다. 민법학자는 그 자신이 사적으로는 존중할 수도 있는 문화적 관행들과 전면적으로 충돌하는 법적 합리성을 표명하기 위해 공적으로 존재한다. 이는 1950년대

중반의 민법학자들이 가장 인정하기 어려워 한 부분이다. 피와 정액에 대한 자신의 외경심이, 명망이라는 장식물로 감추어놓았던 어떤 원시인을 수풀 밖으로 나오게 한다는 점을—무엇보다 그 자신에게—고백하지 않으면서, 이 두 가지 형태의 생명의 액체를 법적 시빌리테의 담론 속에 등록하는 것. 그러므로 유혈이나 정액의 배출에 의해 교회가 오염될 수 있다고—이는 '겁탈'이라고 일컬어지기도 했는데—인정된 것은 교회에 의한 야만성의 관리라는 틀 안에서였다. 모든 위대한 교회법 학자는 이 영역에서 결의론을 살찌웠다. 유혈을 수반하지 않은 살인도 교회를 오염시키는가? 교회 안에서 사형의 집행이 가능한가? 코피는 오염 요소인가? 의도는 악의적이어야 하는가? 피의 양이 얼마나 되어야 오염되었다고 할 수 있는가?

우리는 이런 문제 제기 안에서 하나의 근본적인 요소를 발견한다. 교회의 오염은 도덕적, 법적 죄의 귀결일 수도 있지만, 그것과 무관할 수도 있다는 것이다. 이는 정액의 배출에 관한 논쟁에서 특히 잘 드러난다. 성적 위반과 관련된 배출의 오염 효과는 의심의 여지가 없다. 그 밖의 경우(병적인 원인으로 인한 배출, 집무실에서 잠을 자다가 일어난 몽정 등)에는 오염 효과를 도덕적 죄의 존재 여부와 연결해 가늠하는 경향이 압도적이었다. 그럼에도 성스러운 죄의 자율성이라는 원칙은 유지되었으니, 부부간의 의무 이행의 결과로 이루어진 정액 배출이라는 가정 하에서 어떤 해결책이 채택되었는지를 보면 이를 알 수 있다. 사람들은 "짝짓기는 그 자체로 적법했지만, 장

몸의 교회법적 정의: 권리의 대상

소의 신성함이라는 관점에서 불법적이었다"는 데 동의했다. 한편, 교회 안에서의 성교가 (예를 들면 전쟁 상태 같은) 외부에 존재하는 위험에 의해 정당화될 때는 성스러운 죄가 존재하지 않았다.[116]

자신의 몸에 대한 기독교인의 권리

앞에서도 그랬듯이 성스러운 죄의 정액과 피는 다음 논의에서 성적이든 아니든, 몸에 대한 권리를 거론하도록 이끈다.

자위 행위에 대한 교회의 비난은 성적 억압의 위계 안에서 중요한 자리를 차지한다. 죄의 중대성으로 따지면, 수간과 동성애, 이성 커플 사이에서의 자연에 반한 행위 다음에 오는 죄다.[117] 자위 행위는 공연음란죄라는 각도에서가 아니면 세속적 입법이 개입하지 못하는 영역이다. 이 영역에서 우리는 몸이 로마의 시빌리테 바깥으로 추방당했음을 다시 한번 확인한다. 반면 여기서 의사는 사제의 자연스러운 경쟁자다. 의사가 부모와 교육학자들에게 스스로를 기준으로 내세우는 것은 권력 이동의 신호와도 같았다. 스위스의 의사 시몽-앙드레 티소가 1760년에 출간한 『오나니즘』은 20세기 중반까지 권위를 행사했으며, 그 자신이 3년 후에 낸 『민중에게 주는 보건에 관한 충고』를 완벽하게 예고한다. 후자는 몸의 사용법을 공적으로 규정하기 위해 의사가 설교단에 오를 차례가 되었음을 알리는 신호였다.

자신의 몸에 대한 권리의 교회법적 제한은, 기독교인이 그 자신에게 행할 수 있는 사실상의 방법들을—성적 사용에 그치지 않고— 상세하게 숙고했다. 그리하여, 근대적 외과술이 장기 이식의 시대에 진입했을 때, 교회법학자들은 중세 이래 정교화된 해결책들 중에서 필요한 것을 채택하기만 하면 되었다.

거세에 대한 언급으로 시작해 신체 절단의 문제에 접근하는 것은 논지의 전개를 준비하기 위한 수사학적 조심성이 아니다. 이는 이 주제가 육체의 양가성을 성감대에 집중시키면서, 신체적 장소에는 선과 악의, 성스러움과 불결함의 지형도가 존재함을 드러내기 때문이다. 몸 중에서 상업적 유통에서 제외되어야 하는 부분을 결정할 때, 우리는 이를 상기해야 할 것이다.

무엇보다 중세의 신학자들과 교회법학자들이 스스로를 거세한다는 가정을 통해서 자해의 문제에 접근했다는 사실이 있다. 로마법은 자유인은 물론이고 노예도 자해할 수 있음을 인정했다. 자살의 권리가 있는 자는 당연히 자해할 권리도 있다.[118] 하지만 기독교는 자살을 규탄할 것이다. 인격의 자유만을 고려한 로마법과 달리, 복음의 종교는 몸과 영혼의 관계를 통해 이 문제에 접근했기 때문이다. 성 토마스 아퀴나스는 "생명은 신의 선물이며, 살리고 죽이는 신의 권력 아래 있다"고 말함으로써, 이 교의를 결정적으로 굳힐 것이다.[119] 그럼 자해는 어땠는가? 특히 성기를 제거함으로써 성적인 죄의 가능성을 완전히 제거하는 것이 가능했는가? 대답은 단호하게 부정적이었다. 그라티아누스가 보기에 거세는, 강요된 정숙함이 그 동기였다 하더라도, 살인과 동류로 취급되어야 했다.[120] 한편 토마스 아퀴나스는 공권력에 의해 정당화되지 않는 신체절단은 영혼에게 권리가 있는 신체적 장소의 일부를 영혼으로부터 빼앗는 것이므로 죄라고 믿었다.[121]

토마스 아퀴나스가 공권력을 잣대로 삼은 것은 로마법이 그렇듯 교회법에서도 '하물며'의 논리가 다른 모든 신체적 침해와 마찬가지로 신체절단의 권리를 견고하게 확립할 수 있는 유일한 논리임을 상기시킨다. 그런데 기독교는 초기부터 희생과 순교에 기초하고 있었다. 신앙을 위해, 종교를 위해, 다른 신도들의 안녕을 위해 죽는 것. 순교자의 희생은 십자가의 순교와 동일시되었고, 이어서 조국을 위한 죽음과 동일시되었다.[122] 기독교적 희생의 전통에 '치료를 위한 절단은 적법하다'는 의연한 독트린을 필요성의 이름으로 추가하면서, 신학적-교회법적 사유는 이리하여 1950년대 중반으로 접어들자, 장기이식을 가로막는 것은 아무것도 없음을 명확히 했다. 이 점을 논증한 아나 라바의 연구는 이미 고전이 된 어떤 독트린의 최종적인 업데이트로 여겨졌다.[123]

하지만 그렇다면 신학적-교회법적 사유 체계에서 개인이 자신의 몸에 대해 가지고 있다고 인정되는 권리의 본질은 무엇인가? 토마스주의자의 정의는 신이 그 주인인 생명에 대해서만 언급하고 몸자체에 대해서는 말하지 않는다. 중세의 교회법학자들은 인간은 자신의 손발의 주인이 아니라는 로마법의 원칙을 추가했다. 민법과 신학의 조우는 물권을 참조한 신체에 대한 권리의 정의를 탄생시켰다. 그리하여 교황 비오 12세는 학술회의에서 자신의 몸에 대한 인간의 권리를 주제로 발언해야 할 때마다 이는 "소유권"의 문제가 아니고, (부분적 혹은 전면적인 희생의 가능성에 의해 반박되는 주장이지만) "용익권" 또는 "사용권"의 문제임을 강조했다.[124] 아무튼 다음을 지적해야겠다. 오늘날 이 분야에서는, 결혼의 본질이라는 분야가 그렇듯이, 내용 없는 말을 퍼뜨리는 데 만족하는 것 같은 신학적-교회법적 담론의 지배 속에서, 법적 기교가 사라졌다.[125]

*

결국 어디에 교회법의 독창성이 있는가?

몸에 대한 권리—자신의 몸이든 타인의 몸이든—의 성격에 관한 한, 민법과 교회법은 사실상 동일한 해석을 개진한다. **몸은 물건이지만 평범한 물건이 아니다.** 그 신성함으로 인해 엄격하게 제한되고 통제된 법적 조작의 대상이다.

교회법학자의 주목할 만한 독창성은 그가 인간의 신체를 검열하지 않으며, 그것과는 거리가 멀다는 것이다. 민법학자는 생명을 검열하는데, 이는 죽음을 검열하는 것과 같은 이유에서다. 왜냐하면 그는 인간적인 현실들이 내포하는 성스러움과 저속함의 혼합을 회피하면서, 자신의 창조물들, 즉 인격들에게 고유한 삶과 죽음을 발명했기 때문이다. 교회법학자는 이와 달리, 비록 민법학자의 기교의 기초를 배우곤 하지만, 종교적 개입을 통해 법으로 인도되었다. 그는 필연적으로, 풍부하게 몸을 다룬다. 왜냐하면 그는 먼저 영혼을 다루며, 이는 인간의 삶을, 지상에서의 삶과 영원한 삶을 다룬다는 뜻이기 때문이다. **그의 학문적 임무는 단어의 어원적 의미에서 생명학**biology**이라고 할 수 있다.**

영혼의 전문가로서, 교회법학자는 몸의 심오한 **실체**에 직면한다. 그에게는 영혼이 존재하기 때문에, 몸은 충분히 하나의 물건이다. 그는 민법의 물권에 관한 장에서, 몸에 대한 권리를 규정하게 해주는 개념들(증여, 사용, 용익 등등)을 빌린다. 하지만 신체적 물건에는 성스러움이 새겨져 있다. 그래서 15세기의 교회법 학자인 베르타키누스 드 피르모는 로마법의 이분법적 구별(인격과 물건)을 삼분법(영혼, 육체, 물건)으로 바꾸어야 할지 자문하기에 이른다.[126]

그 후로는 몸을 법적으로 개별화하려는 의욕이 장려되지 않았다. 사실상 진화의 방향은 몸에 대한 어떤 검열의 방향인 듯하다. 교회법 안으로 민법이 침투했다는 사실에 의해 설명되는, 교회법의 탈육체화가 계속되며, 이는—이 부분을 지적하고 싶은데— 몸에 대한 권리들을 정의하기 위한 엄밀한 법적 용어들의 포기에 의해 공고화된다. 안타까운 일이다. 생명공학의 시대인 지금이야말로 민법학자들은 민법의 옆에서 민법이 고백하지 않은 논리를 표명하는 해석적 전통을 필요로 하기 때문이다.

Chapter 10

몸의 교회법적 정의: 돌봄의 대상

사람에게는 단식 투쟁을 비극적인 결말로 몰고 갈 자유가 있다.

또 걸인이 굶어 죽는 것은 민법의 관점에서 보면 완전히 적법한 일이다.

민법학자들이 몸을 사제와 의사에게 맡김에 따라, 교회법은 먼저 신체 규율을 확립하면서 민법의 결여를 보충해야 했다. 우리는 어디까지 자신의 몸과 타인의 몸을 사용할 수 있는가? 하나의 법체계가 또 다른 법체계의 공백을 메우고 있었다. 이 영역에서 선험적으로 놀라운 것은 하나도 없다. 이제 우리는 여전히 권리와 관련되어 있기는 하지만, 사법적 규범의 목표가 개인의 건강과 힘이라는 점에서 사뭇 다른 주제에 접근할 것이다. 신학적-교회법적 해석은 이 새로이 개입한 영역에서 단번에 의학과 경쟁 관계에 놓인다. 이 영역은 또한 로마의 시빌리테에 대한 항의를 낳는다.

법은 인간이 밥을 먹었기를 기대해야 하는가?

민법에 의한 몸의 검열을 가장 인상적으로 보여주는 사례 중 하나는 로마의 민법이 식량 공급을 중요하지 않은 일로 취급했다는 것이다. 공공 행정에서는 이것이 큰 문제였고, 끊임없는 근심거리였다. 특별한 행정관들(곡물 관리 장관들)이 그 일을 도맡았다. 여기에는 놀라운 점이 없다. 플라톤에게서 사람들을 다스리는 일은 그들을 먹이는 기술[127]이라고 배운 이들에게는 말이다. 자신의 사명이 목자의 임무

몸의 교회법적 정의: 돌봄의 대상

와 같다고 믿는 성직자에게도 마찬가지다. 행정학은 수의학의 기법들을 포함한다.

공공 행정을 근심하는 이와 대조적으로 민법은 인간이 먹는다는 사실에 거의 관심이 없다. 그리하여 민법은 생리학적인 필요들과 무관한 사유재산 이론을 발전시켰는데, 바로 그 때문에 이 이론은 특별한 취약점을 갖게 되었다.

굶어 죽는 것은 민법적으로 정상이다

민법은, 로마법에서든 나폴레옹 법에서든, 인간이 먹는다는 사실을 완전히 무시한다. 민법이 부모나 자식이나 배우자에게 가족 간의 최소한의 연대를 상기시킬 때는 이를 언급한다. 가족이 굶어 죽게 내버려 두어서는 안 된다. 하지만 이 부분을 예외로 하면, 민법은 인간의 영양 문제를 무시한다. 즉 식량을 아주 하찮은 물건들까지 포함하여 다른 획득 가능한 물건들과 동일한 범주로 분류하면서, 사람은 식량을 획득할 수도 있고 획득하지 못할 수도 있다고 인정한다. 그러므로 사람에게는 단식 투쟁을 비극적인 결말로 몰고 갈 자유가 있다. 또 걸인이 굶어 죽는 것은 민법의 관점에서 보면 완전히 적법한 일이다. 먹을 것을 구하지 못하는 것이 민법에서는 이를테면 안티누스의 흉상을 얻지 못하는 것과 하등의 차이가 없다.

여기서 우리는 민법의 탈육체화의 가장 가혹한 결과들 중 하나에 직면한다. 심지어 논리를 뒤집어서 우리는 이 원칙을 민법의 탈육체화의 탁월한 증거로 사용할 수도 있을 것이다. 인격이라는 이 추상에게 조각상과 한 조각의 빵은 차이가 없다. 그것들은 욕망과 수단이 있다면 손에 넣을 수 있는 대상들일 뿐이다. 인격은 배고픔을 모른다.

인격은 목마름도 숨막힘도 모른다. 로마법이 공기와 흐르는 물 *aqua profluens*은 상거래에서 제외된다고 규정한 것은 그러므로 생리적 욕구들을 고려해서가 아니다. 그것은 단지, 기술적으로, 공기와 흐르는 물을 전유하는 것이 불가능하기 때문이다. 그래서 로마인들은 바다 역시 모든 인간에게 공통적으로 속한 사물들의 범주에 넣었다. 그 결과 바다는 상거래에서 제외된 물건에 포함되었는데, 묘지와 달리 신법의 이름으로 배제된 게 아니라, 인간의 법에 속하는 이유들에 의해 그렇게 된 것이다.[128] 몸과 공기의 관계는 로마의 시빌리테의 바깥에 있기 때문에, 몸은 공기를 마음대로 들이마신다. 목마른 사람은 사유재산권의 바깥에서 흐르는 물로 갈증을 달랠 수 있다. 우물이나 저수지의 물을 마시려면 그 땅의 주인과 법적인 관계(증여, 매매)에 들어가야 한다. 그러므로 사람이 물을 얻을 수단이 없을 때 목이 말라 죽을 수 있다는 것 역시 로마의 시빌리테는 배제하지 않는다.

소유권의 생물학적 정당화에 대하여

법의 탈육체화는 민법학자들로 하여금 혁명가나 개혁가들만이 아니라 입법자들 자신이 가장 많이 의문을 제기한 전유, 즉 토지소유권을 사적 소유의 원형으로 제시하도록 이끌었다. 반면 우리가 몸을 사법적 담론 속에 재도입한다면, 소유권은 의문의 여지가 없어진다. 왜냐하면 그것은 법이 개입하기 전에, 몸과 물건들의 관계의 연장 속에 등록될 것이기 때문이다. 이러한 관점은 법률가들에게서는 거의 발견되지 않는다. 반면 신학자들은 이를 이 질문에 접근하는 아주 건전한 방법으로 간주했다. 이 점에서 가톨릭 신학 사전은 상세하다 _in extenso_ 는 칭찬을 들을 만하다.

인격과 물건의 관계—이는 인간이 물건들과 맺는 관계이다. 이 관계는 많은 경우 순전히 사실적이다. 인간과 그가 서 있는 땅의 순수하게 기계적인 관계, 몸과 그 몸을 덥히고 활기차게 만들어주는 햇빛의 물리적이고 화학적인 관계, 몸이 호흡하는 공기와의, 몸이 갈증을 달래는 샘물과의, 몸을 내부와 외부에서 지탱하는 기압과의 관계. 이런 종류의 관계들만을 고찰한다면 인간의 존재는 모든 면에서 단순한 동물이나 식물처럼 작동한다. 심지어 인간은 생명이 없는 물체에서도 나타날 수 있는 운동과 유사한 화학적, 물리적, 기계적 운동의 장소이다. 그런데 여기서 이미 우리는 인간 존재가, 밭고랑에 숨은 밀알이 물과 흙 속의 양분을 어떤 의미에서 전유하듯이, 외부의 다양한 현실들을 독점적인 방식으로 스스로에게 동화시킨다는 사실 속에서, 소유의 밑그림 같은 것을 본다. 하지만 인격과 물건의 진정한 관계는 아직 존재하지 않는다. 모든 것은 사물에서 사물로 가며, 인간 존재는 이 시점까지는 사물로 간주된다.

인격과 물건의 관계가 정말로 존재하려면, 이 순전히 사실적인 관계들이 인간의 의지의 영향권 속으로 들어가, 도덕의 평면 위로 솟아올라야 한다.[129]

소유권은 바로 이렇게 탄생한다—몸이라는 물건이 다른 물건들과 맺는 관계가 민법이 인정한 인격과 사람의 관계에 자리를 내줄 때. 소유권에 대한 이런 신학적 접근 속에는 소유권을 부정한다고 자부했던 사상 체계들보다 훨씬 더 많은 혁명의 누룩이 들어 있다.[130] 우리는 이미 신학적-교회법적 사유가 어떻게 이 점에서 로마의 시빌리테보다 법의 야만적 신체화를 더 친근하게 여기는지 보았다. 중세의 교회법학자들과 신학자들은 배가 고파서 빵을 훔치는 것이 도덕적 죄 또는 형법에 의해 처벌 가능한 위반으로 간주될 수 있음을 인정하지 않으려 했다. 질 쿠브뢰르는 기독교 교의가 어떻게 굶주린 자의 도둑질이라는 가정에서 출발하여, **사물은 공동의 것이며, 따라서 필요할 때는 함께 사용할 수 있어야 한다**고 결론짓기에 이르렀는지 인상적으로 묘사했다. 굶주린 자들은 자비의 이름으로가 아니라, 그들에게 굶어죽는 것을 피하게 해줄 물건들에 대한, 그들 자신의 권리의 이름으로 구제되어야 한다. 마지막으로, 교회법학

몸의 교회법적 정의: 돌봄의 대상

자들과 신학자들은 신체적 욕구를 법적 관점들 속에 다시 도입하면서, 절실한 필요에 의한 도둑질은 무죄임을 인정했을 뿐 아니라, 부자들의 잉여에 대해 가난한 자들이 어떤 권리를 가지고 있다는 것 역시 인정했다.[131]

걸인들이 의미하는 것

13~14세기에 프란치스코 교단이 생존에 필요한 물건만 사용한다고 자부했을 때 그 말이 의미했던 바를 우리는 이런 맥락에서 비로소 정확히 이해할 수 있다. 조르주 드 라가르드[132]에 의해 그 중요성이 밝혀진 독트린 논쟁의 주요 요소들을 기억해보자. 미셸 빌레이는 이 논쟁에서 권리 개념에 기초한 현행 독트린 체계의 기원이 발견된다고 믿었다.[133]

프란치스코회 청빈 논쟁[그리스도와 사도들이 공동체적으로나 개인적으로 아무것도 소유하지 않았다는 프란치스코 영성회의 주장을 교황 요한 22세가 반박하면서 벌어진 논쟁]의 한가운데에는 가난을 법적으로 정의하는 문제가 있다. 가난 속에서 산다는 것은 무엇인가? 눈 위에서 자는 것인가? 먹지 않는 것인가? 가난 속에서 사는 것은 가난으로 죽는 것이 아니다. 최소한 먹어야 하고, 적대적인 요소들로부터 보호받아야 한다. 프란치스코회 수도사들에게 법이란 상업 도시들의 지위, 조합의 내규, 그들 자신의 가족의 이익 등을 연상시키는 단어였다. 법은 그들이 피하고자 했던 모든 것을 대표했다. 프란치스코회 수도사들은 법 안에서 살고 싶어하지 않았다. **하지만 그들은 살고 싶어 했다.**

프란치스코회 수도사들에게도 먹을 것이 있고 잘 곳이 있다. 그럼 그들도 무언가를 소유하는 것일까? 아니다, 라고 그들은 대답한다. 우리에게는 **실질적 사용**이 있을 뿐이다. 우리는 물건을 사용한다. 하지만 진짜 소유자는 (소유의 짐을 지면서 그 혜택을 누리지는 못하는) 교회다. 이러한 논변 앞에서 교황 요한 22세가 어떤 태도를 취했을지 상상해보자. 그는 오를레앙 대학 출신의 총명한 재판관이자 능숙한 입법가였다. 그에게 프란치스코회의 체계를 분해하는 것은 식은 죽 먹기였다. 그대들은 아무것도 소유하지 않으며 사용권만 행사한다고 자부하는데, 그대들은 소모품이 무엇인지 알고 있는가? 파괴하지 않으면 사용할 수 없는 물건이 소모품이다. 예를 들면 식량이 그렇다. 아시시의 성 프란치스코가 치즈를 한 조각 먹었을 때 그는 자신의 소유권을 행사한 것이다. 그것도 돌이킬 수 없는 방법으로. 그는 그 치즈를 소화하여 자신의 일부로 만들었다.

요한 22세(1316~1334)의 시대에 교회법 학자들은 로마법의 개념들에 익숙했다. 그리고 아비뇽의 고위 성직자[교황을 가리킨다. 요한 22세의 재위기는 교황청이 로마를 떠나 아비뇽에 있던 시기(1309~1377)와 겹친다]는 로마의 시빌리테의 완벽한 해설자로 밝혀졌다. 프란치스코회의 대의를 옹호했던 오캄의 윌리엄은 이미 오래된 주제이자 뒤에 자연법 학파에게서 재발견될 주제를 해석하면서, 신학자로서 교황에게 응수했다. 자연법 학파에 따르면, 인간의 생존에 필수적인 물건들에 대한 접근권은 인간에 의해 허용될 성질의 것이 아니다. 그러한 권리의 토대는 신의 질서 또는 사물의 자연적 질서이다.[134] 오캄의 윌리엄의 펜 끝에서 이 아이디어는 다음과 같이 표현되었다. 생존에 필수적인 물건들에 대한 접근은 신의 허락에 달린 문제이다. **이것은 권리가 아니다.** 권리란, 개인이 인간의 실정법이나 계약에 의해 생기는 권한을 법정에서 요구할 수 있을 때만 존재하는 것이다.

미셸 빌레이는 여기에 권리라는 근대적 개념의 기원이 있다고 믿는다. 그런데 이 아이디어는 오캄의 윌리엄 이전에도 존재했다.[135] 다만 받아들여지지 않았을 뿐이다. 게다가 우리는 민법학자들이 한 번도 인용한 적 없는 한 저자의 사상이 어떤 기적에 의해 근대 법사상의 형성에 그처럼 깊은 영향을 끼칠 수 있었겠는지 반문해야 한다. 근대 법사상이 법률에 관한 문헌에는 나타나지 않는다고 생각하는 게 아니라면 말이다.[136] 사실, 권리 개념은 권리의 주체라는 관념의 논리 속에 기입되어 있었다. 그것은 인격, 물건, 소권action의 구별 안에 맹아 형태로 존재했다. 오캄의 윌리엄은 하나의 인격은 소송이 가능하다고 생각할 때만 어떤 물건에 대해 권리를 주장할 수 있다는 로마적인 관념을 표현했을 뿐이다. 소권의 존재에서 권리를 끌어내는 것, 이는 로마법의 지적인 독창성이기도 했다.

청빈 논쟁의 중요성은 다른 곳에 있다. 그때까지는 한 번도 소유권에 관한 논쟁이 소유권을 생물학적으로 정당화하려는 데 이르지 않았다. 미셸 빌레이는 청빈 논쟁 이전에 또 다른 논쟁이 있었음을 모르고 있다. 바로 성직록(어떤 직책에 딸린 재산으로, 거기서 나오는 수입을 이 직책을 맡은 사람이 수령한다)에 대한 성직자의 권리를 둘러싼 논쟁이다. 이 논쟁과 관련된 문헌들은 오늘날 12세기 교회법 수사본들에 익숙한 사람만이 접근할 수 있다. 반세기 동안 교회법학자들은 성직자가 교회의 재산을 전유한다는 인상을 주는 현실적 상황이 교회법에 부합하는지를 놓고 논쟁을 벌였다. 결국 로마법의 개념들을 완벽하게 숙지한 후구치오 덕택에 1190년경 성직록의 수혜자가 가진 권리는 용익권un droit d'usufruit이 아니라 사용권 un droit d'usage이라는 데 합의가 이루어졌다. 사용권은 분할할 수 없는 권리이며, 따라서 이 합의는 성직록의 분할을 금지한 1163년의 투르 공의회의 결정에 부합한다.[137]

소유권과 오랫동안 혼동되었던 것, 프란치스코회 수도사들이 거부했던 것은 이 사용권이다. 그리고 바로 이런 이유로 사실상의 권리usus facti에 대해 이야기했다. 자기들의 생존에 필요한 것들이 물권(소유와 그 세분화, 즉 용익, 사용…)의 틀 안에 들어간다는 것을 부인하면서, 그들은 필수적인 것을 잉여로 취급하고 그것의 박탈을 허락하는 법체계를 고발했다. 프란치스코회 수도사들은 자기도 모르게 사적 소유권의 가장 열렬한 옹호자—잘 생각해보면 가장 설득력 있는 옹호자—가 된 셈이다. 그들에 따르면, 필수품에 대한 접근권은 로마법 없이도 존재할 수 있는데, 왜냐하면 그것은 물건에

몸의 교회법적 정의: 돌봄의 대상

대한 인격의 권리와 동일시되면서, 몸과 다른 사물들의 관계로 환원되기 때문이다. 프란치스코회 바깥에서 이루어진 소유권 이론의 정교화는 바로 이 물리적 현실에 근거하고 있었다. 이렇게 자리 잡은 소유권은 인간적인 층위에서 자연적 한계를 발견했다. 이 한계를 확인하는 것이 굶주린 자는 타인들의 잉여에 대해 권리를 갖는다는 이론이다.

생물학적으로 정당화된 소유권은 몸을 민법 안으로 다시 끌어들인다는 점에서 법적으로 혁명적인 개념이다. 그것은 경제적이고 사회적인 관점에서도 혁명적이다. 왜냐하면 다름 아닌 소유권의 이름으로 가장 많이 가진 자의 소유권을 공격할 수 있었기 때문이다.

이것은 또한 로마의 시빌리테에 대한 최초의 근본적인 공격이었는데, 두 번째 공격은 생명공학의 시대를 기다려야 한다. 두 번째 공격 역시 몸이 법의 눈앞에 새롭게 등장하면서 야기된다.

올바름에 의한 치유

생리적 욕구를 충족하는 과제에서 몸을 전반적으로 돌보는 과제로 넘어가기란 쉽다. 빈민 구호에서 시작하여 위생 관리의 상급기관이 된 병원의 역사가 이를 잘 보여준다. 하지만 교회의 보건학적 사명이 이렇게 해서 생겨난 것은 아니다.

교회는 처음부터 영혼의 구제로 한정되지 않는 폭넓은 구제의 사명을 띠었다. 그런 까닭에 교회는 치유의 영역에서 자신의 위치를 정의해야 했다. 치유는 의미의 합의가 필요한 개념이다. 그것은 의학과는 다르다. 질병의 과학으로서 의학은, 신체적 고통 앞에서, 때로는 치료보다 진단에 지나친 중요성을 부여하면서, 어떤 처치를 정당화할 수 있는 정보들을 준다. 이 처치를 통해 완화, 진정 등 일반적으로 치유라고 불리기에 적합한 상태에 이를 수 있다.[138]

반면 치유자의 작업은 신체 내부에서 악^恶[프랑스어의 mal에는 악, 고통, 병이라는 의미가 모두 있다]을 식별함으로써 정당화된다. 진단은 이렇게 요약된다: 악이 내부에 있다. 그러므로 곧장 치료를 시작할 수 있다. 치료는 **추방 수단**이며, 독창적인 방식의 법 집행이다.

도유식: 고통을 덜어주는 화해

교회의 보건학적 사명은 보통 종부성사라는 이름으로 알려진, 병자에게 기름을 바르는 의식을 통해 처음부터 아주 확고하게 표현되었다.

이 성사의 기원은 교회의 전통 안에 있는 두 개의 텍스트이다.

「마가복음」 6장 12~13절:

제자들이 나가서 회개하라 전파하고 많은 귀신을 쫓아내며 많은 병인에게 기름을 발라 고치더라.

『야고보서』 5장 13~16절:

너희 중에 병든 자가 있느냐? 그는 교회의 장로들을 청할 것이요, 그들은 주의 이름으로 기름을 바르고 그를 위해 기도할지니라. 믿음의 기도는 병든 자를 구원하리니 주께서 그를 일으키시리라. 혹시 죄를 범했을지라도 사하심을 받으리라. 그러므로 너희 죄를 서로 고백하며 병이 낫도록 서로 기도하라.

이 두 텍스트는 도덕적-법적 잘못과 병(病)을 나란히 놓는다. 여기에 첫 번째 텍스트가 환기시킨 마귀들림possession diabolique을 덧붙이면서, 우리는 초기 교회가 그랬듯이, 악의 통일성을 인식한다. 신체적 악을 구마식이나 도유식으로 추방하려면, 먼저 기독교도를 공동체로부터 단절시키는 법적 결과를 초래했던, 도덕적 잘못의 흔적을 지워야 한다. 기독교의 도유식을 많은 동물 사회에서 개체가 집단 속에 동화됨을 뜻하는, 저 치유적인, 혹은 위생적인 의례[동물들이 서로 핥는 행위를 가리킨다]와 비교해보면 흥미로울 것이다.

기독교 초기의 예루살렘에서 아픈 사람은 "낫기 위해 죄를 고백해야" 했다. 그는 공동체의 유력자들, 장로들을 찾아가야 했다.[139] 그는 잘못을 고백하며 신, 그리고 기독교 공동체와 화해할 것이다. 기독교적 적법성 안으로의 귀환은 병의 치유 혹은 적어도 완화와 동시에 일어난다고 여겨졌다.

"병자의 도유식"이 "종부성사"가 되었고, 제2차 바티칸 공의회

(1962~1965)에서 원래의 명칭을 복원할 때까지 그렇게 불린 것은 사실이다. [병자에 대한 도유식은 죽음을 앞두고 한 번만 받을 수 있다고 여겨져서 종부성사로 불렸다. 하지만 제2차 바티칸 공의회에서 본래의 의미를 복원하면서, 질병이나 노쇠로 죽을 위험이 엿보이는 때에는 횟수와 관계없이 받을 수 있게 하여, 현재는 병자성사病者聖事라 부른다. '도유'는 기름을 붓는다는 뜻이다] "병자의 도유식"은 실로 토마스 아퀴나스가 말하는 "최후의 도유식"extrema unctio이다. 그러면서도 아퀴나스는 이 성사가 치유 효과를 가질 수 있다는 것을 부인하지 않는다. 몸은 영혼의 도구이며, 영혼에게는 효과적인 도구가 필요하다.140 제2차 바티칸 공의회까지 많은 사람들이 도유식을 죽음의 성사로 간주하는 통념에 저항하였다. 마지막 성사는 임종의 성체배령(마지막 영성체)이 아니었나? 믿음 깊은 이들 중에도 병자의 도유식을 여러 차례 받은 사람, 그러고도 마술처럼 멀쩡한 사람이 수없이 많지 않은가?141 역설적이지만, 기독교 사상은 제2차 바티칸 공의회 이래 "최후의 도유식"이라는 관념을 지워버렸다고 주장하면서, 이 성사를 설명할 때 사실상 기독교인이 임종을 맞는 방법으로만 취급한다. 기껏해야 모든 병이 감추고 있는 영적인 경험을 암시할 뿐이다.142

반면, 동방 교회들은 결코 병자의 도유식을 "종부성사"으로 만들지 않았다. 신도들에게 기름 바르기는 "병자의 성사"로 남아 있었고, 이를 위해 "허약한 자들의 기름"을 사용해야 했다. 사람들은 도유식에서 언제나 육체적인 치유를 기대했고, 이런 이유로 그리스 정교나 다른 동방적 신앙의 신학자들은 죽음을 앞둔 환자에게만 도유식을 하는 관행을 결코 승인하지 않았다.[143]

도유식은 그러므로 그 기원에 있어서 병자 성사, 치유를 목적으로 한 성사였다. "종부성사"로 이해되는 것이 일반적이지만, 그리고 서유럽에서는 단말마를 겪는 사람들을 위한 것이었지만, 그것은 결코 죽음의 성사가 아니었다. 사형수나 스스로를 희생하기로 결심한 군인은 결코 도유식을 받지 않았다. 이 성사를 이해하기 위해서는 지중해 문화권에서 올리브 오일(또는 올리브 나무 정원)이 갖는 중요성을 고려해야 한다. 올리브 나무는 단순한 나무가 아니다. 그것은 생명과 평화(올리브 가지)를 상징한다. 올리브유는 식량이자 밤에도 꺼지지 않는 빛이다.[144] 올리브유는 또 향유이자 화장품이고 마사지와 지압술의 윤활제이다. 그리고 물론 다양한 효과가 있는 약이기도 하다. 그것을 기적을 일으키는 성스러운 액체로 만드는 데는 축복 한 번이면 족하다. 심지어 올리브유의 나타남 자체가 기적과 연관되기도 한다.[145] 이런 관점에 설 때 비로소 우리는 트리엔트 공의회(1545~1563)의 교리에 나타난 서유럽의 도유식을 이해할 수 있다.

사실은 올리브에서 짠 것만을 오일이라고 불렀고, 유사성에 의해서만 오일이라는 명칭이 다른 액체에 주어졌기 때문에 이 오일은 올리브유여야 한다. 공의회의 교리문답서는 이 액체가 성사의 힘에 의해 영혼의 내부에 만들어진 것을 완벽하게 묘사한다고 말한다. 왜냐하면 오일이 신체의 고통을 누그러뜨리는 데 기여하는 것처럼, 성사의 효력 역시 영혼의 슬픔과 아픔을 줄이는 데 있기 때문이다. 게다가 오일은 건강을 회복시킨다. 오일은 명랑한 기분을 불러오며, 먹을 수도 있고 등불을 켜는 데 쓸 수도 있다. 그러므로 지친 인간의 힘을 되살리는 데 완벽하게 적합하다. 오일은 통증을 달래고 깊이 스며들어 퍼진다. 오일이 성사에 적합한 재료인 것은 이 때문이다.[146]

고행: 좋은 고통

법은 기독교인이 자신의 몸을 돌보면서 종교와 화해하도록 허락할 뿐 아니라, 영혼과 육체 사이의 갈등을 중재하기도 한다.

오일이 영혼과 육체를 모두 치유할 수 있다는 점 때문에 육체가 영혼에게 복종한다는 점을 놓쳐서는 안 된다. 육체는 영적인 사명에 봉사한다. 이 사명은 일차적으로는 개인적이지만(구원받을 수 있도록 바르게 사는 것) 집단적인 측면도 지닌다. 집단적, 영적 사명은 신앙을 증거하는 데 그칠 수도 있지만, 특히 사제들에게 주어질 때는 집단에 대한 진정한 헌신이 포함된다. 이 두 번째 경우, 영적 과제의 크기 자체가 신체적 수단이 정신적 야심에 미치지 못하는 사람에게는 그 과제를 맡기지 못하도록 요구한다. 교회가 **공익 사업에 대한 신체적 적합성**이라는 관념을 발명한 것은 이런 이유에서였다.[147]

하지만 육체에 좋은 것이 언제나 영혼에도 좋은 것은 아니다.

육체의 심오한 양가성을 잊지 말자. 영혼의 신전으로서 성스러운 육체는 또한 영혼에게 감옥이며 때로는 위험이다. 기독교 신학은 육체가 영혼에게 위험하다고 말하려 할 때 "살"을 비난한다. 살은 영혼의 상실을 초래할 수 있는 해로운 물건이다. 그런 상황이라고 판단될 때는 육체를 엄하게 다스리면서 영혼을 제대로 대우해야 한다. 고행이론, 기독교의 여러 학파들이 20세기 초반까지도 여전히 가르친 이 일련의 원리와 기법들은 이렇게 발전하고 전파되었다.[148]

고행의 이론가들 및 실천가들에 따르면, 영혼의 작용에 필수적인 육체의 건강은 중재에 의한 타협의 대상이 아니다. 육체를 고문하는 것은 육체의 이익을 위해서이기도 하다. 17세기와 18세기에 반종교개혁의 와중에 생겨난 여자 수도원들은 고행의 명소로서, 고행에 대한 정신착란적인 상상력을 보여주었다. 사람들은 채찍질 고행이 건강을 해치지 않는다고 단언했을 뿐 아니라, 건강을 회복시킨다고까지 생각했다. 그리하여 채찍질이 다양한 병의 치료법으로 사용되었고, 심지어⋯ 단말마의 고통을 줄이기 위해 사용되었다!

"훈련"discipline은 여기서 놀랄 만큼 상징성을 띤다. 훈련이란 규칙이며 제재이자 신체적 처벌의 도구로서, 몸을 치유한다. 훈련은 올바름에 의한 치유를 완벽하게 표현한다.

무엇보다 고행이 단순히 에로티즘의 한 형태가 될 수 있었음을 기억하자. 신비주의가 노골적으로 부부간의 사랑 방법으로 선언되는 환경에서는 채찍질을 통해 신체적인 안녕을 추구하는 것이 모호함을 면제받지 못한다는 게 분명하다. "어떤 처벌 도구"에 눈길이 닿자 "욕망으로 얼굴을 붉힌" 수녀들에 대해 무슨 말을 해야 할까?[149] 하나 더 덧붙이자면, 이 모든 상황 속에는 마귀들림의 분위기가 있었다. 루덩이 대표적이다.[루덩의 마귀들림 사건을 가리킨다. 올더스 헉슬리의 소설과 스탠리 큐브릭의 영화, 미셸 드 세르토의 분석 등으로 여러 차례 조명된 바 있다]

구마식: 추방의 절차

마귀들림을 다루는 방법 가운데 "올바름에 의한 치유"[또는 법le droit에 의한 치유]의 예가 또 하나 있다. 마귀들림은 물건의 소유라는 아주 분명한 법적 개념을 참조한다. 앞에서 우리는 (성적이며 법적인) 육체의 상호 소유가 결혼 관계를 유지하는 데 중요하다는 점을 확인했다. 또 부부는 서로의 육체에 대한 그들의 배타적인 권리가 제3자에 의해 침해되었을 때, 교회법상 점유보호청구권에 의한 보호를 받는다는 사실을 확인했다. 마귀들림 역시 몸의 **실체**가 연루된 점유권 침해이다.

　　기독교의 구마식이 어떻게 작동하는지 파악하기 위해, 나는 19세기, 즉 검열이나 망설임 없이 이 주제에 대한 접근이 이루어졌던 시기로 가서, 미뉴 신부의 『신학백과전서』를 검토하려 한다. 이 책은 일상적인 사목事目의 토대를 박식하게 구성하기 때문이다.[150] 마귀들림과 구마술이라는 체계 전체는 집을 모델로 삼으면서, **몸**

은 거주의 물질적인 장소이며 따라서 물건이라는 원칙에서 출발하는 게 분명하다. 악귀는 영혼을 유혹하려 하며, 그것과 결합하려 한다. 한편 악귀는 몸속으로 들어간다. 악귀는 해로운 손님으로서, 몸을 해친다는 비난을 받아 마땅하다. 복음서의 예들은 신체적인 질병이 마귀들림에 의해 생길 수 있음을 입증한다. 구마식은 그러므로, **불법적인 점유에 대한 추방절차** 외의 다른 것이 아니다. 사람들은 동물이나 인간의 "몸에서 악귀를 좇아낸다." 마찬가지로 "오염된 장소"나 악귀가 붙은 물건에 성수를 뿌려서 악귀를 좇는다. 사실 "오늘날에도 사람들은 폭풍우에 맞서서 그것[구마술]을 사용한다." 1930년대 말, 『가톨릭 신학 사전』은 생생한 묘사는 더 적지만 한층 유식한 문체로, 구마식의 법적인 성격을 주장했다. 구마식은 하느님과 우리 주가 추방 명령을 내리고 그 집행을 보장하도록 올리는 탄원이다.[151]

*

교회법은 위생법이다. 왜냐하면 교회법은 영혼이 자리 잡는 장소를 지키기 때문이다. 위생 권력은 인간의 몸속에서 태어나며, 뒤에 공공 보건이라고 불리게 될 하나의 집합적인 차원 속에서 스스로를 표현한다. 공공 보건이라는 개념을 환기시키는 데서 짐작할 수 있겠지만, 이제 우리는 교회, 의학, 그리고 국가의 충돌을 다룰 것이다.

Chapter 11

공공 보건의 기원

건강은 어디에 있는가? 건강의 자리는 또한 법의 자리이다.

우리는 어떤 요소들이 서로 얽혀서 공공 보건의 탄생을 가져왔는지, 그리고 무엇이 위생 관리라는 항목 아래 이루어진 행정적 조치들을 정당화했는지 살펴보아야 한다. 바로 여기서 우리는 뒷날 혈액은행의 설립으로 이어질 아이디어를 발견할 것이다.

근대 공공 보건을 떠받치는 세 기둥은 치료할 권리droit de soigner, 건강의 위치 결정, 그리고 생명 자본을 구성하려는 의지이다. 이 기둥들은 기독교 세계의 심장에 세워졌다. 근대 국가는 (비록 권력의 법적-정치적 정의 속에는 나타나 있지 않지만) 의학을 기초적인 제도 중 하나로 삼으면서, 이 영역에서 교회의 유산을 상속하였다. 근대 국가는 교회가 창설한 것을 교회로부터 빼앗을 필요가 없었다.

치료할 권리

치유를 가져온다고 여겨지는 경험적-종교적 실천과 관련해서든, 아니면 잠재적인 치료법을 규정할 수 있는 의학적 지식과 관련해서든, 돌볼 권리에 대한 합의가 필요했다. 치료적 적법성에 관한 최초의 규정들을 못박은 것은 교회였다. 교회는 우선 물 치료에 대한 비기독교적 접근과 싸웠고, 이어서 의학을 중세 대학 안에 받아들였다.

마지막으로 근대 국가의 지원을 받은 의학은 성직자들에게 바로 그들이 발명한, 치료할 권리의 개념을 들이댈 것이다.

치료수 전쟁

서양에는 언제나 기적의 샘물에 대한 이교적 숭배가 존재한다. 그 옆에는 루르드의 성수와 온천 치료도 있다. 4세기의 갈리아에서 이미 우리는 성스러운 샘물을 찾아 오는 환자들과 그들을 이용해서 돈벌이를 하려는 의사들, 그리고 이 야만적 열정을 기독교화하려는 사제들의 모습을 발견한다. 이 이교적 현실과, 환자들에게 도유식을 행할 권리를 주장하는 사제의 권력이 충돌했을 때, 서구에서 최초로 "치료할 권리"가 천명된다.

샘물의 이교적 성스러움, 교회, 그리고 의학. 이것이 치료수 전쟁 속에서 늘 충돌했던 세 개의 힘이다. 알린 루셀[152]과 브리짓트 콜리에[153]의 연구가 출판되기 전까지, 사람들은 이 거대한 사업에 대해서 별로 아는 게 없었다. 이들의 연구 덕택에 엄청난 공백이 메워졌다.

기독교가 전파되기 전, 갈리아인들은 수많은 물의 성소[聖所]에서 치유를 추구했다. 이 자생적인 열정에 대응하는 고대 후기의 의학적 전략은 그 시대의 많은 공중 목욕탕 또는 개인 목욕탕에서 열 치료를 하거나, 성스러운 샘물 근처에 자리 잡는 것이었다. 이 사실은 숭배되는 수원水源 근처에서 고고학자들이 안과 의사의 도구 상자와 도장을 발견하면서 밝혀졌다.[154] 장님은 고대의 전형적인 불구자였고, 수많은 샘이 눈 치료에 특화되어 있었다.

교회의 관점에서는 이런 풍습이 미신과 이교적 태도의 표현일 뿐이었다. 그래서 교회는 나으려는 욕망이 기독교적 기적 쪽으로 향하도록 애쓰면서 이런 풍습과 싸웠다. 교회의 유력자였던 성인은 (성인의 가문들이 있었다) 생전부터 직접적, 간접적 신체 접촉을 통해 치유자의 역할을 했다. 간접적 접촉의 경우, 기름이나 그가 만진 물건이 매개로 사용되었다. 6세기의 역사학자 투르의 그레그와르 Grégoire de Tours에 의하면, 이교적 관습과 싸우는 데 앞장섰던 성 마르티노가 이런 방식으로 (부활을 포함하여) 206가지 기적을 이루었다. 성자가 죽으면 그의 시신은 통째로, 아니면 조각으로 나뉘어, 직·간접적인 방법으로 기적을 낳는 일을 계속하였다.

근대의학의 관점에서 보면, 교회의 이런 시도는 커다란 심리학적 중요성을 지닌다. 자연적 요소에서 치유를 구하는 문화 앞에서, 교회는 타인의 몸이 개입함으로써 치유가 이루어질 수 있다는 생각을 강력하게 제시하였다. 무엇보다 우리는 기독교적 사유가 성물의 치료 효과를 합리적으로 설명하기 위해 이미 4세기 초에 이식의 적합성이라는 개념을 고안한 것을 알고 있다.

하지만 중세 교회 안에서 성물 숭배가 불러일으킨 엄청난 열광에도 불구하고, 기적의 샘물들은 살아남았다. 막을 수 없는 현상에 대처해야 했던 교회는 이 샘물들 대부분을 특정한 '치유하는 성자'의 후원 아래 두기에 이른다. 루르드의 샘물은 그중에서도 특히 극적인 사례다. 콜리에에 따르면, 이런 모든 것은 이름 없는, 지역적인 순례에서 볼 수 있는 것과 비슷했다. 동굴의 물로 병을 고치려 한 최초의 신도들은 그들이 무엇을 해야 하는지 알고 있었다. 목욕, 흡입, 빨래, 찜질. 그들은 전통적인 의례의 몸짓을 재현했다. 이 야생적 의례가 교회 권력을 기쁘게 하지 않았음은 물론이다. 교회는 동굴에 접근하는 것을 막으려고 애쓰다가, 적어도 공식적인 담론에서는, 이교적 정열—성 마르티노의 시대에 그랬던 것만큼이나 이교적인—을 끈기 있게 기독교적인 영성을 향해 돌려놓았다. 순례자들이 대부분 루르드의 물에 엄청난 중요성을 부여한 반면, 교회는 기적을 탁월한 영적 성향의 결과로 간주하면서, 점점 더 물의 흡수와 기적 사이에 어떤 관계를 확립하는 데 조심스러워했다. 무엇보다 교회는 이때부터 기적이 행진이나 성무일과나 단순한 기도 중에도 일어난다고 주장한다.[155] 한편 이 시기 동안 루르드의 시장들은 가뭄 때문에 순례자의 발길이 줄어들까 봐 걱정한다.

의사, 사제 그리고 치료사

바로 이 치료수를 둘러싼 싸움과 함께 의사의 그림자가 나타나기 시작한다. 이 싸움은 의사가 자신의 권위를 몸의 관리와 관련된 모든 영역에서 관철하기 위해 극복해야 했던 장애물들을 인식하게 해준다.

중세 말까지 치료할 권리의 규정은 교회의 특권이었다. 오직 교회만이 특정한 치료 행위를 단죄할 수 있었다. 왜냐하면 무엇이 미신인지 결정하는 것은 교회의 몫이었기 때문이다. 게다가 12세기에 서양에서 의학 교육이 시작됐을 때, 뒷날 대학으로 발전하게 될 이 학교들은 여전히 성직자를 양성한다고 여겨졌다. 그러므로 중세 교회가 치료할 권리를 확립한 것은 기독교뿐 아니라 성직자들에게도 이익이었다. 하지만 의학부가 급속하게 세속화됨에 따라 의사는—불가피하게도— 어느 순간 사제와 경쟁하는 위치에 놓였다. 의사는 심지어 사제와 싸우고 있다고 선언하게 될 것이다. 성적인 실천에 관한 한, 의학계는 오랫동안 (허가된 매춘의 고립된 영토를 운영하면서) 성서와 합치되는 담론을 되풀이한다. 그러나 중세말이 되자 의학은 주술에 대한 적대감과 마귀들림이라는 주제에 대한 회의를 표명한다. 의학은 특히 17세기부터는 고행에 대해 유보적인 태도를 취하면서 모든 형태의 요란한 신비주의를 정신질환으로 분류하는 경향이 있었다.[156]

16세기에 다양한 신호가 의사들의 시대의 도래를 예고할 무렵, 온천 치료는 이미 관광-의료 활동으로 잘 조직되어 있었다. 이 점을 확인하고 싶다면 미셸 드 몽테뉴의 『여행일기』를 읽어보라. 17~18세기 탕치湯治의 유행은 의사들로 하여금 기적의 샘물에 관심을 갖

공공 보건의 기원

게 만들었다. 그들은 교회의 위계가 인정한 민간 신앙을 존중하면서 온천 개발을 기획했다. 하지만 19세기에 이르러 자기들이 가진 힘을 깨달은 의사들은, 과학적 승리를 이용하면서, 샘물들을 둘러싼 문화적 실천 밑에 깔려 있는 미신과 무지몽매를 강력하게 비난한다.

하지만 최근의 연구들은 그들의 공격이 대체로 효과가 없었음을 보여준다. 기껏해야 몇몇 지역에서 열광에 새로운 옷을 입혔을 뿐이다. 아주 긴 기간에 걸쳐 기적의 샘들은 치유하는 성인의 후원에 의해 인위적으로 기독교적 적법성 안으로 들어갔다. 이제 그 샘들은 과학적 합리성의 옷을 입고 있다. 고대 후기부터 숭배된 한 샘물은 오늘날 "항균 작용을 하는 샘"으로 불린다. 항균 작용이 새로운 치유 성인으로 나타난 셈이다.

19세기 이래 의사들은 병을 낫게 하려 애쓰는 사제들을 다양한 치료사들과 동일한 범주로 분류했다. 그들이 성직자와 동맹하여 이익을 얻는 경우는 제외하고 말이다. 예를 들어 루르드에서 우리는 로만-갈리아 시대에 이미 잘 알려져 있었던 것을 재발견한다. 의학, 마술, 종교를 동시에 참조하는 열광을 관광-의료 산업에 이용하는 것이다. 종교적인 열정에서 엄청난 수의 환자들이 모여든다는 식의 상황 설명을 자제하면서, 의학은 다시 한번 힘차게 치료사들의 활동을 공격했다. 18세기 말 이래 의사들은 세속적 권력 기관으로부터 돌팔이 치료사와 접골사의 유죄 판결을 얻어냈는데, 그 뒤, 어려움이 없지 않았지만, 자격증이 없는 성직자가 수행하는 치료 활동

역시 의학이나 약학의 불법적 영업으로 기소될 수 있음을 확인받았다.[157] 보건 전문직이 결코 이 영역에서 전면적인 승리를 거둘 것 같지 않지만, 이 직업들은 200년 전부터 크고 작은 전투에서 멋지게 이기고 있다. 치유하는 사제들이 여전히 존재한다 해도,[158] 그들의 특권적 영토였던 시골은 19세기 이래 대규모로 의료화되었다.[159]

건강이 있는 곳

건강은 어디에 있는가? 이것은 이상한 질문이 아니다. 서구의 경험에서 이런 위치 결정은 엄청난 결과를 초래해왔기 때문이다.

건강의 위치는 우선 사람의 몸속으로 정해진다. 그런데 여기서 우리는 다음의 핵심적인 사실을 짚고 넘어가야 한다. **건강의 자리는 또한 법의 자리이다.** 건강의 개념이 로마의 시빌리테를 본받아 법을 탈육체화하는 어떤 시스템 속에 들어갈 수 없는 것은 이 때문이다. 오히려 건강은 교회법 체계의 한가운데 있다. 건강은 기독교 공동체의 권위가 개인의 몸에 작용하는 것을 정당화한다. 그럴 때 개인의 질병은 그가 법의 관점에서 변칙적인 상황에 있다는 신호로 여겨진다. 이는 환자의 몸에 기름을 바르는 의식이 갖는 이중적인 기능을 설명한다: 치료하기와, 기독교 공동체와 화해하기. 도유식 덕택에 신도는 이중적인 의미에서 **회복된다.**

몸은 보건 권력이 작용하는 첫 번째 장소이다. 하지만 건강은 집합적인 개념이기도 하다. 이는 보건 권력이 공동체의 층위로 확대되었음을 뜻하며, 건강의 위치에 대한 질문을 다시금 제기하게 만든다. 개인의 건강처럼 공공의 건강도 법이 있는 곳에 있다.

공공의 건강이라는 생각은 로만 기독교 속에서 태어났기 때문에, 우선 서구의 틀 안에서 인식되었다. 중세의 기독교인에게 악마의 나라는 이슬람 세계였다. 14세기 이래 이슬람 세계는 '페스트가 오는 곳'이었는데, 페스트는 이슬람이 기독교에게 짐 지우는 다양한 위험들 중 하나에 지나지 않았다. 이를 통해 우리는 1851년에서 1907년까지 11개의 협약을 통해 표현된 어떤 국제 보건 정책의 기원을 이해할 수 있다.[보건 정책의 국제적 공조는 1851년에 파리에서 국제보건회의가 열리면서 시작되었다. 이 회의의 목표는 선박 검역을 위한 격리 기간을 줄이는 것이었다. 그후 1892년 베니스에서 열린 7차 국제보건회의에서 콜레라에 대응하기 위한 첫 번째 국제 보건 협약이 체결되었고, 1893년과 1894년에 콜레라와 관련된 두 개의 협약이 더 체결된다. 1897년에는 흑사병의 확산을 예방하기 위한 새로운 국제 협약이 체결된다. 이런 일련의 과정을 거쳐서 1907년 공공위생 국제사무국OIHP, Office International d'Hygiène Publique이 파리에 설립된다. 콜레라는 인도에서 시작되어 중동을 거쳐 유럽으로 퍼졌고, 흑사병은 중앙아시아의 건조한 평원에서 발생했다고 여겨진다. 저자는 여기서 최초의 국제 보건 협약들이 이 질병들을 기독교 세계 외부에서 온 적처럼 취급하고 있음을 비판하는 듯하다] 이 정책은 스스로를 바깥에서 오는 악, 특히 이슬람 국가들로부터 오는 악에 맞서 서구를 지키는 수단으로 간주한다.

기독교의 수호가 곧 건강의 수호였다는 사실은 법을 육체화하는 교회법 체계와 완벽하게 조화를 이룬다. 믿는 자에게 기독교는 하나의 몸이다. 그리스도가 머리이고 신도들이 손발인 신비로운 몸에 대해 이야기하지 않는가? 신비로운 몸은 기독교적 적법성이 있는 곳이자, 건강이 있는 곳이다. 실로 기독교 교리는 신비로운 몸이 단순한 도덕적 결합과는 다른 것이라고 누누이 강조해왔다. 근대 신학의 어떤 분야에서는 신비로운 몸이 "물리적 결합"[160]을 함축한다고 본다. 사안이 중요하니만큼 독자들이 약간의 중언부언을 용서해주리라 믿으며 여기서 다시 한번 상기시키자면, 4세기에 성물의 치유력을 확립한 것은 바로 이런 주장("믿는 자들, 성인들, 그리고 그리스도는 하나의 몸과 하나의 피를 이룬다")이었다.

16세기부터는 국가적인 틀 안에서 정교한 입법화가 이루어지면서 서양에서 국민적인 공공 보건 체계를 탄생시키는 제도들이 자리 잡는다. 프랑스에서는 모든 것이 왕의 신체를 중심으로 조직되었다. 우선 왕은 왕국에서 으뜸가는 치료사였다. 왕이 나력 환자들을 만지면 낫는다는 믿음이 있었기 때문이다.[161] 여기에 더하여 17세기와 18세기에는 국왕 전담 내과의사, 외과의사, 약제사로 구성된, 일종의 공공 보건 중앙기구가 생겨났다. 보건상의 큰 개혁은 모두 이 기구들—특히 왕의 정원le Jardin du Roi, 외과 학술원l'Académie de Chirurgie, 왕립 의사협회la Société Royale de Médecine— 덕택에 이루어졌다. 이 일종의 '보건부'는 큰 권위를 누렸는데, 이는 주로 그 구성원들의 유능함에 대한 믿음 때문이었지만, 왕을 돌보는 것이 곧 국가를 돌보는 것이라는 생각 때문이기도 했다. 킨키나 논쟁[킨키나는 키나 나무의 껍질로 키니네의 원료이다. 페루가 원산지이며, 제주이트 신부에 의해 유럽에 전파되어 "제주이트 가루"라고 불리기도 했다. 매우 비쌌기 때문에 약효를 둘러싸고 의사들 사이에서 논쟁이 있었다. 루이 14세는 재위 초기에 자주 열이 나서 고생을 했는데 킨키나를 포도주에 타서 마신 뒤에 좋아졌다고 한다]이나 안티모니 논쟁[안티모니는 준금속으로 원소기호는 Sb이다. 고대에는 납과 혼동되었고, 중세부터 연금술의 재료나 약으로 사용되었다. 복용시 설사를 일으킨다. 루이 14세가 열이 났을 때, 사혈이나 관장이 소용이 없자, 설사를 일으키기 위해 안티모니를 사용하였다. 루이 14세의 사인死因이 안티모니 중독이라는 설도 있다]은 청년 루이 14세에게 문제의 약을 처방한 후 가라앉지 않았던가?

프랑스의 건강과 왕의 건강이 동일시되었다는 사실에 비추어서만, 우리는 또한 구체제 하에서 '전염병에 대한 승리'라는 관념이 의미했던 바를 이해할 수 있다. 이러한 동일시는 건강을 법의 자리에 위치 짓는 것과 연결되어 있다. 1664년에서 1669년 사이 페스트가 덩케르크, 스와송, 라옹, 아미엥, 루앙, 디에프를 강타했지만, " 하늘의 도움으로 이 시기에 수도는 이 위험한 질병의 침범을 전혀 받지 않았다."[162] 즉 전염병은 전혀 적법성의 체계의 중심점을 건드리지 못했다. 전염병이 왕을 죽였다면 그 승리를 부정할 수 없었을 것이다. 파리에 퍼져 나갔다면, "파리를 제압했다"고 말할 수 있었을 것이다. 하지만 파리를 건드리지 못한 페스트는, 프랑스의 나머지 지역을 휩쓸었다고 해도, 승리했다고 이야기될 수 없었다.

군주제의 소멸 이후 공공 보건은 프랑스에서 통계적 개념이 되었다. 왕권의 지배 아래 있었던 다른 영역들에서도 근대화는 동일한 효과를 가져왔다. 하지만 집합적 신체의 생물학적 방어라는 관념, 민법학자들이 의사와 사제에게 자리를 양보한 결과 생겨난 이 관념은 다시 태어나고 발전하여, 나치 독일의 과학적 적법성의 체계 안에서 그 원초적 혐오의 최종 결과에 도달한다. 급진적인 이론들에 설득된 독일 의사협회가 독일 민중과 동일시할 수 있는 집합적 존재가 있다고 믿음에 따라, 불임 수술, 안락사, 인종 청소 같은 처방은 독일 의학의 적법성의 일부가 되었다. 그 교의의 끔찍한 논리 속에서 나치 의사들은 독일 민족의 건강을 해치는 것을 수술로 제거해야 한다고 소리 높여 단언했다.

서구의 양심은 바로 여기서, 민법학자들이 부정한 법의 육체화로부터 교회법학자들이 놓친 무엇이 태어날 수 있었는지를 폭로했다. 법이 독일 민족 안에 체화되었기 때문에, 진정한 건강 이민족의 신체Volkskürper의 건강이 되었기 때문에, 죽음의 캠프는 치료법으로 나타날 수 있었다.[163] 1947년 뉘른베르크 강령—미국 군사 법정이 공포한 진정한 통치 질서—은 국가와 의학의 동맹이 발을 들이면 안 되는 지점을 표시했다.[164] 이 강령은 또한 법조인들에게 공공 보건은 신학이나 적어도 신학과 비슷한 무언가에 영향 받은 법률가들의 작품이어야 한다는 것을 알렸다. 법조인들의 도그마는 수용 가능한 대용품이었다.

공공 보건의 기원

생 명 자 본

근대 국가는 공공 보건의 수단을 갖추어야 한다. 근대 국가들은 기독교 자선 단체의 역할을 물려받아, 우선 병원 부문을 재정적으로 지원해야 했다. 병원은 이제 더 이상 선행을 베푸는 곳이 아니었고, 새로운 건강 관리의 상징이 되어 있었다.

20세기 중반, 그러니까 살아있는 인체 조직을 몸 밖에 보관하는 방법을 알게 되었을 때부터, 근대 국가는 공공 보건이 다른 성격의 자본, 즉 피, 혈액제제, 정액, 이식용 장기 등으로 이루어져 있으며 새로운 유형의 은행에 보관되는 **생명 자본**의 구성을 요구함을 깨달았다.

여기서 우리가 직면하는 것은 하나의 법적 문제, 의학계가 용서할 수 있는 순진함으로 새롭다고 믿고 있는 문제이다. 법은 여기서도 생명공학에 선행했다. 그리고 생명자본의 문제가 혈액은행의 설립을 통해 처음 제기된 것이 사실이라고 해도, 이 문제를 인식하는 데 20세기 중반까지 기다릴 필요는 없었음을 지적해야 한다. 서양이 생명자본을 구성할 필요성을 이해한 것은 이미 중세 기독교 문화 속에서였다.

기독교는 피를 필요로 한다

생명 자본의 필요성을 깨닫는 데는 교회의 역할이 매우 중요했다. 로만-갈리아의 이교 문화에서 기본적인 생명의 액체는 물, 그중에서도 신비한 수원에서 샘솟는 신성한 물이었다. 알다시피 교회는 이런 믿음을 완전히 파괴하지 못했다. 물을 향한 열정을 교회 역시 이용하고 있었기 때문에(세례, 목욕재계, 축복) 더욱 그랬다. 그렇다 하더라도 교회는, 인류학자에 의해 그 생산성이 확인된 또 하나의 영토 위에 씨를 뿌리면서, 기독교가 인간의 몸 안에 있는 생명의 액체를 필요로 한다는 생각을 강력하게 제시하기에 이르렀다.

기독교는 우선 신이 육화된 사람인 그리스도의 피를 필요로 한다. 성찬식을 잊는 것은 죄다. 무엇보다 성찬식이 영혼에 관한 것이라고만 생각하면 잘못이다. 가톨릭 교리에서 성찬식은 영혼에게 양식과 약을 제공할 뿐 아니라, 육욕을 가라앉힌다는 점과 몸의 영광스러운 부활을 약속한다는 점에서 신체에도 영향을 미친다.[165]

트리엔트 공의회는 실용적인 이유에서, 사제에게만 포도주로 하는 영성체를 허용했지만[영성체는 포도주의 형태로 성혈을 모시는 것과 누룩 없는 빵의 형태로 성체를 모시는 것으로 이루어지는데, 13세기부터 일반 신도들은 성체만 모시도록 바뀌었다. 그 이유는 성혈을 마시는 과정에서 흘리는 일이 많았기 때문이다], 기독교의 정열은 주로 그리스도의 피를 향했다. 그것이 단지 성스러움의 정수가 핏속에 있기 때문이라고 해도 말이다. 지각 가능한 사물의 질서 안에서 그리스도의 피는 포도주의 모습으로 나타나기에, 중세 회화에서 유행한, 압착기 옆에 있는 그리스도라는 테마는 기독교적 생명력의 꾸밈 없는 재현으로 보아야 한다. 압착기/그리스도는 기독교의 생명의 액체인 포도주/피를 사방으로 분출한다. 그러므로 교회가 보기에 그리스도는 **최초의 혈액 증여자**이다. 1949년, 한 헌혈자 단체를 맞이하면서 교황 비오 12세는 다음과 같은 말로 환영을 표시했다.

> 여러분의 단체에 이렇게 사람이 많은 것을 보면서, 우리는 우리에게 피를 주신 주권자 하나님 예수, 속죄자, 구세주, 인간을 살리시는 분을 마음으로 보고 경배합니다.[166]

그리스도와 순교자들은 기독교인들을 구원하기 위해 피를 흘렸다고 여겨졌다. 이 구원은 그 본질에 있어서 정신적인 공동선과 관련되어 있었다. 하지만 도유식이나 영성체 같은 성사의 이중적 기능은 기독교 담론이 결코 신체적인 건강을 완전히 배제하지 않음을 상기시킨다. 민중적인 열정을 발산하도록 내버려둘 때는 심지어 신체적 건강이 우선시되기도 한다. 이 점은 우리를 다시 성물의 문제로 이끈다.

성물 거래는 온갖 종류의 복을 얻기 위해 장기, 손발, 피부 등을 채취하고 분배하는 사업이었다. 얻고자 하는 복 중에서 가장 흔한 것은 치유였다. 성물의 채취와 (꽤나 짭짤했던 것 같은) 밀매는 식인 풍습에 이어, 산 자의 삶을 유지하는 데 죽은 자의 몸을 이용하는 또 다른 방법이었다.

피는 가장 귀중한 성물이다. 왜냐하면 우선 가장 귀하기 때문이고(시체는 피를 흘리지 않는다) 또 무엇보다 성물의 영험함이 피에 집중되어 있기 때문이다. 성물을 매개로 사람들은 다름 아닌 성자의 피에 접근한다고 믿는다.[167]

피의 성물들이 존재했다. 순교자가 희생된 장소에서 모은, 굳어진 피와 먼지의 혼합을 그렇게 부를 수 있었다. 보존된 성물들은 때로 기적을 일으켰는데, 이는 오늘날에도 그 일부가 살아남은 의례들을 정당화했다. 우리는 나폴리가 성 야누아리우스의 피의 용해를 얼마나 중시했는지 알고 있다.[성 야누아리우스 Saint Januarius는 나폴리의 수호성인이다. 디오클레티아누스 황제 치세 말기의 기독교 대박해 당시 순교한 것으로 추정된다. 그가 산 채로 야수들에게 던져졌으나 야수들이 먹지 않았다는 전설이 있다. 그의 피는 굳은 상태로 앰플에 담겨 나폴리 대성당에 보관되어 있는데 일 년에 세 번씩 용해된다고 한다. 이 기적을 보기 위해 해마다 수많은 신도와 관광객이 나폴리 대성당에 모여든다] 하지만 피의 성물은 너무 드물어서 중세의 신도들의 수요에 부응할 수 없었다. 신도들은 성인의 무덤에서 스며 나오는 모든 것을 모아서 만든 대용품에 만족해야 했다. 이런 성물도 값을 따질 수 없이 비쌌지만, 이상적인 것은 더 나아가 기적의 피를 제조하는 것이었다. 사람들이 그런 계획을 세우기 위해 생명공학의 등장을 기다려야 했다고 생각하면 안 된다.

혈액에 대한 박식한 연구에서 장-폴 루는 성배가 잔에 담긴 피, 다시 말해 마시기 위한 피이며, 포도주와 피는 언제나 동일시되었음

공공 보건의 기원

을 지적한다. 성찬식은 이를 보여주는 하나의 삽화에 지나지 않는다.[168] 중세 교회가 다스려야 했던 야만적 관습 중 하나인 비나지는 바로 이런 동일시에 의해 설명된다. 앞에서도 이야기했지만, 비나지는 뼈, 무덤, 그리고 그 밖에 성자의 몸이나 피와 접촉한 모든 것을 포도주로 씻어서 기적의 액체를 제조하는 것이다.[169]

　물론 가장 귀중한 성물은 그리스도의 피였다. 15세기 라 로셀의 프란치스코파 교회에는 신도들이 경배할 수 있도록 제공된 소량의 "귀중한 피"가 있었다. 하지만 어떤 이들은 그리스도가 부활할 때 그가 흘린 피를 모두 거두어가지 않았겠느냐고 말한다. 교황 니콜라스 2세는 1449년에 이런 숭배를 승인했다. 하지만 수난의 피가 남아 있다는 이론에 입각해서 그랬던 것은 아니다. 교황은 자신의 결정을 정당화하기 위해 기적을 거론했다. 그 기적에 대한 이야기는 787년 제7차 니케아 공의회에서 낭독된 바 있는데, 베이루트의 유태인들이 찢은 그리스도의 그림에서 피가 흘러나왔다는 내용이다.[170] 이처럼 기독교는 구원의 피가 솟아나는 기적을 꿈꾸면서 살아갈 수 있었다.

몸에서 분리된 살아있는 물질의 법적 본성

오늘날 법을 사유하는 데 있어서 새삼 말할 필요도 없이 근본적인 성격을 갖는 이 문제는 중세에 사람들이 그리스도의 피를 경배하는 것이 교회법적으로 가능한지 자문했을 때 제기되었다.

기독교인은 기도할 때 그리스도의 피를 특별히 언급할 수 있었는가? 만일 그리스도가 수난을 겪으면서 흘린 피가 신성성을 간직하고 있다면, 그 피를 경배해도 되었다. 한 세기에 걸친 치열한 논쟁 끝에 교황 비오 2세는 1464년, 그리스도가 흘린 피가 신성성을 간직하고 있다고 원칙적으로 가정함으로써, 그의 전임자 클레멘스 6세가 이미 1352년에 확립한 것을 확인했다.[171]

선험적으로 신학자들의 세계에서만 관심을 가질 것 같은 이 질문은 사실, 인간 생산물에 대한 권리의 역사에서 핵심적인 계기를 구성한다. 실로 수난의 피의 신성성이라는 문제를 제기하면서 서구의 사유는 **처음으로 몸과 분리된 피의 법적 본성을 자문하였다.** 그리스도의 몸 안에서 신성했던 이 피는 몸 밖에서도 그러한가? 우리의 수혈법은 이 질문을 조옮김할 뿐이다. 채취된 피에 대해서도 몸 안에 있는 피와 똑같이 경의를 표해야 하는가? 프랑스의 입법자는 교회를 본받아 피가 원래의 신성성을 간직한다는 쪽을 택했다.

수십 년 전까지만 해도 민법은 이 질문을 알지 못했다. 그러므로 서구의 사유 안에서 선례를 찾으려면 신학적-교회법적 교의를 참조해야 한다. 이는 금과옥조로 여겨질 권위 있는 논증을 찾는 것과는 거리가 멀다. (대문자로 시작되는) 역사에 의해 표현된, 계시의 역할을 할 진리를 찾는 것도 아니다. 단지 여차하면 도움이 되도록, 사유의 내적 논리를 파악하는 것이다.

공공 보건의 기원

피는 쏟아졌다고 해서 성질이 바뀌지 않는다. 피는 이전에 인간적이었기 때문에, 지금도 인간적이다. 하지만 그렇다면, 만일 우리가 몸은 인격과 동일하다고 믿는다면, 쏟아진 피는 그 한 방울 한 방울이 여전히 인격일 것이다. 동물이 핥은 피라도, 혹은 타인의 몸에 주입된 피라도. 몸과 인격의 동일시는 정말이지 쉬운 일이 아니다.

혈액은행, 희생을 통해 채워지는 보물창고

혈액은행이라는 발상은 16세기의 신학적-교회법적 교의 속에 이미 존재한다. 피의 성물을 향한 민중의 열정을 그리스도와 순교자들의 피에 의한 기독교인들의 구원이라는 지배적인 테마와 연결시키면서, 중세 교회는 혈액 관리 이론을 정교화하였다. 피는 몸의 치유와 영혼의 구원을 가져오는 공동의 재산이다. 페트루스 알비니아누스는 여기서 교회가 어떤 보물창고에 대한 책임을 받아들였다는 결론을 끌어내었다.

그리스도와 순교자들의 이 피흘림은 교회의 궤 안에 쏟아부은 보물이다. 그러므로 교회는 원한다면 궤를 열어 믿는 자들에게 사면과 면죄부를 제공하면서, 교회가 원하는 사람에게 보물을 이용하게 할 수 있다.[172]

기독교인들의 구원을 위해 "교회의 궤 안에 쏟아부은 보물"이라는 생각에서, 인류의 행복을 위한 혈액은행이라는 생각으로 이행하려면, 영원한 구원을 지상에서의 건강으로 바꾸기만 하면 된다.

우리는 여기서 언젠가 인간 재료의 기증자들과 그 재료의 수납을 맡은 기관들을 대립시킬 수도 있을 어떤 것을 엿본다. 관대하게 내준 것을 "보물"로, 권력과 어쩌면 부의 원천으로 만드는 일을 어떻게 받아들여야 하는가?

교회법적 해석의 솔직함에 주목하자. 처음에는 피의 선물이 있었지만, 그리스도와 순교자들의 (본래 무상이었던) 이 선물은 기부금의 관리자를 큰 재산을 가진 지도자로 만들었다. 정신적인 부라고? 물론 그렇다. 하지만 면죄부 거래에 대한 노골적인 언급은 그런 보물이 금전적인 평가와 양립 불가능한 것은 아님을 증명한다. 어쨌든, 그 부가 정신적이든 물질적이든, 우리는 여기서 신체적인 증여에 관한 법의 근본적인 문제들 중 하나에 부딪친다. 애초에 증여되었던 것에서 어떤 이익을 뽑아낼 수 있는가?

사실, 우리는 여기서 다름 아닌 혈액 증여자의 신비화가 이루어지는 것을 본다. 이러한 신비화는 곧 다른 신체 조직의 기증자에 의해서도 채택될 것이다. 피를 모으는 사람들은 생명 자본의 관리라는 일상적인 현실 속에서 살아간다. 그들은 돈과 권력의 세계 속에서 움직인다. 그러나 증여자들은, **희생이라는 신비주의를 유지하는 한**, 이 현실로부터 단절된다. 그들은 자신들의 몸짓이 애국적인 희생의

공공 보건의 기원

몸짓과 아주 비슷하다는 것을 안다. 피를 헌혈 센터에 기증하는 행위는 전쟁터에서의 피흘림을 모델로 삼는다. 그리고 전쟁터에서의 피흘림은 에른스트 칸토로비치가 묘사했던 서양의 전통 속에서 십자가의 희생으로, 결국 순교자와 그리스도의 희생으로 소급된다.[173] 그리스도는 최초의 헌혈자다. 교회는 헌혈 단체들이 유통시키는 신비주의적 텍스트의 행간에 숨은 말이 바로 이것임을 즉시 감지했다.

순환은 접합을 보여줄 수 있다

나는 혈액 순환에 대해 이야기하려 한다. 접합으로 말하자면, 의학과 신학의 관계라는 항목 전체가 그것을 보여준다. 혈액 순환의 발견은, 누가 뭐라하든, 이 관계의 견고함을 시험했다.

혈액 순환은 영혼의 순환을 증명하려는 노력 속에서 발견되었다.

피의 신성함에 대한 믿음이 과학적인 접근 앞에서 무너지고 말거라고 생각하면 곤란하다. 일반적으로 근대 과학의 승리로 여겨지는 혈액 순환의 발견이 처음에는 몸 안에 영혼이 존재함을 증명하는 과정에서 맞닥뜨린 우연에 지나지 않았다는 점을 잊지 말아야 한다.

윌리엄 하비의 유명한 「동물의 심장과 혈액의 운동에 대한 해부학적 연구」 "De Motu Cordis et Sanguinis"[정확한 제목은 「동물의 피와 심장의 운동에 대한 해부학적 연구」"Exercitatio Anatomica de Motu Cordis et Sanguinis in

Animalibus"이며 1628년에 초판이 발행되었다]보다 4분의 3세기 앞서서, 미카엘 세르베투스가 혈액의 폐순환을 발견했다. 그는 1553년에 자신의 발견을 『기독교의 복원』*Christianismi Restitutio*이라는 제목의 신학 서적 속에서 자세히 설명하였다. 칼뱅과의 신학적 논쟁으로 유명한, 그리고 그 때문에 화형대에 오르는 세르베투스는 파리의 콜레주 데 롱바르에서 가르친 의사이기도 했다. 칼뱅의 『기독교 강요』에 대한 대답이라고 여겨지는 이 『기독교의 복원』의 한 대목에서, 세르베투스는 신이 인간의 몸에 영혼을 집어넣는 방법에 대해 자문한다. 우리는 기독교 신학이 영혼은 몸속 어디에나 있으며 몸의 고상한 분신을 이룬다고 최종적으로 결론지었음을 알고 있다. 하지만 성서는 아주 명시적으로 영혼은 핏속에 있다고 말한다.[174] 이 점에서 성서는 대부분의 원시 신앙과 일치한다. 미카엘 세르베투스 자신은 영혼이 뇌 옆에 있으며, **핏속을 순환하여 그리로 간다**고 믿었다. 그가 혈액 순환을 발견한 것은 **영혼의 순환**을 증명하기 위해서였다. 그의 논증에 의하면, 신은 폐 속에 "생명의 입김"을 불어넣는다. 해부학자들은 피가 폐의 양쪽에서 다른 색깔을 띤다는 사실을 알고 있었는데, 세르베투스는 처음으로 여기에 대해서도 설명을 제시했다. 이는 피가 **폐를 지나갔기**transfunditur 때문이며, 그러면서 공기와 섞였기 때문이다. 동일한 현상에 의해 생명의 입김도 핏속으로 들어가며, 핏속을 돌면서 "동물의 혼"으로, 그리고 최종적으로 "영혼"으로 바뀐다고 그는 덧붙였다. 영혼이 최종적으로 머무는 곳은 맥락막망의

공공 보건의 기원

모세혈관들 속이다.[176]

　우리는 세르베투스의 저술이 혈액 연구에 있어서 종교적인 접근이 과학적인 설명으로 대체될 것임을 예고하는 이행의 시기를 묘사한다고 말할 수도 있다. 하지만 그러려면 19세기에도 강한 영향력을 행사했던, 스탈 G. E. Stahl의 애니미즘을 잊어야 한다. 그의 이론은 혈액 순환을 영혼이 육체에 작용하는 고상한 수단으로 만들었다. 사실, 해부학적이고 생리학적 발견들은 피의 신성함을 전혀 파괴하지 않았다. 우리는 심지어 비교 혈액학이 주장하는 경악할 만한 사실들 덕택에 피의 신성함이 오늘날 더욱 강화된 것은 아닌지 의심할 수 있다. "역사의 안내자"인 피, "제국들의 몰락"을 지배하는 피, 인류의 기원을 밝히는 피,[177] 이 피는 혈장과 유형 성분들의 화합물과는 엄연히 다르다.

　혈액 순환의 발견은 피가 근대 과학 속으로 분출하는 상징적인 순간이자, 의학의 주도권이 분명해지는 순간이다. 의사의 권위는 종교적인 도그마와 접합되면서 그것을 압도하기 시작했다. 하지만 접합은 연결이기도 하다. 의학적 담론은 종교적 텍스트와 분리되지 않은 채 승리를 거둘 것이다.

*

산업화 시대로 이어지는 여정의 끝에서 신체 관리의 영역은 여전히 사제와 의사의 경쟁/협조 아래 있었다. 이 결합의 견고함은 제삼자의 개입을 허용하지 않았다. 특히 같은 시대에 몸을 자신의 문명화된 세계 바깥으로 추방하는 위업을 완성한 법률가는 여기에 끼어들 수 없었다.

하지만 무언가가—산업사회라고 해두자— 충분히 많은 조건들을 뒤바꾸는 바람에, 공동 관리에 그럭저럭 만족하고 있던 의사와 사제는 민법학자의 개입을 허용하기 시작했으며, 의사의 경우 심지어 그 개입을 요청하게 된다. 민법학자에게 이런 영광은 하나의 드라마였다.

Chapter 12

노동하는 육체의 법적 발견

법학자들이 우선 고려해야 했던 몸은 육체노동자의 몸,

공업적인 환경의 공격을 맨 앞줄에서 받고 있는 몸이었다.

정리해보자.

교회법은 몸의 관리가 **규범적인 관리**(몸에 관한 법)와 **치료적인 관리**(몸을 돌보기)를 동시에 함축한다는 점을 부각시켰다. 나아가 몸의 문제가 집단적인 방식으로 파악될 수 있음(공공 보건)을 보여주었다.

이제 어떻게 세속적인 법이, 19세기와 20세기에 걸쳐, 몸의 권리를 정의함에 있어서 교회법의 뒤를 잇는가를 보여줄 차례다.

교회의 제도적 권위가 쇠퇴하면서, 교회법학자에게서 빼앗아 온 일거리가 능력에 따라 재분배될 거라고 상상하는 것은 논리적으로 보인다. 규범적인 관리는 민법학자에게 돌아가고, 치료적인 관리는 완전히 의학의 몫이 될 것이라고 말이다. 실제로는 사안이 훨씬 더 복잡했다. 의사들 때문만이 아니라, 법학자들 때문에도 그랬다.

한편에서는 19세기 의학의 아주 중요한 경향인 위생학이 몸의 치료적 관리 전체에 더하여 규범적인 관리도 맡으려 했다. 그리고 다른 한편에서는, 민법학자들이 법의 탈육체화를 완성하면서, 몸에 관한 법이 있는 곳과 반대 방향으로 나아가려 했다. 민법학자들이 사양했고 의사들이 요구했던 몸의 규범적 관리는, 위생학이 감당할 수만 있었다면, 위생학에게 맡겨졌을 것이다. 위생학의 실패로 인해, 법학자들은 법이 다시 한번 몸을 고려해야 한다는 생각을 받아들이게 되었다.

여기서 문제가 될 법적 발견은 **노동하는 육체**의 발견이다. 내가 말하고 싶은 것은 위생학자들의 보건적이고 규범적인 사업이 본질적으로, 아주 오랫동안 **사회 문제**라고 불렸던 것에 내재된 고민거리들을 식별하고 처리하는 수단이었다는 사실이다. 법학자들이 우선 고려해야 했던 몸은 육체노동자의 몸, 공업적인 환경의 공격을 맨 앞줄에서 받고 있는 몸이었다. 사회문제라는 맥락 안에서 작업함으로써 법학자들은 한동안 민법의 바깥에서, 민법전의 시빌리테를 건드리지 않은 채, 노동하는 육체를 고려하는 법을 만드는 것이 가능하다는 환상을 품을 수 있었다.

위생학의 성쇠

근대 국가들의 탄생이라는 맥락 속에서, 치료할 권리와 건강의 위치 결정을 결합시키면서, 사람들은 세속적 권력이 명시적으로 요구했던 것(플라톤이 "사람을 방목하는 기술"이라 불렀고 교회가 언제나 "사목"이라고 불렀던 것)을 재발견했다. 민중에게 그들이 필요로 하는 돌봄을 제공하는 행정 행위가 그것이다. 돌봄의 대상인 이 '민중'이 좁은 의미에서는 19세기가 육체 노동자와 동일시했던 빈곤한 사람들의 무리를 가리킨다는 점을 미리 지적해두자. 『경찰론』*Traité de la Police*178에서 니콜라 들라마르는, 서문에서, 그리고 다양한 항목들을 서술하면서, 경찰(이라고 쓰고 행정이라고 읽자)의 목표는 민중의 행복이며, 이 목표를 이루려면 물론 종교와 도덕이 제역할을 해야 하지만, 또한 사람들이 안전하게 살아가고, 아플 때 치료받고, 배불리 먹는 것이 중요하다고 강조했다. 들라마르는 먹는 것을 중시한 나머지, 다양한 식품의 기원과 품질, 가공 방법 등을 설명하는 데 각각 한 챕터를 할당했다. 요리법도 쓰고 싶었지만 참은 것 같다. 사람을 방목하는 기술….

들라마르가 도덕적, 종교적 질서를 우선적으로 다루었다면, 이는 이 첫 번째 항목들 바로 다음에 나오는 것, 즉 **공공 보건**이 국가의 행정적 권한에 속함을 보이기 위해서이다. 18세기에 분명하게 제시된 이 주장은 중세 말 세속적 권력이 의학, 약학, 그리고 특히 외과학을 장려했을 때 이미 나타날 낌새가 보였다. 그러므로 우리는, 몰리에르와 브왈로가 재치 있게 물었듯이, 이 새로운 지적 맥락에서 의학계의 요구가 어디까지 갔을지 자문할 수 있다.

19세기에 위생학과 정신병리학aliénisme은 의학이 정치-행정적 권력으로 이어지는 과학적 주도권을 효과적으로 주장할 수 있었음을 보여주었다. 돌보는 권력을 국가로 이전함으로써 혜택을 입은 것은 결국 법조계였다.

노동하는 육체의 법적 발견

위생학자의 유토피아

19세기 초 위생학은 진보주의자의 가장 빛나는 희망이었다. 어떻게 민중의 신체적 건강과 심리적 균형을 유지하고 지지할 것인지를 아는 이들의 가르침에 따라 운영되는 사회. 과학의 시대에 등장한 이 구세주는 누구였는가? 특정한 유형의 의사라고 해두자. 임상의로서 환자와의 개인적 관계를 넘어서, 공공 보건에 헌신하며, 이를 통해 개인들이 아니라 사회 전체를 치료한다고 믿는 사람. 그는 임상학, 화학, 보건학이라는 근대 의학의 3종 세트를 꿰고 있어야 했다. 또 의학 외의 영역들, 지구과학, 건축학, 공학뿐 아니라 노동자 계급의 인류학이라고 부를 만한 분야의 지식도 습득해야 했다.

19세기에 정신병리학과 위생학은 종교의 권위를 물려받아 신체 관리의 영역은 물론 사상, 과학 그리고 마침내 사회를 지배하려는 의학적 의지를 공동으로 표현했다.

정신병리학은 의학이 주술과 신들림의 영역에서 효과적으로 교회와 맞서 싸울 수 있음을 보여주었다. 이 인상적인 승리로 인해 정신병리학자들은 의학이 지식, 예술, 문학의 세계에서 얼마든지 주도권을 주장할 수 있다고 생각하게 되었다. 루이 렐뤼와 자크 모로 드 투르의 태도가 이를 잘 보여준다. 이 두 의사는 정신병원에서의 눈부신 경력이 그들에게 허락한 여가를 문학 비평에 바치면서, 천재가 숨기고 있는 광기를 찾아내려고 애썼다. 그들은 정신과 의사라면 누구라도 소크라테스와 파스칼이 미쳤다고 선언할 거라고 주장했다.[179] 이는 중세 대학들이 확립한 학문적 적법성 체계 안에서 신학자가 차지했던 자리에 의사를 두는 것이나 마찬가지다. 이 자리는 18세기까지도 근대 과학의 공격에 잘 견디고 있었다. 신학은 어떤 책을 이단이나 악마 숭배라고 규정할 수 있었다는 점에서 지식과 지성의 세계를 지배했다. 19세기가 되자 의학계는 광기를 진단하는 권력을 가지고 신학의 뒤를 이을 수 있다고 한때나마 믿었다.

위생학자들은 사상의 세계를 지배하겠노라는 포부에 더하여, 행정권력으로부터 사회를 지도하는 사명을 넘겨받았다는 확신을 드러냈다. 이는 1829년 『공공위생연감』 *Les Annales d'Hysiène Publique* 의 창간을 알리는 소책자에 나타나 있다.

> 의학의 목표는 단지 연구와 환자의 치료가 아니다. 의학은 사회 조직과 긴밀한 관계가 있다. 의학은 때로 법을 만드는 데 있어서 입법자를 돕고, 때로 그것을 적용하는 데 있어서 행정가를 돕는다. 그리고 언제나 행정 기관과 함께 공중 보건이 유지되도록 감시한다.

몸이 끝없이 스스로를 확장하려고만 하는 의학 권력이 작용하는 장소임을 아는 사람에게 이 같은 팽창주의는 놀랍지 않다. 위생학자의 유토피아는 여기서 진정한 승리를 누렸다. 19세기에 의학은 사회적 규율로 귀결되는 몸의 개별적 관리, 그전까지 사제가 점유했던 이 영토를 사실상 정복했다.

물론 우리가 가장 떠들썩한 권한 이양을 목도하는 것은 섹슈얼리티의 영역에서다. 이는 18세기가 되자마자 시몽-앙드레 티소의 베스트셀러 『오나니즘』에 의해 예고되었다. 기독교인 간의 부부생활과 관련해서 의사는 사제와 의견을 같이했다. 그렇더라도 둘을 비교하는 것은 매혹적이다. 의학적인 문헌은 세부 묘사에 대한 강박관념과 모든 종류의 환상을 예측하려는 세심함에서 교회법의 스타일을 답습한다. 그런 문헌은 입법을 통해 표현될 수 있는 진리를 말하고 있다는 침착한 확신을 표명한다. 교회법학자의 태도와 동일한 태도를 취하면서, 19세기의 의사는 육체의 성적 사용을 법적으로 제한함으로써 공공 보건을 유지하고 있다고 믿었다.[180]

성적 규범의 의학적 전사傳寫는 모든 계급의 잠자리에 해당되었다. 비단으로 되어 있든 짚으로 되어 있든 말이다. 하지만 위생학이 성을 관리하는 임무를 제대로 펼칠 수 있었던 것은 노동하는 육체들의 짝짓기 영역에서뿐이다. 그리고 이는 위생학이 건축가들에게는 노동자 주택의 설계에 영감을 주고, 경찰 권력에게는 매춘에 대한 관용을 불러일으켰기 때문이다.

19세기 후반의 노동자 주택은 청결화(밀집의 완화)와 성적 정상화(간음과 근친상간의 박멸)라는 잘 정의된 기능을 가지고 있었다.[181] 하지만 노동자 가족에 대한 목가적 비전이 노동자 계급에 아직 상당한 규모의 독신자들이 포함되어 있다는 사실을 잊게 만들 수는 없었다. 이 독신자들은 보통 이리저리 돌아다녔고 뿌리가 없었으며 매춘부들에게 단골손님이 되어주었다.

교회법의 지탄을 받고, 세속적 입법에 의해 금지되거나 강력하게 저지된(호객이나 알선의 금지) 매춘을 위생학자들은 공공 보건과 집단의 안전에 불가결한 제도로 인식했다. 부부간의 성생활에 관한 한, 교회법의 담론을 자기 방식으로 재생산하는 데 만족했던 19세기의 의사는, 공업 도시가 밀집의 병리학과 연결된 악 중 하나로부터 벗어나려면 **정액을 위한 것이라는 점이 유일한 특수성인 하나의 하수구**를 건설해야 한다고 확신하게 되자, 망설임 없이 도덕과 신념, 그리고 교회법이든 세속적인 법이든, 모든 종류의 입법과 맞서 싸웠다.[182] 이른바 "관용" 제도가 생겨난 것은 이렇게 해서였다. 이 개념은 사람이 법의 바깥에 있음을 명시적으로 표현하기 때문에 각별히 흥미롭다. 매춘을 하나의 치료법으로 운영하기 위해 의사들은 법률가들을 건너뛰어 행정 권력과 결합하였다.

인접한 분야에서는 **오염**pollution이라는 주제와 관련하여 의료 권력의 멋진 활약이 펼쳐졌다. 들라마르는 15세기 말(1486년 11월 4일의 샤틀레 판결)에 이미 의사들이 가정이나 산업에서의 유해성의 문제를 전문적으로 다루고 있었고, 법원이 그들의 말에 귀를 기울였음을 박식하게 증언한다.[183] 아주 오랫동안 이 분야는 완고하게 의학적인 어휘를 사용하였고, 판사나 행정가들도 위생이나 감염에 대해 이야기했다. (1898년 이후에 출간된) 『대백과사전』La Grande

노동하는 육체의 법적 발견

Encycloédie 제21권은 "오염" 항목에서 피와 정액에 의한 교회의 오염만을 다룬다. 하지만 이는 "정액루"spermatorrhée 항목과 연결되는 병리학적 의미를 남겨두고서이다. 즉 오염이라는 단어가 의학의 어휘에 들어가는 것은 정액에 의한 오염의 의학적 전사傳寫를 계기로 해서이다.

환경 분야에서 성공을 거둔 오염이라는 용어가 그전에는 공기와 물의 "감염"이라고 불렸던 것을 가리키기 위해 위생학 문헌에 등장하는 것을 보려면, 19세기에서 20세기로 넘어가는 시점까지 기다려야 한다. 예전에 "위생적"이라고 여겨진 상태는 이때부터 자연 그대로의 "순수함"이 되었다.

어휘의 이전移轉은 권한의 이전을 공고하게 했다. 오랫동안 위생학자들이 가장 심각한 환경 파괴는 인간 육체의 밀집에서 온다고 주장했다는 점, 그들이 공장에서 나오는 화학 물질이야말로 진정한 위험이라는 사실을 인식하지 못했다는 점[184]을 생각해보면, 우리는 이러한 이전의 중요성을 이해할 수 있다. 그런데 교회법적 오염은 기독교적 환경(교회와 묘역)을 육체적 기원을 갖는 훼손으로부터 보호하는 시스템 속에 등록되어 있었다. 위생학자들 역시 환경을 위협하는 것은 주로 육체에서 기원한 해로움이라고 믿었다. 하지만 그들은 해로움을 순수하게 물질적인 의미로 사용하였다. 예를 들어 그들은 화장火葬을 선호했는데, 모든 매장은, 가장 경건한(교회에서의) 매장이라 해도, 불결함의 원천이 될 수 있기 때문이었다. 반면 오염의 교회법적 정의에 따르면, 불신자나 파문된 자 혹은 세례받지 않은 아이의 매장은 극히 엄격한 위생 규칙에 따라 이루어진다 해도, 기독교인의 묘역을 오염시킬 수 있었다.[185]

범죄의 연구와 처리는 의사가 극적으로 사제의 자리를 빼앗은 세 번째 영역이었다. 18세기 말 아직 완전히 싹트지 않은 범죄학을 대표했던 것은 사제이자 신학자인 라바테르의 관상학이었다. 형벌학의 저명한 선구자로는 17세기의 박식한 베네딕트파 수도사 마비용이 있었다. 형벌로서의 감옥은 원래 성직자들을 겨냥한 교회의 제재 수단이었는데, 인구 전체에 적용되기 시작했다. 왜냐하면 병원의 모호한 기능으로 인해, 교회가 자선의 이름으로 가장 취약한 범주들—여자들과 아이들—을 책임지게 되었기 때문이다. 수도회들은, 교도 행정과 협력하든, ('선한 목자의 집'les Maisons du Bon-Pasteur 같은) 별도의 기관을 운영하든, 오늘날까지도 징벌 활동의 협력자로 남아 있다.

위생학 문헌, 특히 『공공위생연감』 같은 잡지를 체계적으로 조사해보면 아마도 의학적인 성찰이 근대 범죄학과 형벌학의 형성에 얼마나 중요한 역할을 했는지 밝혀질 것이다. 단언컨대 유명한 이탈리아인 의사 롬브로소의 『범죄인』(1871)은 근대 범죄학을 향한 이정표였다. 해부학과 정신분석학의 관점에서 이 주제에 다가가면서, 그리고 통계학, 사회학, 지리학 및 경제학적 접근에 문을 열어두면서, 위생학 문헌은 범죄인을 대하는 산업화된 사회들의 태도—집단 폭행 가담자들의 야만성으로 가득 찬—를 심층에서부터 바꾸어 놓았다. 범죄인은 이제 치료받아야 한다고 여겨질 것이다. 의학적인 의미의 치료는 아니겠지만. 왜냐하면 마지막에는 위생학자들이 패배하기 때문이다.

위생학의 몰락

"하나의 학문에 종지부를 찍는 법을 알아야 한다." 파스퇴르 의학이 위생학의 몰락에 어떻게 기여했는지 설명하면서 브뤼노 라투르는 이렇게 썼다.[186] 그 학문이 죽음의 캠프를 발명하기 전에 종지부를 찍는 법을 알아야 한다고 덧붙이기로 하자.

위생학의 아주 큰 장점은 도시화와 관련되어 있다는 것이다. 위생학자들은 행정 당국이 도시를 산업화 시대의 요구에 맞게 바꾸도록 유도하는 법을 알았다. 이 부문에서의 그들의 영향력을 아주 잘 보여주는 것으로서, 1852년부터 파리에 존재했던, 위생을 고려한 건축 허가가 1902년 2월 15일의 공공보건법에 의해 프랑스 전체로 일반화된다는 사실이 있다.

반면, "쓰레기의 재활용은 언제나 이익"이라는 도그마에서 단적으로 드러나는, 경제적 현실에 대한 그들의 무지는, 행정 당국 앞에서 망신을 당하는 원인이 될 것이다. 1848년 공공위생자문위원회 le Comité Consulatif de l'Hygiène Publique의 발족 당시 과반수를 차지했던(57%) 의사들이 1850년에 44%로, 1856년에 40%로, 그리고 1884년에는 불과 35%로 떨어진 것은 이렇게 해서였다.

학문적으로 위생학자들은 어디서나 악취와 불가사의한 병원체들을 쫓아다녔다. 그것들은 모든 더러운 구석에 존재했고, 특히 유기물이 썩어가는 곳에 있었는데, 이는 모든 곳에 존재하는 의학으로서의 위생학을 정당화했다. 파스퇴르 이후의 의학은 미생물들을 발견하면서 인간의 몸으로 주의를 돌릴 것이다. 인체는 이제 병원이라는 틀 안에서 가장 잘 관찰되고 치료될 수 있었다. 그러므로 19세기에서 20세기로 넘어가는 시점에 의학계의 권력 의지는 병원으로 집중될 것이다. 쇠락한 위생학은 우생학 및 인종주의와 위험한 동맹을 맺으면서 살아남는 수밖에 없었다.

위생학의 잔해 속에 있는 법률가들

19세기 후반, 충고하는 위치에서 멀어진 이 의사들을 대신한 자는 누구였는가? 법률 교육을 받은 기술자들과 공무원들이었다. 정확히 말하면 보건 경찰police sanitaire이라고 불렸거나 곧 그렇게 불리게 될 사람들이었다. 19세기부터 공중위생 경찰이라고도 하는 이 보건 경찰이 행정법의 틀 안에서 성장한다. 위생학자들은 이것을 의학적 의지가 행정 명령으로 변한 결과로 인식했다. 위생학은 사라졌지만 보건 경찰은 살아남았다. 게다가 의학계의 바깥에 깔끔하게 공공건강 담당 행정기관이 설립되었다. 난파한 위생학의 표류물들 속에서 법률가들은 범죄학과 형벌학을 되찾을 것이다. 프랑스의 법과대학들에 이 분야를 위한 연구소와 학위가 생겨난 것이 1905~1906년이다. 그 이래 이 과목들은 법학의 일부로 간주되었다. 법이 범죄학에서 아무 역할도 하지 않았고 형벌학에 영감을 주지도 않았지만 말이다. 물론 범죄학이나 형벌학이 유용성을 가지려면 형법과 형사소송법이 필요하다. 이 과목들은 사회학, 심리학, 때로는 인류학 심지어 기후학에서 양분을 얻고 있지만, 기본적으로는 종교적 도그마에서 떨어져 나왔고, 의학의 제국으로부터 과학성을 인증 받고 있다. 오늘날 법과대학에서, 일반적으로 의사들의 도움을 받지 않고, 범죄학과 형벌학을 가르친다는 사실은 인식론적으로 흥미로우며, 역사가의 설명이 필요한 부분이다.

의학이 범죄 현상의 관리를 완전히 빼앗긴 것은 아니다. 아직 형벌의학과 법의학이 남아 있다. 그래서 양형위원회에 참여하는 교도소 담당 의사들은 자문 자격으로 형의 집행과 관련된 결정에 개입한다. 하지만 결정권은 사법관에게, 프랑스의 경우 양형위원회의 판사에게 있다. 19세기의 위생학자들이라면 형사소송법(722조)이 "구금치료"라고 부르는 것과 관련된 결정들은 당연히 의학적 권위의 지배를 받아야 한다고 믿었을 것이다. 법의학으로 말하자면, 범죄학과 형벌학이 법과대학 속으로 들어간 것과 거의 같은 시기에 법의학이 "잔느 베버 사건"("구트-도르의 살인마") [잔느 베버Jeanne Weber(1874~1918)는 20세기초 프랑스를 떠들썩하게 만든 연쇄살인범이다. 범죄가 저질러진 파리의 거리 이름을 따서 "구트-도르의 살인마"라고 불렸다. 자기가 낳은 아이들을 포함하여 여덟 명의 아이를 교살했다는 혐의로 1906년에 법정에 세워졌으나, 법의학자들이 자연사로 결론을 내려서 무죄방면되었다. 그 후에도 한 차례 더 살인혐의로 기소되었으나 풀려났고, 마지막 살인으로 체포되었을 때는 정신병으로 판정되었다]에서 과학사뿐 아니라 법의 역사에서도 중요한 패배를 겪는다는 사실을 지적할 필요가 있다. 레옹 트와노라는, 그 시대의 법의학계에서 엄청난 권위를 지녔던 이름 앞에서, 한낱 예심판사의 추론은 거의 무게가 없었다. 하지만 예심판사가 옳았다. 그는 가지각색의 요소들을 세심하게 (헛수고를 감수하면서) 모으는 기술에 의해 뒷받침되는, 심리審理의 과학이 존재함을 보여주었다. 법의학적 감정鑑定은 이 요소들 중 하나에 지나지 않는다.[187] 결국 사람들은 그의 말에 귀를 기울였다.

하지만, 20세기 초반에 법률가들의 권위가 강화되었다고 해도, 우리는 그들이 어떤 유산의 혜택을 입고 있음을 잊지 말아야 한다. 형법은 당시 탈육체화를 완성하는 중이었는데, 이는 주로 신체형의 폐지 덕택이었다.(최소한 강제 노역을 동반하지 않는 자유의 박탈형은 신체형이 아니라고 할 때)

범죄학과 형벌학은 형법학자의 시야 속으로 신체를 다시 끌어들였다. 범죄학은, 골상학(두상의 연구)에 반대하기 위해서였다고는 하지만, 범죄 성향을 나타내는 신체적 표식에 주의를 기울이면

노동하는 육체의 법적 발견

서, 그리고 롬브로소가 정의한 범죄자들의 유형에 대해 숙고하면서 신체를 재도입했다. 한편 형벌학은, 감옥 환경에 대한 연구와 결합하면서, 훗날 법률학자로 하여금 피부병과 위궤양을 일으키는데다가 혼잡하고 폭력이 지배하는 환경에 노출되어야 하는 수감생활이, 그런 자유의 박탈이 정말 신체형이 아닌지 고민하게 만들 것이다.

의사와 법률가가 협력한, 하지만 위생학의 와해가 후자의 권위를 강화한 또 다른 분야가 있다. 바로 산업사회의 위험에 노출된 노동자들과 관련된 분야이다. 비위생적인 시설에 관한 법(1810년 10월 15일 법령)은 간접적으로 위생학자들에게 노동자의 건강에 대한 책임을 부여한다. 그 뒤 노동감독관 직책의 창설(아동 노동에 관한 1874년 5월 19일 법), 노동의 위생과 안전에 관한 최초의 규칙 마련(1893년 6월 12일 법), 그리고 마침내 고용주의 불이익을 감안하지 않고 산업재해의 영역에서 과실이 아니라 위험에 기초한 책임 부여(1898년 4월 9일 법)가 이루어진다.

바로 이러한 사회적 입법— 그전에 있었던 것(위생 경찰과 범죄과학)과 어쨌든 분리 불가능한— 속에 우리는 교회법학자가 아닌 법학자들이 몸을 재발견하는 시점을 위치시킬 수 있다.

산업화된 환경 속의 노동하는 육체

위생학의 파산 덕택에 노동하는 육체를 도맡게 된 민법학자들은 곧 민법이 자기들에게 그것을 안정적으로 관리할 수단을 제공해주지 않는다는 것을 깨달았다. 탈육체화를 거의 완성하는 시점에 와 있었던 민법은 공업적인 환경이 신체에 가하는 공격에 맞서기 위해 이루어진, 사회적 입법의 침투를 무턱대고 수용할 수 없었다. 왜냐하면 그러한 침투는 하나의 생태학, 로마의 시빌리테에게는 언제나 낯설었던, 그로테스크의 생태학과 관련되어 있었기 때문이다. 그로테스크의 생태학은 몸을 다른 물건들과 대결하는 능력이라는 관점에서 바라본다.

산업사회는 새삼, 그리고 난폭하게, 그로테스크 예술의 오래된 메시지를 발신했다: 인간의 몸이 사물들 가운데 있다. 기계를 사용하는 산업사회에서 인간의 몸은, 안전과 위생의 측면에서, 로마의 시빌리테가 꽃피었던 생태학적 환경보다 훨씬 더 열악한 환경에 처했다. 산업적인 것들과의 이 위험한 대결에서 최전선에 있었던 노동하는 육체는 희생자이자 그 자체로 해로운 존재였다.[188]

이는 시체의 연구가 이미 우리에게 가르쳐준 것이다. 몸이 해로움이 될 수 있다는 사실만큼 몸의 **실체**를 잘 알려주는 것은 없다. 그러므로 민원인들과 행정가들이 어떻게 판사를 설득하여, 주거 밀집 지역을 공해로부터 보호하기 위해 만든 법안을 노동자들을 도시에서 쫓아내는 수단으로 활용하려고 애썼는지 지적하는 것은 각별하

노동하는 육체의 법적 발견

게 중요하다. 부유하든 가난하든, 도시 또는 부르주아 동네의 거주자들의 눈에는 노동하는 육체가 공업적 환경의 다른 질병 유발 요소들과 구별되지 않았다. 그렇기는커녕 그들은 그것을 그 요소들 중 가장 심각한 요소로 간주하였다. 노동하는 육체는 범죄, 폭동, 전염병을 표상했기 때문이다.[189]

노동하는 육체는 물건들처럼 적의를 띠면서도 희생자가 될 수 있었다. 고대 세계에서는 직업병과 산업 재해가 자연스럽게 노예의 처지와 연결되었다. 히포크라테스, 켈수스, 그리고 대＊플리니우스는 규폐증을 "노예들의 병"이라고 불렀다. 노동 중에 일어난 사고—그리고 교통사고—는 『로마법 대전』에 노예의 사망 원인으로 자주 언급된다. 산업사회가 노예를 기계와 프롤레타리아로 대체함에 따라, 로마의 시빌리테에서 나온 사법체계는 공업적 환경이 노동하는 육체에 입힌 피해를 고려할 수 없게 되었다. 민법과 형법은 결과적으로만 인간 육체의 물질성을 보호한다고 여겨졌다. 몸은 인격이라는 추상적인 창조물이 보호되었기 때문에 보호되었다. 하지만 현실적으로 손발을 잃거나 납중독에 걸린 노동자는 고용주의 과실을 증명할 방법이 없었다. 19세기의 마지막 수십 년 동안, 산업화된 국가들은 로마의 시빌리테로부터 물려받은 개념들 바깥에 있는 입법적 해결책을 찾거나 아니면 내전을 유발하는 사회 상황을 유지하는 것 중 하나를 선택해야 했다.

국가적인 사회 보장 시스템을 지향하는 다른 나라들을 본받아 프랑스는 산업 재해와 직업병을 증명된 과실 없이도 보상받을 수 있는 신체적 피해로 만드는 법을 제정했다. 사람들은 공업적인 환경이 위험하다는 것을, 그리고 위험이 현실화되었을 때 그 금전적인 결과를 임금 노동자에게 짐 지워서는 안 된다는 것을 인정했다.

산업 재해에 관한 1898년 4월 8일 법과 그 체제를 직업병으로 확대하는 1919년 10월 25일 법은 고용주의 무과실 책임과 위험에 기초한 책임(임금 노동자의 활동에서 이익을 얻는 자는 그 노동자가 노출된 위험의 결과를 금전적으로 부담해야 한다)의 원칙을 확립했다. 이는 사실상 이 영역에서 책임의 개념이 사라질 것임을 예고한다.[190] 이리하여 산업화된 환경이 누군가에게 책임을 돌릴 수 없는 신체적 피해의 원인이라는 점이 처음으로 인정되었다. 그러한 언명은 아직 민법의 바깥에 있었다. 단순한 유예였다. 곧 산업화된 환경은 시빌리테를 정면에서 공격할 것이다.

*

그다음을 추측하기 위한 두 가지 지표.

1843년에 『공공 위생 연감』은 "영국의 사고 사망자 통계"를 설명하면서 "엔지니어는 가장 위험한 전문직 중 하나가 되었다"[191]고 지적했다.

5년 뒤, 같은 잡지에 화학제품을 생산하는 공장에서의 누출에 관한 보고서가 실렸다. 보고서를 쓴 두 명의 화학자는 누출로 인한 피해를 인정하면서, 노동자를 공장의 유해 물질로부터 보호한 뒤에 인근 주민들을 "출입구, 공기의 흐름, 연기 배출구에 의해 밀려나온… 노동자에게 해로운 가스"[192]로부터 보호할 방법에 대해서도 생각해야 했다고 결론지었다.

19세기 중반, 프랑스 위생학의 공식 기관지로 여겨졌던 이 잡지는 우리에게는 자명해 보이는 사실을 발견했다. 광산 기사는 갱내 가스의 희생자가 될 수 있으며, 작업장을 환기하면 인근으로 독성 물질이 퍼져 나갈 위험이 있다는 것이다. 당시에는 이런 언명들이 결코 진부한 주장이 아니었다.

1840년대의 위생학자들은 로마의 시빌리테가 "노예들의 불행"이라고 불렀던 것이 노동자 계급만의 문제가 아니라는 사실을 발견했다. 노동자만 기계의 위협을 받는 게 아니었다. 공장에는 부르주아들도 있었다. 기사, 감독, 등등. 그리고 얼마 후, 철도 수송의 발달과 함께, 공장에 들어갈 일이 전혀 없었던 부르주아들도 기계에 의해 다치거나 죽을 수 있게 되었다. 산업공해가 인구 전체에 입힌 생리학적 피해는 작업장에서 나타나는 직업병의 완화된, 하지만 더 일반화된 형태 외에 다른 것이 아니었다. 오늘날 우리는 오염에서 비롯된 질병들에 대해 이야기한다.

요약하면, 노동하는 육체는 전위 부대였다. 산업화된 환경 속에서 노동하는 육체에 타격을 입히는 것은 육체노동의 세계에 속하지 않는 사람의 몸에도 영향을 주었다.

민법학자들이 이 점을 깨닫는 데는 시간이 걸렸다. 1898년의 산업 재해에 관한 법은 공장 노동자에게만 적용되었다. 이 법이 사적 부문의 모든 임금 노동자로 확장되기까지는 40년이 더 필요했다. 그리고 여론이 의학과 법의 진화를 기록하면서, 보건 및 사회 입법이 노동자나 빈민들만이 아니라 사회 전체와 관련된다는 것을 느리게나마 깨닫기 시작한 것은 사회복지와 병원 개혁의 시기인 20세기 중반에 와서였다.[193]

이처럼 노동하는 육체의 법적 발견은 민법학자들의 시각 체계 안에 포괄적인 몸의 관점이 다시 출현하는 첫 단계일 따름이었다. 인식론적 각도에서 보면, 큰 부분에서 이 현상은 민법의 바깥에서 발전하는 법과대학의 과목들(노동법, 사회법, 사회보장법, 공공보건법 등)의 기원이었다. 이 과목들은 노동자의 세계에서 출발하여 사회 전체에 도달하는 일반화 운동이라는 공통점을 갖는다.

이는 몸의 재출현이 민법의 개념 체계를 건드리지 않고도 이루어졌다는 뜻인가? 아니, 그와 반대로 우리는 어떻게 후자가 마침내 그 한계점에 가까워지는지 보게 될 것이다.

Chapter 13

폭력이 시빌리테를 위협할 때

사회 문제와 무관한 환경에 속하는 사람들도 산업적 폭력에

연루될 수 있음이 확실해졌을 때, 민법학자들은 바야흐로

민법의 내부에서 무언가 근본적인 것이 의문에 부쳐졌음을 인정했다.

20세기 초에 이르렀을 때 민법은 이천 년의 세월을 제법 잘 헤쳐 나온 것처럼 보였다. 민법의 정화淨化는 완벽했다. 사법私法 내부에서 민법은 이제 상점의 잡다한 문제들을 담당하는 상법의 영역과 구별되었고, 이어서 프롤레타리아와 관련된 사안을 다룬다고 여겨지는, 사회적 목적을 지닌 분야들과 구별되었다. 한편, 야만이 자리 잡은 마지막 장소였던 형법은 새로운 시대를 맞이하여, 형법적인 것에서 민법적인 것으로의 이행이 과거에는 문명화를 의미했다는 사실이 잊히기를 바라고 있었다. 공법은 공법대로 팽창하고 폭발했다. 의회제도는 헌법의 탄생을 가져왔고, 국가의 개입주의는 행정법을 낳았다. 사람들은 뒷날 재정법을 형성할 재료들을 알아보기 시작했으며 정치경제학, 행정학, 정치학에 대해 이야기했다….

이 인식론적인 소란의 한가운데서 민법은 법의 어휘들이 의도하는 바를 설명하기 위해 참조해야 하는 분야로 머물렀다. 민법은 여전히 시빌리테의 장소다. 다만 시간이 지나면서 로마와 야만의 대립의 성격이 변모되었다는 점을 지적해야 한다. 모든 사람이 '문명' 속으로 들어간 것은 아니다. 문명화된 생활은 경제적인 기반을 필요로 한다.

형법은 **통계적으로** 말해서 가난한 자들의 법이다. 이는 날것의, 벌거벗은 사실이다. 그렇다고 민법이 가진 자들을 위한 법이라고 결론짓지는 말자. 민법은 시민권, 사람들의 지위, 가족법을 포함한다. 하지만 민법의 중요 항목들이 어떤 사회적 범주들과는 관계가 없다는 것, 즉 유언장을 작성하지 않고, 회사를 설립하지 않으며, 지역권地役權의 문제에 맞닥뜨릴 일이 결코 없는 사람들과는 무관하다는 것은 여전히 사실이다.

민법의 편찬자들은 특정한 계층을 배제하려 하지 않았다. 하지만 그들의 마음속에는 어떤 유형의 시민이 있었다. 그들이 시빌리테라고 느끼는 것 속에 가장 잘 편입되어 있는 시민이다. 그러므로 법의 재육체화가 상류사회에 영향을 미칠 때만 민법에 영향을 미쳤다고 말하는 것은 잘못이겠지만, 그런 사회와 관련될 때만 민법학자들이 문제를 인식했다고 주장할 수는 있다.

이 문제는 폭력에 대한 것이다. 노동하는 육체는 사회법 안에 등장하기까지 언제나 어떤 폭력에, 즉 공업적 환경의 공격에 노출되어 있었다. 민법이 은폐하지 못하는 자격조건에 따라 육체노동의 세계 바깥에 있는 사람들의 경우, 폭력은 예외적으로만 생계의 해결과 관련된다. 하지만 19세기에 부르주아지와 옛 귀족 계급은 자신들에게 신체적인 대응을 요구하는 폭력의 맥락을 사회적 대결 속에서 발견할 것이다. 그 대결 안에서 그들은 강하고 멋있어야 했다. 게다가 상류사회의 구성원들 역시 여행이나 여가 활동을 계기로 기계의 폭력에 희생되었다.

이리하여 법학자들은 몸이 민법의 시야 속에 윤곽을 드러내는 것을 걱정스럽게 지켜보게 된다.

인간은 법 안에서
자유롭고 평등하게 태어나지만,
힘과 아름다움에 있어서는 불평등하다

법적 인격의 탈육체화를 증명하기 위해 하나의 논증만을 취해야 한다면, 그 선택은 1789년의 **인간과 시민의 권리 선언** 제1조를 향할 것이다. 이 선언은 로마의 시빌리테의 근대적 번역으로 이해된다. 이 선언이 법적 인격의 육체적 현실을 무시한다는 사실은 너무나 분명하므로, 젖먹이에게도 신체적 자유를 부여한다는 점이나, 육체적 평등에 대해 이야기하지 않는다는 점을 순진하게 강조하지 않아도 될 것이다. 이 모든 것에 지적이고 경제적인 불평등이 더해진다.

하지만, "그럼에도 불구하고"라고 굳이 강조하지 않더라도, 인격들은 법 안에서 평등하게 태어날 뿐 아니라, 평등한 상태에 머문다. 반면 몸은 자연적으로 변한다. 그리고 우리는 자연이 해놓은 일을 고치려고 노력할 수 있다. 바로 이 지점에서 **스포츠와 성형수술**이 개입한다.

혁명적인 입법과 나폴레옹 법전의 편찬은 시민적 자유와 평등의 확산을 가져왔지만, 이는 계급들 간의 신체적 대결이라는 역효과를 수반했다. 법적으로 누구나 계약을 하거나 하지 않을 자유가 있

폭력이 시빌리테를 위협할 때

고, 자신에게 제시된 계약 조건을 받아들이거나 거절할 자유가 있다. 로마의 시민법의 논리 안에서는 계약자들 중 어느 쪽이 굶주리거나 추위에 떨 수 있다는 사실이 전혀 중요하지 않았다. 그러한 육체적 현실은 검열되었다.

진부한 지적이지만, 19세기의 시민적 평등은 경제적 불평등 게임에 의한 억압에 자유로운 공간을 남겨두었다.(뻔뻔하고 멍청한 신자유주의 담론만이 이를 부인한다[194]) 동업조합적인 틀은 프랑스에서 정치적 혁명에 의해 유죄 판결을 받고, 산업화의 파괴적 힘에 의해 침식되어, 물리적인 대결을 함축하는 계급 대립에 자리를 내주었다.

싸울 줄 아는 것

자전거 타기(1860년대)와 "영국식 스포츠"(1880년대)의 출현 이전까지 프랑스의 스포츠는 주로 폭력의 학습으로 이루어졌다. 우선 전쟁터를 직접 참조하는 스포츠로 승마와 펜싱 그리고 사격이 있었고, 체조와 권투라는 새로운 스포츠도 사람들의 관심을 끌었다.

체조gymnastique는 프랑스와 아모로François Amoros[프랑스와 아모로 또는 프란치스코 아모로(1770~1848)는 스페인 장교 출신으로, 나폴레옹이 스페인을 침공했을 때 협력했으며, 이후 프랑스로 망명했다. 체조 교본을 비롯하여 체조의 군사적, 의학적, 도덕적 가치를 강조한 여러 권의 책을 썼다]의 영향 아래, 왕정복고기의 군대에서 나타났는데, 근대 기술의 발달로 말미암아 갈수록 위험해지는 전투 환경에 인체를 적응시키려는 의도를 표현했다는 점에서 우리의 흥미를 끈다.

군대에게 필수적인 것은 국민위병[프랑스혁명 초기에 질서 유지와 자위를 목적으로 창설된 시민군]에게도 필수적이라고 여겨졌다. 국민위병은 (혁명의 진정한 시작점이었던) 1789년 7월 13일, 파리의 부르주아 계급에 의해 창설되었고, 이어서 왕국의 모든 도시에 조직되었다. 처음에는 부르주아 위병이라고 분명하게 지칭되었던 이 국민위병은 내부적인 안전을 책임지려는, 그리고 무엇보다 외침에 대비하여 예비군을 만들려는 프랑스 부르주아지의 의지를 표현했다.

이제 희화화된 초상이 말해주는 바를 언급하려 한다. 도미에를 비롯한 칠월 왕정의 풍자 화가들은 보통 국민위병을 배불뚝이로 묘사한다. 당시에는 부르주아들이 운동을 좋아하지 않았기 때문이다. 그들은 국민위병의 소집에 거의 응하지 않았고, 파리의 경우 부잣집 도련님들 사이에서 "싸구려 호텔"hotel des haricots이라고 불린 감옥에 며칠 갇혀 있다가 나오는 것을 더 선호했다. 아주 오랫동안 이 시립 형무소에서는 알프레드 드 뮈세와 테오필 고티에의 서명이 있는 낙서를 볼 수 있었다. 사람들은 국민 전체를 국민에 맞서 무장시킴으로써(1851년 6월 26일 법) 문제를 해결했다고 믿었다. 이 조치는 20년 뒤 파리 코뮌을 설명하며, 또 그 반작용인 국민위병의 폐지를 설명한다.

폭력이 시빌리테를 위협할 때

프랑스 부르주아지가 아직 이해하지 못했던 것은 산업사회가 엘리트에게 **신체적인 가담**이기도 한, 공격적인 가담을 요구한다는 점이다. 그동안 영국의 귀족과 부르주아지는 퍼블릭 스쿨[중세 라틴 문법학교를 기원으로 하는 영국의 사립학교]에서 민중적인 폭력성을 고상하게 바꾸고 있었다. 부유하고 교양 있는⋯ 근육질의 엘리트가 되기 위해서.[195]

집단적 방어가 **자기 방위**로 대체되면서, 19세기 중반 복싱의 역사는 정당 방위의 역사와 결합한다.

바로 이 지점에서 우리는 시민적이고 법적인 평등이 가정하는 신체적 대결의 성격을 가장 잘 이해할 수 있다. 구체제 하에서는 공격에 대한 반격이 공격의 폭력적인 정도뿐 아니라 공격당한 사람의 품격에 비례하여 허용되었다. 공격당한 사람은 자신의 생명이나 재산을 지키기 위해서만이 아니라, 손상된 명예를 회복하기 위해 상대방을 다치게 하거나 죽일 수 있었다.[196] 귀족은 무기를 휴대할 권리와 근위대를 데리고 다닐 권리가 있었으며, 혼자서 맨손으로 덤비는 사람에게도 이 수단을 사용하여 대응할 수 있었다.

혁명기에 생겨난 정당방위 제도는 정당방위가 공격의 중대함에만 비례하고 명예의 방위를 배제한다는 점에서 이전과 크게 달랐다. 그렇다면 상류계급의 남자는 "주먹다짐"(발도 사용하는!)의 전통—귀족에게 무기를 가지고 싸우는 특권이 있었던 시대를 추억하면서, 줄곧 "상놈들의 게임"이라고 불린—이 남아 있는 변두리에서 온 공격자에게 어떻게 대적할 수 있는가? 유일한 해결책은 불량배들의 싸움을 배우고 실천하는 것이었다. 이리하여 1830년대부터 프랑스에서는 부르주아지와 옛 귀족들 사이에서, 처음에는 "사바트"나 "쇼송"이라고 불렸고, 나중에는 "프렌치 복싱"으로 격상되었던, 길거리 싸움의 교습이 유행한다.[사바트 savate와 쇼송 chausson은 발의 사용을 포함하는 격투기로, 문자 그대로의 의미는 '헌 신발'과 '실내화'다][197]

함께 살기, 아마추어들 사이에서

콜레라나 결핵, 매독, 알코올 중독 같은 사회적 재앙의 사망률은 19세기의 노동자들이 처한 참담한 위생 상태를 고발하는 데 일조한다. 경각심을 느낀 징병심사위원회는 1830~1840년대에 (빌레르메가 한 것과 같은 유형의) 대규모 조사를 기획한다.[루이 르네 빌레르메 Louis René Villermé(1782~1863)는 산업의학의 선구자로 불리는 프랑스의 의사이다. 노동자들의 작업 환경이나 열악한 위생 상태를 고발하는 여러 편의 보고서를 펴냈다]

이 주제에 관한 연구가 대부분 노동자의 건강을 개선할 방법을 제안한다고 해서, 건강에 대한 논의가 사회적 대결의 수단이라는 사실을 놓쳐서는 안 된다. 의사인 투브냉이 릴 지역의 공장주 사이에 노동자의 건강과 관련하여 널리 퍼져 있는 관념을 비난했을 때 그는 이 점을 분명히 이해하고 있었다. 공장주들은 노동자들을 악덕에서 꺼내주지 말아야 한다고 믿었다. 그들이 건강해지고 부유해지면 자기들의 경쟁자가 될 수도 있기 때문이다.[198]

체육 활동은 사회적으로 유복한 계층의 신체 조건을 개선하는 데 기여했고, 그리하여 이들과 육체 노동자들 사이의 건강 불평등을 심화시켰다. 1880~1890년대에 스포츠를 즐기게 된 부유한 청년들이 자기들이 계급 간의 신체적 대결에서 점수를 올리는 중임을 대체로 이해하고 있었다고 말할 수는 없다. 반면, 민중적 폭력에 입문한 부유한 청년들이 새로운 스포츠를 **아마추어리즘**을 실천하는 자들의 특권으로 받아들였다는 점은 분명하다. 처음에 아마추어리즘은 임금 노동자들의 세계를 철저히 배제하는 개념이었다.

새로운 스포츠는 아마추어들 사이에서 살기를 꿈꾸는 사람들의 기대 수명을 연장시켰다.

1880년대에 "영국 스포츠"(체조, 풋볼, 럭비)가 유행하면서 프랑스인들은 아마추어리즘을 높이 평가하기 시작했다. 쿠베르탱 남작이 올림픽 경기를 복원한 사람으로 유명해진 것은 이런 고상한 분위기 속에서다. 사람들은 "예술의 아마추어"를 자처하듯이 스스로를 "스포츠의 아마추어"로 소개했다. 아마추어의 세계에 속한다는 것은 스포츠를 차별화된 여가 활동으로 즐길 수 있는 사람들 속에 낀다는 뜻이었다.[199]

가난한 운동선수는 자신의 재능을 이용하여 금전적 이득을 얻으려는 유혹을 받게 마련이다. 아마추어끼리 있기를 바란다는 것은 또한 이런 가난한 사람들과 어울리고 싶지 않다는 뜻이었다. 19세기 말 스포츠 클럽들의 정관定款에는 육체노동자들을 배제하는 조항이 있는 경우가 흔했다. 몸을 쓰는 직업은 진짜 직업profession이 아니라는 이유에서였다. 아무나 받아주는 스포츠 단체에 가입해 있는 사람들 역시 배제되었다.[200]

노동하는 육체는 민법의 바깥에서 고려되었을 뿐 아니라, 아마추어리즘의 바깥으로 밀려났다. 왜냐하면 그 육체는 스포츠에 접근하기 전에 이미 돈에 매수되어 있었기 때문이다. 육체노동자는 자기 몸의 힘을 생계비를 버는 데 사용하기 때문에 아마추어가 될 수 없었다.

로마의 시빌리테는 육체노동이 노예적이기 때문에 불명예스럽다고 가르쳤다. 중세의 서양은 육체노동을 자유로운 인간에게는 어울리지 않는 요소들만 발견되는—몸을 쓰는 데다 금전에 좌우되는—기계적인 기예들 속으로 추방했다. 직업적인 것에 대한 경멸은 어떤 면에서 로마의 시빌리테에 대한 한 사회의 충성을 표현했다. 이런 종류의 경멸이 오늘날에는 직업여성—사랑에 있어서 프로페셔널한—에 대해서만 남아 있다는 사실은, 아마추어의 작품이 일상적인 언어 속에서 "프로의 솜씨"에 비해 평가절하된다는 사실과 더불어, 한 세기 전부터 로마의 시빌리테가 혹독한 공격을 받고 있음을 암시한다.

보디빌딩 혹은 몸 만들기

신체적인 대결에는 무시하기 어려운 미학적 측면이 존재한다. 아름다움은 개인들의 힘을 비교하기 전에 드러나는, 가장 즉각적이고 명백한 신체적 불평등이다.[201]

여기서 우리는 산업화 시대에 전형적으로 나타나는 두 가지 변화를 고려해야 한다.

우선 뚱뚱함에 대한 날씬함의 승리와 여성이 유혹적일 수 있는 나이의 연장은 이상적인 여성상에 혁명을 가져왔다. 아름다움에 대한 이 새로운 정의의 핵심에는 자연에 대한 반발이 있다. 즉 먹는 즐거움에 대한 저항, 그리고 아름다움이란 "어느 아침의 세상만을 경험하는 장미"처럼 쉽게 사라지게 마련이라는 통념에 대한 저항이다. 이는 화장과 머리 손질만으로는 자연의 법칙이 감추어지지 않는 곳에서 벌어지는 진정한 투쟁이다. 신체를 리모델링함으로써 자연과 맞서는 이 투쟁에서, 여자들은 식이요법과 (가장 넓은 의미, 즉 모든 운동을 포함하는 의미에서의) 스포츠, 그리고 20세기 초부터는 미용 클리닉과 성형 수술의 도움을 받는다.

다른 하나는 남성미와 관련된 것이다. 남성미는 오랫동안, 거론할 필요 없는, 나아가 거론하기에 부적절한 주제로 여겨졌다. 하지만 산업화 시대는 매체의 시대이기도 했다. 사진, 종합 일간지, 영화 그리고 텔레비전은 남성에게도 해당될 수 있는 어떤 미학의 문제를 불쑥 제기했다.

광고에 표현된 기업가의 이미지는 한 번쯤 관심을 가질 만한 주제이다. 19세기에는 많은 광고주들이 광고에 자기들의 얼굴을 넣는 것이 좋다고 믿었다. 그 뒤 광고주는 사라졌다가, 최근에 와서 다시 커뮤니케이션 전문가의 통제 아래 나타났다. 이는 계급 간의 신체적 대결에서 남성미가 중요한 자리를 차지함을 암시한다.

남자들에게도 날씬함은 이상적인 아름다움의 주요 요소가 되었다. 여성 스포츠를 본받아 남성 스포츠는 아름다움에 가까워지기 위해서 몸을 다시 만드는 것(**보디빌딩**)을 추구한다. 남성에게 있어서도 미적인 개선은 결국 몸의 구조에 가해지는 근본적인 작용으로 이해되었다. 타고났든 획득되었든, 섬세하고 자유로운 몸은 신체적 고상함의 핵심이 되었다. 그리고 후자는 옷의 고상함에 의해 강조되면서 단번에 정신의 고상함을 표시하는 것으로 여겨졌다. 브뤼멜은 19세기 초반에 이런 혁명을 일으킨 사람이었다.

이 유명한 댄디의 존재는 산업화된 국가들에게 스포츠를 가르쳐주면서 남성미를 발굴한 영국의 역할을 부각시킨다. 브뤼멜은 혁명가이자 남성복의 역사에서 유일무이한 인물이었다. 왜냐하면 그는 남성복 디자인에 결정적인 전환을 가져왔기 때문이다. 더 이상 남성의 몸을 장식하고 꾸며서 감추지 말 것. 완벽한 재단과 어두운 색조로 몸을 강조할 것. 브뤼멜은 귀족적인 전통이 매우 강한 나라에서도 고상함은 사회적 경쟁에 신체적으로 참여하는 하나의 방식이며, 멋진 승리를 거두는 방식이라는 것을 가르쳤다.

사고가 공장 문을 벗어날 때

민법학자들이 기계화가 민법에 영향을 미칠 수 있다는 것을 깨달았을 때, 공장에서는 이미 오래전부터 기계 때문에 수많은 사람이 죽어가고 있었다. 하지만 "사회 문제"에 속하는 문제들이 멀리서 탐지되는 이 산업적인 장소는 시빌리테의 바깥에 있다고 여겨졌다.

기계에 의한 살상이 공장 바깥에서 일어나기 시작하자, 민법학자들은 비로소 민법에 드리워진 위험을 자각했다. 기계화의 문제를 공장 바깥에 위치시킬 수 있도록 19세기 말 어느 부유한 부부가 처한 상황을 상상해보자.

작은 기업을 경영하는 남편은 자신의 작업장에 설치된 기계들에 익숙하다. 엔지니어나 감독만큼은 아니지만, 그리고 노동자들과는 비할 바가 못 되지만, 기계로 인한 사고의 위험에 그 자신도 노출되어 있다. 그의 아내가 사용하는 기계는 재봉틀뿐이다. 그의 어머니는 기계를 전혀 만져본 적이 없다. 그는 철도라는 기계를 통해 대중교통을 발견하고, 이어서 개인적인 이동수단으로 자전거를 마련한다. 최초의 운전사는 여자이지만(마담 벤츠, 1886년), 그의 아내는 아직 운전을 배울 생각이 없다. 대신 모험에 흥분을 더해주는 얼마간의 두려움 속에서 그녀는 남편과 자동차 여행을 떠나는 것을 상상한다. 한편 그의 아들은 비행을 꿈꾼다.

기계가 초래하는 사고는 곧 한 사회의 일상적 현실의 일부가 될 것이다. 그리고 이는 민법학자들의 관심을, 나아가 우려를 불러일으킬 것이다.

산업사회가 민법의 주요 항목들에 의문을 제기한다는 점이 20세기의 첫 30년 동안 분명해졌다. 민법의 재검토는 그 토대에 있는 인격과 물건의 구별을 의문시하는 데까지 나아갈 수 있었다. 실로 사람들은 인간의 의지가 전보다 훨씬 더 자주 물건들의 폭력 앞에 굴복해야 한다는 것을, 그리고 권리의 주체인 인격이 권리의 대상이 될 위험에 놓여 있다는 것을 깨달았다.

물건들의 폭력

로마의 시빌리테는 사물의 힘보다 인간의 의지에 더 중요성을 부여함으로써 문명사에서 결정적인 한 걸음을 내디뎠다. 인격들은 법의 유일한 주체였을 뿐 아니라, 법적 상황의 창조에서도 가장 중요한 역할을 했다. 어떤 법적 문제가 제기되었다면 이는, 일반적으로, 하나의 인격이 어떤 법적 행위를 실현했거나, 혹은 어떤 법적 사실의 기원에 있기 때문이었다.

이 위계는 법의 탈신성화의 결과 중 하나였다. 고전기 이전의 고대 사회들에서 물건들은 신성함을 지닐 수 있었다. 그리고 이 신성함은, 행운을 가져다주든 불운을 초래하든, 언제나 의무들(만지지 말아야 할, 우회해야 할, 공물을 바쳐야 할, 정화 의례를 수행해야 할 의무)을 창조했다. 로마법은 성스러움과 거리를 두면서, 인격들이 물건들의 지배자로 남아 있도록 보장했다. 하지만 이는 로마의 시빌리테를 발전시킨 환경이 급격하게 바뀌지 않는다는 조건에서였다.

그런데 프랑스 민법전의 법적 체계 안에서 물건들의 개입 intervention des choses은 무시할 수 있는 문제가 아니었다. 인간의 의지는 불가항력force majeure의 성격을 띤 자연 현상에 의해 제약될 수 있었다. 게다가 산업화 이전의 사회에서 유일하게 위험한 물건으로 여겨졌던 동물과 건물은 그것을 소유하거나 돌보는 사람에게 책임을 지우면서 손해를 야기할 수 있다고 판단되었다. 하지만 19세기의 저자들은—1880년대까지 만장일치로— 동물과 건물의 행위에 대한 책임은 사람의 과실 추정으로써 설명된다고 믿었기 때문에, 물건들의 개입은 불가항력의 성격을 띨 때만 법적 결과를 수반했다. 그경우 사람은 자신의 의무에서 벗어날 수 있었다.

나폴레옹 법전의 시대에 교통사고의 법적 결과는 민사책임의 일반적 원칙의 지배를 받거나, 동물로 인한 책임의 영역에 속했다. 19세기에 들어와서 끔찍한 철도 사고들이 대중에게 분노와 슬픔을 불러일으켰지만, 법학자들은 사고의 책임에 대해 별다른 관심을 갖지 않았다. 열차가 다른 교통수단보다 안전하다는 것이 곧 밝혀졌기 때문이다. 통계는 철도를 이용하는 승객이 역마차를 이용하는 승객보다 훨씬 생명의 위협을 적게 받는다는 사실을 보여주었다.[202]

사정이 바뀐 것은 20세기의 첫 30년 동안 산업화된 국가들에서 자동차가 사고사의 가장 큰 원인이 되면서부터다. 이 시기에 사망자의 가족과 부상자들은 보상을 받는 데 큰 어려움을 겪었다. 민사 책임의 일반 원칙이 그들에게 운전자의 잘못을 입증하는, 아주 까다로운 일을 부과했기 때문이다.

사람들은 산업재해와 관련해서도 동일한 문제에 직면했다. **물건들의 폭력은 그것에 대해 책임지는 인간의 능력보다 훨씬 강력했다.** 작업장의 기계와 자동차는 민법의 책임 원칙이 파악하지 못하는 객관적인 리스크risque objectif를 만들어내면서 로마적 시빌리테를 둘러싼 환경을 바꾸어놓았다.

이리하여 사람들은 산업 재해를 다룰 때 그랬던 것처럼, 교통사고를 리스크에 기초한 책임 아래 둘 수 있었다. 이는 책임 개념의 소멸을 예고하는 것이었다. 임금노동자의 육체가 자신의 작업 환경 안에서 직면하는 리스크가 있는 것처럼, 자동차 교통이 창조한 환경 안에서 인간의 육체가 직면하는 일반적인 리스크가 있었다.

이 새로운 상황을 감안하여, 도로 교통에 고유한 책임의 체제를 확립하는 하나의 법을 제정할 수 있었다. 이것이 바로 1909년에 독일이, 그리고 1932년에 스위스가 한 일이다. 프랑스에서는 1977년에 앙드레 튕크가 도로 안전을 위한 법 개혁을 제안했다. 새로운 법은 책임의 개념을 사라지게 만들고 보험과 사회보장 제도에 의한 리스크 관리를 확립할 것이다.[203] 그러나 이 기획은 실행으로 이어지지 않았고, 사람들은 여전히 1930년에 확립된 판례적 해결(유명한 장되르 판결)로 만족했다. 이 해결책은 프랑스 민법 1384조에서

(그 편찬자들에게는 낯선 원칙인) 물건들로 인한 일반적 책임의 원칙을 발견한다.[프랑스 민법 제1384조 1항은 "누구든지 자신의 행위로 인하여 발생한 손해는 물론 그의 책임하에 있는 자의 행위 또는 그의 관리영역 내에 있는 물건에 의하여 야기된 손해에 대하여서도 배상책임이 있다"고 규정하고 있다. 이 조항은 우리 민법 제758조의 공작물책임에 대응하는 조항이다. 장되르 판결은 이 조항과 관련된 판례로, 어떤 물건의 작용에 의해서 생겨난 손해는 그 물건이 사람에 의해 조종되고 있었느냐의 여부와 무관하게 그 물건의 관리자가 책임져야 한다고 판시했다]

이렇듯 자동차의 폭력의 돌연한 출현은 민법의 기본 항목을 혼란에 빠뜨렸다. 법의 수정이 새로운 입법을 통해 이루어졌느냐 아니면 기존의 법에서 새로운 의미를 발견함으로써 이루어졌느냐는 중요하지 않다. 자동차가 로마법에서 나온 법체계 안에서 물건으로 인정되었다는 사실만이 중요하다. 이 물건은, 사람에게 속하면서도, 로마적 시빌리테의 기초 가운데 하나인, 사람에 의한 물건의 지배라는 원리에 의문을 제기했다.

그러므로 민법에 대한 최초의 문제 제기의 기원에 있었던 것은 기계와 인체의 동거를 초래한 하나의 생태학적 현상이다. 산업재해에 대한 1898년 법은 법 체계의 최초의 적응 반응이었다. 이 텍스트는 노동법과 사회적 목적을 지닌 여타의 법들을 떠받치는 토대 중 하나이다. 민법으로 말하자면, 자동차에 의한 대량 살상의 시대에 이르러서야 비로소 사람들은 그것을 변화한 생태 환경에 적응시킬 필요성을 느꼈다.

도로 위의 희생자들에 대한 보상이라는 주제는, 기계의 폭력과 몸의 대결이라는 일반적 맥락 속에 등록되면서, 인격이 권리의 대상이 될 수 있느냐는 질문으로 이어졌다.

인격, 권리의 대상?

20세기 들어 수송의 기계화(철도, 항공기, 그리고 무엇보다 자동차)는 여가 활동의 기계화(모터 스포츠, 놀이기구, 장난감, 목공용 연장 등등)와 더불어 기계에 의한 인체 손상의 기회를 증가시켰다. 법원은 이런 종류의 사건들에 파묻혔다. 보험 회사는 점점 더 프랑스인들의 일상에 깊숙이 들어왔다. 전자의 판례와 후자의 약관은 인체와 그것을 구성하는 부분들에 가격을 매길 수 있다는 인상을 만들어내기에 이르렀다. 이는 프랑크 왕국 시대의 야만법의 금전적 타협과 얼마간 유사했다.

1932년, 리옹 법과대학 학장 루이 조스랑은 신체적 통합성을 재산 가치로 변형하는 방향으로의 진화에 맞서서 법학자들에게 경종을 울리는 것이 자신의 의무라고 생각했다. 그는 항공 여객 운송에서 책임면제조항들이 인정됨을 확인했고, 현대식 운송수단, 격투기(특히 복싱), 놀이기구, 방사선 치료, 미용 수술 등으로 리스크 개념이 확장되는 것을 목도했다. 무엇보다 그는 1911년 이후 승객의 안

폭력이 시빌리테를 위협할 때

전을 보장하되 상품 운송 체제를 사람에게 적용하면서 그렇게 하는 파기원 Cour de Cassation의 판례에 격분했다. 그리하여 그는 인간이 "경제적 가치"로 바뀌었고 나아가 "짐짝"이 되어버렸다고 결론지었다. 이러한 진화는 인간을 "물건의 수준"으로 격하시킬 것이다.[204]

루이 조스랑은 앞에서 언급된 다양한 상황들에서 공통 요소를 하나 발견했다: **리스크의 용인.** 그는 산업재해에서, 그리고 교통사고에서 파악된 신체적 리스크가 신체와 기계의 대결에 한정되지 않으며, 산업사회의 폭력이 함축하는 신체적 리스크 전체를 가리킨다는 점을 보여주었다. 그는 신체를 위협하는 기계(자동차, 비행기, 놀이기구, 방사선 치료)의 폭력뿐 아니라 개인들의 신체적 대결(스포츠와 미용 수술)을 목록에 포함시킴으로써 자신의 우려를 정당화한다.

이러한 문제 설정이 대부분 산업적 위험에 대한 노동하는 육체의 노출 속에서 지각되었다는 점, 그리고 **사회 문제**를 고려한다고 여겨지는 입법적 개입 덕택에 수십 년간 민법이 이 모든 것에 거리를 둘 수 있었다는 점은 분명하다. 하지만 **사회 문제**와 무관한 환경에 속하는 사람들도 행위자 혹은 희생자의 자격으로 산업적 폭력에 연루될 수 있음이 확실해졌을 때, 민법학자들은 바야흐로 민법의 내부에서 무언가 근본적인 것이 의문에 부쳐졌음을 인정했다.

1932년의 프랑스에서는 자동차를 소유하거나 비행기를 타거나 미용 수술을 받는 일을 감행하려면 제법 부자여야 했다. 하지만 같은 시기의 미국에서는 스타인벡이 『분노의 포도』(1939)에서 묘사하게 될 저 불행한 사람들 역시 자동차를 소유하고 있었다. 유럽의 제작자들은 그제야 대중차 프로젝트에 착수한 상태였다. 게다가 장터의 놀이기구는 엄밀히 말해 고급 오락이 아니었다. 프랑스에서 1930년대는 사회 보험과 가족 수당이 입법화된 위대한 시대였음을 덧붙이기로 하자. 이 법들은 훗날 산업 재해에 대한 법과 어우러져 프랑스 사회보장계획(1945~1946)을 형성하면서, 오래된 사회 문제를 국민 공동체 전체의 문제로 만들었다. 루이 조스랑의 목록 중에서 아직까지 부자들의 전유물로 남아 있는 것은 성형수술 정도다.

이렇듯, 신체적 리스크가 **사회 문제**의 테두리를 벗어나 민법의 문제가 되어야 했다면, 민법학자들이 이를 깨닫는 것은 신체와 관련된 법률적 문제들이 마침내 진정한 의미의 공공 보건의 의료 행정적 틀에서 제기되는 시대에 들어와서였다. 물론 이 시대에도 부자들은 위생상의 특권을 누렸지만 말이다. 이러한 진화는 1930년에 보건부가 노동부에서 독립했을 때 예고되었다.

생명 자본이라는 교회법적 개념은 (역시 교회법의 직관 속에 깃들어 있던) 공공 보건에 대한 이러한 관념의 부활 속에서, 그 관념과 연결되어 다시 태어날 것이다. 이를 위해서는 인간 재료를 살아 있는 상태로 인간 바깥으로 끌어낼 수 있어야 한다.

그때 민법학자들은 더 이상 몸을 무시하지 못하게 될 것이다.

사실 루이 조스랑의 논문은 몸에 대한 검열이, 그 모든 것에도 불구하고, 여전히 민법의 틀 안에서 작동하는 시대를 묘사한다. 이 텍스트는 신체적인 손상의 문제나 몸의 통합성과 관련된 관례들의 문제를 다루고 있지만, "신체적"이라는 형용사를 결코 사용하지 않으며, "몸"이라는 단어도 겨우 두 번 사용한다. 몸이 처음으로 언급되는 것은 **몸에 의한 제약**, 즉 고대적인 법의 육체화의 마지막 잔재에 대해 이야기해야 했을 때이다. 게다가 이 제도를 거론하는 것은 그것이 상법과 민법에서 사라졌음을 축하하기 위해서이다. 두 번째 언급은 결혼 상태에서 생길 수 있는 몸의 분리, 즉 교회법에서 이혼을 대신하는 제도에 대해 지나가듯 이야기할 때 나온다. 이 제도가 민법에 도입된 것은 단지 가톨릭 신도들을 만족시키기 위해서였다. 하지만 몸과 관련된 관례들이라는 본질적인 문제에 다가갔을 때 루이 조스랑은 "인격", "자연인" 혹은 "신체적 통합성"에 대해서만 논의한다.

민법과 형법이 인격에게 제공하는 보호 뒤에 숨어서, 몸은 여전히 민법학자들의 눈앞에 완전히 모습을 드러내지 않고 있었다. 하지만 그로부터 20년이 채 지나기 전에 민법학자들은 플라스크 안에 든 혈액이 법적으로 무엇인지를 말해야 하는 상황에 놓인다.

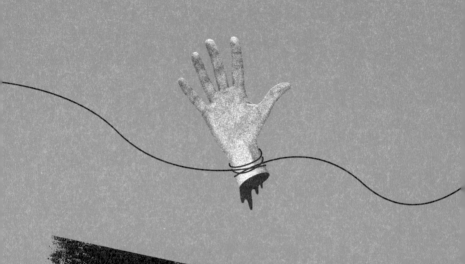

Chapter 14

언젠가, 피가…

혈액의 등장, 이는 민법학자들의 시야 안으로

몸이 만든 이 실체와 성스러움의 조합이 귀환했음을 의미한다.

의학과 외과술, 그리고 생명공학의 진보가 법률가들의 정교한 학설과 통용 중인 법률들, 그리고 판례적 해결을 항구적으로 위협한다는 생각, 이 널리 퍼진 생각을 반드시 버려야 한다. 우리는 민법이 법적 인격이라는 개념을 발명함으로써, 의학이 오늘날 개척하려 하는 탐구의 장을 이미 오래전에 스스로에게 열어주었음을 안다. 생명공학이 법인에 대응하는 무언가를 만드는 것은 아직 한참 먼 이야기다.[205]

　　나는 이 모든 것에도 불구하고 이미 어떻게 생명공학이 민법학자들로 하여금, 사람들이 각자 기질에 따라 극적인 독촉장이나 가슴 뛰는 도전이라고 표현할 만한 것을 경험하도록 만들었는지 보여주었다. 그들은 새삼 몸을 보아야 한다. 이제는 끝이다. 그들은 더 이상 "보고 싶지 않은 몸을 감출" 수 없다. 산업 재해, 수많은 희생자를 낳는 자동차 사고, 그리고 일반적으로 말해서, 공업사회의 온갖 폭력이 법적인 관계들 속에서 다시금 몸에 중요성을 부여했다. 하지만 사람들은 아직 그것을 외면할 수 있었다. 인격의 추상적인 개념에 만족하는 것이 여전히 가능했다. 예를 들면 신체적 손해의 배상과 관련된 관습적인 한계들을 다룰 때 사람들은 몸을 보지 않고, 루이 조스랑이 그랬듯이 "법적 거래 안에 있는 인격"에 대해 이야기하는 데 만족할 수 있었다. 무엇보다 인격이 보호된다는 사실에 의해 몸이 완벽하게 보호되고 있는 마당에 어째서 굳이 몸에 대해 이야기하겠는가?

인간이 자기 몸의 소유자일 거라는 생각은 20세기 이전에도 지지 받았다. 우리는 17세기의 영국 철학(로크와 수평파)에서, 그리고 19세기 독일의 법사상(사비니에게 맞서는 예링)[206]에서 그런 생각과 마주친다. 하지만 그 같은 이론은 실용적인 면에서 큰 영향이 없었다. 왜냐하면 노예, 자살, 그리고 자해 같은, 법에 의해 인격의 지위와 보호가 규정된 영역에서만 그 영향이 고려되었기 때문이다. 인신의 매매는 인격을 예속 상태로 만든다. 자살은 신체적 삶을 끝냄으로써 인격의 소멸을 가져온다. 자해는 인격에 대한 형사상의 보호라는 문제틀 안에 기재되어 있다. 인격과 몸의 구별이라는 문제는 사실상 전혀 제기되지 않는다. 민법학자들에게 몸을 보도록 강요하려면, 의학이 그들을 더 도망칠 수 없는 곳으로 밀어 넣어야 한다. 몸에서 무언가 살아있는 것을 꺼내어, 그들에게 이게 무어냐고 물으면서. 시험관 안의 피, 드라이 아이스 속의 정액, 몸에서 분리된 팔, 이식을 기다리는 장기, 이 중 어느 것도 인간의 인격이라고 불릴 수 없다. 그러므로 두 가지 질문이 생겨난다.

첫 번째 질문: 몸에서 분리된 신체 요소의 법적 지위는 무엇인가?
두 번째 질문: 분리된 신체 요소의 법적 지위는 그 전체성
　　　　　　　속에서 파악된 살아있는 몸의 지위와 동일한가?

사람과 물건을 구별하는 시스템 안에서는 몸에서 떨어져 나온 것이 결국 물건의 범주에 속함을 인정해야 한다면, 우리의 공상-재판에서 제기되는 핵심적인 질문은 이것이다. 몸에서 어떤 요소를 떼어내는 행위는 이 요소의 법적 지위를 변경시키는가? **그 대답이 부정적이라면 우리는 이를 통해 몸이 물건임을 인정하는 셈이다.**

모든 것이 수혈과 더불어, 더 정확히 말하면 피를 몸 바깥에 저장하는 기술의 발견과 더불어 시작되었다. 각막, 신장, 태반 등과 관련하여 정식화될 문제들이 처음으로 제기된 것이 바로 이때였다. 반면 배아의 문제는 전혀 같은 용어로 제기되지 않는다. 이 문제는 몸과 인격의 구별과 무관하며, 언제 인격이 출현하는지, 그리고 그 몸이 배아에 지나지 않더라도 인격에 대해 이야기할 수 있는지가 관건이기 때문이다. 이 문제의 광대함을 인정하면서, 나는 이 책의 논의에 그것을 포함시키지 않았음을 강조하는 바이다.

몸과 관련된 근본적인 법적 문제들이 우선 수혈이라는 맥락에서 제기되었기 때문에 나는 수혈을 내 논의의 중심에 두려고 한다. 기술적 발견의 우연성에 지나지 않겠지만, 혈액은 하필 인간 육체의 요소들 가운데서도 가장 신성시되는 것이기에 더욱 그렇다.

기 증 자 – 구 원 자 의 시 대

영화는 때로 훌륭한 증인이 되어준다. 유명한 <북호텔>(1938)에서 마르셀 카르네 감독은 베르나르 블리에에게 혈액을 기증하여 생명을 구하는 수문 관리인의 역할을 맡겼다. 한 남자가 물에 빠지고, 절망한 한 여자가 손목을 긋는다. 수문 관리인은 급히 생 마르탱 운하로 뛰어들고 병원에 가서 혈액을 기증한다. 사실 당시 수혈을 시술하는 의사들은 급할 때 연락할 수 있는 기증자 명단을 가지고 있었다.

1945년 4월 25일 프랑스에서 처음으로 수혈에 관한 판례가 나오는 것은 이런 상황에서였다. 매독에 오염된 피를 수혈 받은 사람이 의사를 상대로 판매법(숨겨진 하자의 보증에 관한 조항)에 의거하여 소송을 걸었다. 파리 고등법원은 수혈이 피의 판매라는 것을 인정하지 않았다. 수혈은 치료 행위로서, 의사가 환자에게 제공하는 돌봄 전체와 분리 불가능하다.[207]

이 판결의 파장을 측정하려면, 수혈이 어떤 식으로 이루어졌는지를 분명히 해야 한다. 당시 수혈은 의사가 감독하는 센터의 단골 기증자들 중 한 명이 참여한 가운데, 팔에서 팔로 이루어졌다. 재판은 수혈된 피가 아닌, 수혈 행위를 문제 삼았다. 병에 걸린 기증자와 부주의한 의사가 참여한, 처벌해야 마땅한 행위였다는 것이다.

판매법의 적용을 거부하면서 파리 고등법원은 혈액의 법적 성격에 대해서 사실상 말하지 않았다. 수혈이 무엇인지에 대해서만 발언했을 뿐이다. 다른 말로 하면 법원은 물권법의 영역이 아니라, 의사의 직업적 의무들에 관한 법의 영역에 스스로를 위치시켰다. 고발

되었던 것은 피의 품질이 아니라 기증자의 건강이며, 이를 소홀히 여긴 의사의 경박함이다.

법률가들의 시각 체계는 아직 인간의 혈액을 인식하지 못했다. 짧은 노즐을 통과하여 기증자의 팔에서 수혜자의 팔로 빠르게 옮겨가면서, 피는 아직 법적 무대 위에 등장하지 않았다. 성관계가 정액의 증여라는 생각은 아직 누구의 머리에도 떠오르지 않았다. 이 생각은 팔에서 팔로의 수혈이 피의 기증이라는 생각과 동일한 논리에 속한다.

1945년 4월 25일의 판결은 의학적 책임의 영역에서는 유용할 수 있다. 또 구조 행위가 구조되는 사람에게 손해를 끼치는 상황을 가정했을 때 유용할 수 있다. **하지만 이 판결은 피의 법적 성격을 정의할 때 전혀 원용할 수 없다. 이렇게 된 이유는 법률가들에게 살아 있는 피가 아직 존재하지 않았기 때문이다.**

피, 자기가 무엇인지 자백하지 않는 물건

1940년대가 지나가는 동안 사람들은 피를 인체 바깥에 보관하는 기술을 발견했다. 피가 이식을 기다리는 살아있는 진짜 조직으로서, 기증자의 몸이나 수혜자의 몸과 구별되는 법적 존재를 갖게 되는 것은 이 순간부터이다.

인체 바깥에 보관된 혈액과 더불어, 민법학자들은 처음으로 배

언젠가, 피가…

설물도 아니고 (모유처럼) 음식도 아닌 인체 생산물의 법적 지위에 대해 발언하게 되었다. 하지만 여전히 숙고할 기회를 포착하는 법을 알아야 했고, 불편한 질문을 던질 용기를 가져야 했다.

1952년 7월 21일 법

수혈에 관한 법이 탄생했을 때 핵심적인 문제들이 해결될 수도 있었을 것이다. 이 법의 제정은 혈액의 법적 성격에 대해 고찰할 최상의 기회처럼 보였다. 그러한 고찰은 몸이 인격과 구별되는 법적 실재가 되었음을 발견하는 데로 이어질 수도 있었을 것이다. 실제로는, 입법자가 제공한 해결책이 너무 훌륭해 보였기 때문에 법 학설적 권위는 피의 실체에 대한 질문을 던지지 않았다. 프랑스의 1952년 11월 21일 법(공공보건법 666조와 667조)은 수혈에 관한 세계 최초의 법으로서, 피의 무상성 원칙과 혈액 및 그 산물의 분배에 있어서의 비영리성 원칙을 확립했다. 이 법은 또한 이 영역 전체에서 다양한 조직들을 아우르면서 수혈 센터의 관계망을 만들었다. 병원 행정에 종속된 조직들이 있는가 하면, 1901년 법의 체제 아래 있는 비영리단체들도 있었다.

이처럼, 1952년 법에서는 혈액 및 혈액 생산물의 채취와 보관, 변형, 그리고 분배에 관한 것이든, 아니면 이런 조작들을 독점적으로 수행하는 기관의 법적 지위에 관한 것이든, 모든 것이 상업적 이윤을 금지하는 방향으로 만들어졌다.

1952년 법은 혈액의 존재를 법적 장 안에 등장시켰다. 의사와 윤리학자는 이를 칭찬했다. 법률가는 칭찬의 릴레이에 기여하면서도, 몸의 신성함 중에서도 가장 숭고한 것의 돌연한 출현 앞에서 물러서는 몸짓을 했다.

법률가들의 세계에 대한 인류학적 관찰

프랑스의 기성 법률가들이 피에 대해 발언해야 했을 때, 그들은 라틴어를 쓰기 시작했다. 프랑스 법해석이 이 주제에 있어서 기본적인 참고 문헌으로 간주하는 르네 사바티에의 논고는 『데 상귀네 유스』 *De Sanguine Jus* (혈액법)라는 제목을 달고 있다. 그리고 이 논고는 피와 관련된 권리를 지시할 때 '유스 데 상귀네' *Jus de sanguine* (혈액의 권리)라는 표현만 쓴다.[208] 석학의 고상함일까? 제도화된 지식의 세계를 인류학적 관찰에 굴복시키는 것이 부적절하다고 생각할 때만, 이런 설명에 만족할 수 있을 것이다.

사실 민법학자들에게서 고대의 제식 언어가 다시 나타났다는 것은 1950년대 초의 법률가들이 어떤 사건의 관찰자이기 전에 행위자였다는 점을 보여준다. 라틴어의 재출현은 그들이 무언가를 감지했지만 이해하지는 못했음을 뜻한다.

혈액의 등장, 이는 민법학자들의 시야 안으로 몸이 만든 이 **실**

體와 성스러움의 조합이 귀환했음을 의미한다. 1952년의 입법자가 그랬듯이 프랑스 법의 독트린은 원시적인, 혹은 이국적인 사회들의 터부를 다시 발견했다. 이는 혈액의 터부로서, 제식 언어의 사용을 설명할 뿐 아니라,—학문적으로 더 심각한 부분인데— 혈액과 관련된 것을 일상적인 법적 어휘를 사용하여 규정하기를 거부하는 검열, 입법자의 태도와 학설과 판례의 협동 속에서 생산된 이 검열을 설명한다.

프랑스와 테레는 피가 의무의 대상이 되는 것만으로도 계약이 그 일상적인 특성을 상실하는 데 충분하다고 지적한다. 그는 수혈에 대한 법이 공포되고 나서 5년 뒤에 인쇄된 자신의 박사논문에서 이 결정적인 부분을 적시했다. 명명된 것과 명명되지 않은 것의 전문가로서 테레는 그의 논문에서 명명할 수 없는 것에 직면했던 듯하다.

> 판사들은 판매에 관한 민사 규정 les règles civiles을 인간 혈액의 공급에 적용하는 것에 거부감을 보인다… 의무의 대상은 판매라는 성격 규정을 혐오한다.[209]

당시 아주 젊은 연구자였던 프랑스와 테레는 법적 담론 안에 있는 어떤 비정상성을 감지했던 것 같다. 법적인 사유 안에서 "거부감"이나 "욕지기", "그 모습, 냄새, 촉감을 참을 수 없는 무언가가 불러일으키는 생생한 역겨움"(『로베르 사전』에 나오는 "욕지기"의 정의)이 도대체 무엇을 하고 있는 것일까? 그런 어휘는 민법에게 생소한 것이다. 그것은 터부와 금지의 언어이다.

르네 사바티에—민법학자들은 그를 1952년 7월 21일 법의 가장 뛰어난 분석가로 인정했다—는 무언가 특이한 것이 일어났음을 감지했다. 하지만 그는 검열의 토대에 있는 야생적인 성스러움을 알아보지 못했다. 그는 문명의 위대함에 대한 법학자들의 도그마를 부정하지 않으면서, 기독교적 종교성과 "교황의 회칙과 자연적인 인간성의 화합"를 막연히 참조하는 것 이상으로 나아갈 수 없었다.

한편으로 이것은 흥미로운 비교였다. 혈액을 공유하는 것—사바티에는 이를 "공공 서비스"의 일종으로 보았는데—은 교회가 관리하고 있다고 자부하는 "피의 보물"과 관계 맺는 것이었다. 에른스트 칸토로비치의 저작이 프랑스에 더 잘 알려졌더라면, 헌혈의 윤리를 애국적인 희생과 연결하는 1954년 4월 14일 법이 서구적 교의 안에 얼마나 깊게 뿌리박고 있는가를 보여줄 수 있었을 것이다. 이 법은 1944~1945년에 태어난 세대가 군복무를 하지 않았기 때문에 "필요에 따라 군에서의 수혈 용도로, 또는 공공 보건의 목적으로 혈액을 채취하는 데 응해야 한다"고 규정한다.

가톨릭교회를 참조하는 것은 그러므로 완벽하게 정당화된다. 하지만 우리는 또한 지배적 종교를 넘어서 유일하게 터부와 검열을 설명할 수 있는 원시적 성스러움을 상기해야 한다. 이 검열들 중에서 첫 번째이자 가장 중요한 것은 **피가 물건이라는 사실을 완강하게**

인정하지 않는 것이다.

피가 무엇이 아닌지 아는 데 만족하기

사바티에에게는 1952년 법을 지배한 공리를 밝히기란 "쉬운" 일이었다.

> 모든 것이 인간의 혈액은 상품이 아니라는 규정에서 파생한다.

법, 법해석, 그리고 판례는 이처럼 부정적인 정의에서 출발하여 혈액에 대한 법을 확립할 것이다. **사람들은 피는 상품이 아니라고 앞다투어 말할 것이고, 그것이 물건임을 시인하는 것은 불가능해보일 것이다.** 이렇게 피가 물건임을 은폐한 뒤에, 사람들은 그것을 팔수 있다는 사실 역시 숨길 것이다.

입법자와 법조계의 기성세력이 얼마나 세심하게 피의 판매를 완곡어법과 생략 뒤에 감추었는지 보기로 하자. 피, 혈장 그리고 혈액 부산물들은 "비용 부담을 조건으로 한 인도"의 대상이 될 수 있으며, "시술 비용"이 있고, "양도 요금"이 정해지며, 어떤 혈액 생산물들은 "약국에 기탁된다." 사바티에는 혈액의 부산물은 다양한 변형을 거쳐 약국에 기탁된 일종의 약이 될 수 있다고 쓴다. 하지만 그는 그 약들이 "상업적이거나 민사적으로 팔릴" 수 있음을 인정하지 않는다.

상업이라는 말은 이윤의 추구를 함축하므로, 피는 상업적 판매의 대상이 될 수 없다는 것을 (잠정적으로) 인정하자. 하지만 이윤을 남기지 않는, 심지어 손해를 보는 개인 간 판매는 얼마든지 상상 가능하다. 판매라는 성격 규정의 거부를 정당화하기 위해 사바티에는 입법자가 이 단어를 쓰지 않았다는 사실을 내세운다. 마치 입법자가 그 말을 빼먹었으면 어떤 물건을 어떤 가격에 양도하는 행위를 판매라고 말하는 것이 금지된다는 듯이 말이다. 그는 또 1945년 판결을 방패막이로 삼는다. 그런데, 이 판결 이후 혈액을 둘러싼 상황이 근본적으로 바뀌었다는 점을 강조할 필요가 있다. 보관 기술 덕택에 피는 법적 존재로 다시 태어났다. 반면 1945년에는 피가 아니라 의료 행위와 구조 행위가 문제였다. 생명공학이 혈액을 인체와 구별되는 권리 대상으로 만들었을 때부터 이 판결은 아무 의미가 없어졌다. 혈액의 **실체**를 인정하지 않으려 했기 때문에 사바티에는 우리가 혈액에 대한 소유권을 가지고 있다는 점을 부정하면서도 동시에 혈액이 증여의 대상이 될 수 있다고 주장해야 했다는 점을 덧붙이기로 하자. 마치 자신이 소유하지 않은 물건을 증여하는 것이 가능하다는 듯이 말이다. 『데 상귀네 유스』는 그럼에도 프랑스 법해석의 기본적인 참고문헌으로 남았다.

법적 분석으로서는 크게 비판받아 마땅하지만, 이 논고는 귀중한 인류학적 자료이다. 결정적으로, 그 비일관성은 말하자면 인간의 법에 젖어 있는 인간 존재의 몸을 보는 것에 대한 본능적인 거부를 잘 숨기지 못한다. 어느 저명한 법률가의 반응이 혈액을 기증하는 대중의 반응과 모든 점에서 일치한다는 사실은 의미심장하다. 대중은 **몸은 신성하므로 피는 상품이 될 수 없고, 따라서 헌혈은 법적인 행위가 아니라고 생각했다.**[210]

그들에게는 성스러움을 신체적인 물건 속에서 인정하는 것이 몸을 인권의 영역에서 제외하는 것으로 귀결된다. 법적 행위에 대한 이런 거부를 끝까지 분석하면 '희생'이라는 관념에 대한 집착이 발견된다. 어원적으로 희생 sacrifice 은 성스러움 le sacré 의 조작과 관련되어 있다.

그런 태도는 무한히 존경스럽다. 사업 감각을 별로 갖고 있지 않은 사람들에게서 나타난다면.

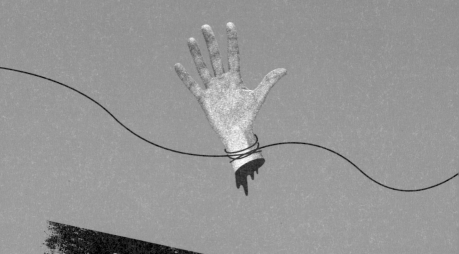

Chapter 15

혈액 사업

피의 대가라는 말이 지닌 연극적인 함의를 우선 상기하자.

이는 우리가 성스러움의 영역으로 발을 들이고 있으며,

아주 쉽게 제의적인 어조와 어휘를 쓰게 되리라는 것을 알린다.

생명기술의 진보가 다시 한번 몸을 주목의 대상으로 만들었을 때, 민법학자는 평범한 헌혈자와 다를 바 없이, 성스러움에 경외를 느끼는 사람처럼 반응했다. 그러는 사이 인체 생산물은 산업사회의 상업적 논리 속으로 들어갔다. 헌혈자에게 '기증'은 일종의 헌신으로, 군인의 애국적인 희생이나 그리스도 및 순교자들의 행위와 비교되곤 한다. 헌혈 단체들은 이런 신비화 덕택에 활기를 얻는다. 이 단체들의 로고에는 종교적이고 군사적인 영향(십자가, 깃발, 장식)이 혼합되어 나타난다.

하지만 이 증여는 소유권의 이전을 초래한다. 피를 흘리기로 결정한 사람은 그 피의 소유자이다. 1952년 법 이전까지 그는 그 피를 가지고 원하는 것을 할 수 있었다. 보관하거나, 버리거나, 그걸 가지고 글씨를 쓰고 그림을 그리거나 아니면 먹거나, 주거나, 팔 수 있었다. 수혈에 관한 법이 생기면서 혈장과 혈장 분획 제제는 "의료적 통제 아래서 엄격하게 치료적인 목적으로만 사용할 수 있"(보건법 666조)게 되었다. 이 조항을 엄격하게 적용하면—이는 제삼자가 개입할 때만 가능한 일인데— 피를 가지고 법이 정한 의료 행위 외에는 아무것도 할 수 없다. 그렇더라도, 사람들은 여전히 피를 뽑아서 보관하거나 버릴 수 있다(이는 "피의 사용"이 아니라 처분 권력의 문제다). 피 흘리는 사람은 그가 흘린 것의 소유자이다. 그리고 바로

혈액 사업

이 때문에 그는 피를 기증할 수 있는 것이다. 그는 처분 행위를 한다. 수집을 목적으로 한 채혈을 허락하는 것은 결정적이고도 유보 없는 포기로 해석될 수 있다. 그때부터 피는 어떤 메커니즘 안으로 들어가는데, 그 안에서 피는 공업적 생산품이 되며, 사람들의 주장과는 반대로 상품이 된다.

존경할 만한 상업성 vénalité

어떻게 혈액 제품들이, 공식적인 부인에도 불구하고, 그야말로 상품이 되고 있는지 이해하려면, 그리고 또 어째서 상품화되지 않은 혈액 제품의 분배에 있어서 이윤의 부재를 의심하는 것이 정당한지 이해하려면, 먼저 전문직의 세계에 고유한 전통, 특히 의학계에 살아 있는 전통을 살펴보아야 한다. 이 전통은 무상성의 명예로움을 강조하면서 사례를 받아 부자가 되는 것으로 귀결된다. 헌혈의 무상성 원칙의 기원은 이 심오한 양가성에서 찾아야 한다.

의사에게 사례하기

리트레의 『프랑스어 사전』에 따르면, 사례금 honoraire은 로마에서 "도시의 새로 지명된 행정관이 자신에게 주어진 명예에 감사하는 의미에서 내놓아야 했던 금액이다." 그러니까 사례금은 원래 자유직profession libérale을 맡은 사람이 받는 돈이 아니라 지불하는 돈이다. 자유직은 자유인에게 어울리는 직업으로, 너그러움libéralité이 요구되는, 다시 말해서 돈이나 현물로 너그럽게 베푸는 것이 기대되는 직업이다. 사례금에 대한 이와 같은 정의가 어떤 전문 직업인이 부를 쌓는 것을 정당화하는 결과로 이어지는 현실은 자유직의 세계monde libéral와 돈의 관계를 지배하는 위선을 아주 잘 요약한다.

중세 유럽은 의학을 자유로운 기술art libéral로, 즉 로마식의 정의에 따르면, 자유인이 맡을 만한 기술로 만들었다. 이는 의사는 손으로 일하는 사람도, 돈을 벌려고 일하는 사람도 아니라는 뜻이다. 자유로운 기술의 세계는 기계적 기술(즉 육체노동자의 기술)과 대립한다. 후자는 농부, 수공업과 상업에 종사하는 임금노동자와 자영업자를 포함한다. 이렇게 자유로운 기술 속에 포함되기 위하여 의학은 (육체노동인) 외과술이나 (육체노동이자 돈벌이인) 제약업과 분리되어야 한다.

중세의 원칙은 자유로운 기술은 무상으로 발휘되어야 한다는 것이다. 이것은 청빈의 이상과는 거리가 멀었다. 자유로운 기술을 발휘하는 자는 금전적인 걱정에서 벗어나야 하며, 또 벗어나 있을 거라고 추정되었다. 충분한 재산을 가지고 있든지, 아니면 그의 지위가 일정한 소득을 가져다주든지(성직록이나 어떤 임명직의 보유). 임금노동은 자유로운 기술과 양립할 수 있었다. 뿐만 아니라, 자유로운 기술직의 전형은 월급을 받는 것이 일반적이었던 대학교수직이었다. 무엇보다 의학박사는 19세기까지 교수로 간주되었다. **자유로운 기술을 규정하는 것은 활동의 지적 성격이었지, 그것을 수행하는 사람의 경제적 독립성이 아니었다.**

원칙을 떠나 실천을 들여다보면, 의사들이 돈을 받는 법을 일찌감치 알았음이 확인된다. 16세기 초에 에라스무스는 『우신예찬』(33장)에서 신학자들의 가난과 의사들의 유복함을 비교한다.

산업사회에서 자유직의 개념은 다음 두 요인의 영향으로 완전히 변질되었다: 이전에는 저속하게 여겨졌던 직업의 승격과 "자유로운"libéral이라는 형용사의 경제적 의미.

한때 육체노동이었거나 금전을 추구한다는 이유로 멸시받은 직업들이 자유직이 되는 한편, 대학교수직을 비롯한 몇몇 직업들이 자유직의 명단에서 지워졌다. 외과의사와 약사가 자유직에 들어가게 된 것은 보건전문직의 사회적 프로필을 완전히 바꾸었다. '지적 활동'이라는 배제적 조건이 사라지자, (안마사, 물리치료사, 발 치료사에 이르기까지) 신체에 개입하는 수많은 직업이 자유직을 자처했다. 약사로 말하자면, 1777년까지 프랑스에서는 이 직업이 식료품점 상인과 비슷하게 취급되었고, 그것의 승격은 상업적 이윤의 추구조차도 이제는 자유직의 개념과 화해할 수 있음을 뜻했다. 이리하여 사람들은 육체노동이면서 금전을 추구하는 자유직의 개념을 수용하기에 이르렀다. 혈액 제품의 분배에서 이윤이라는 동기를 배제해야 한다고 주장하는 시스템에서 약사의 개입은 치명적인 약점으로 남을 것이다.

사실 18세기에서 19세기로 넘어가는 시점에 새로운 전문직들의 사회적 수용은 자유주의적 개인주의의 확산과 짝을 이루고 있었다.[211] 사람들은 그 본성상 자유로운 직업에 대해 점점 더 적게 이야기하고, 자유로운 수행의 대상인 직업에 대해 주로 이야기할 것이다. 오늘날 일상적인 용법에서 '자유직'의 의미는 완전히 변질되었다. 사람들은 그것을 비상업적인 직업이라는 회계 범주와 동일시한다. 1989년에 한 실용적인 가이드가 160개의 직업을 자유직으로 분류하고, 그 안에 산악 안내인, 모델, 심지어 매춘부를 포함시켰다는 사실에 놀라서는 안 된다.[212]

이런 맥락에서 '자유'는 자유로운 인간이 종사하는 일의 본성(지적 활동)을 더 이상 가리키지 않는다. 그것을 수행하는 사람의 경제적 독립성을 지시할 뿐이다. 이리하여 환자가 의료 활동에 대해 돈을 지불하는 것, 혹은 더 역설적이지만, 준공공적인 사회보장 기관이 그렇게 하는 것은 의학이 자유로운 직업이기 위한 조건이 되었다. 개념의 이러한 변형은, 그 논리를 끝까지 좇는다면, 배운 사람이자 특권적인 상인인 약사를 자유전문직의 더없이 훌륭한 대표로 만든다.

하지만 보건전문직은 돈을 받는 게 아니라 "사례"를 받는다. 이는 돈을 받되 무상성에 기초한 윤리를 추억하면서 그렇게 한다는 뜻이다.

헌혈자에 대한 보상

의사에 대한 사례와 혈액의 **양도 비용** 사이에는 헌혈자들에 대한 보상이라는 연결 고리가 있다. 프랑스에서 헌혈자들은 1940년대까지 돈을 받았다.

만일 우리가 혈액을 몸 밖에 저장하는 데 성공하지 못했다면, 우리는 혈액에 대한 권리 대신에 혈액 제공자의 권리에 대해 논의했을 것이다. 다시 말해 어떤 물건의 법적 지위에 대해 질문하는 대신, 어떤 범주의 사람들의 법적 지위에 대해 질문했을 것이다. 이는 수혈에 관한 1952년 7월 21일 법(공공보건법 666~677조)이 통과되기에 앞서 의회에서 벌어진 논쟁에서 확인된다.

> 물론 어떤 헌혈자는 보상을 받을 것이다. 하지만 그 보상은 신선한 피를 기증한 사람, 밤이든 낮이든 아무 때나 불려와서 팔에서 팔로 하는 수혈을 한 사람에 국한된다. 그에게 주어지는 보상은 피의 대가가 아니고, 응급 전화를 받음으로써 생겨난 번거로움과 소득 활동 기회 상실의 대가이다. 실제로 사람들은 아직도 빈번하게 직접 수혈에 의존한다. 그래서 팔에서 팔로 수혈을 하는 데 신선한 피를 기증할 사람이 자주 호출된다. 이런 이유로 가족, 인구, 공공 보건 위원회의 몇몇 위원들은 이 법의 적용을 위한 공공 행정 규정들을 만들 때, 앞서 말한 혈액 기증자들의 지위를 검토하여 그들을 보호하고, 타락한 혈액 매매가 자리잡는 것을 막을 수 있기를 바랐다.[213]

이 대목은 이중적으로 흥미롭다. 한편으로 그것은 어떻게 수혈의 법적 체계가 사람에 대한 법에서 재산에 대한 법으로 옮겨갔는지 보여준다. 하지만 그 이상으로 이 인용문은 의료적 무상성이라는 신화의 연장 속에 피의 무상성 신화를 기입하는 이 여정에 어떤 지점을 표시한다.

의사의 사례비는 보상의 의미를 지닐 수도, 감사와 존경을 표시하는 전통적인 선물의 의미를 띨 수도 있지만, 어느 경우이든 그 돈은 의료 행위의 대가로 간주되지 않는다. 팔에서 팔로 피를 제공한 사람들은 우선 의사의 협력자였고 그들의 행위는 의료적 윤리의 틀 안에 있었다. 의회가 토의한 바에 따르면, 기증자에 대한 보상은 "피의 대가"가 아니었다. **피의 대가**라는 말이 지닌 연극적인 함의를 우선 상기하자. 이는 우리가 성스러움의 영역으로 발을 들이고 있으며, 이 문제를 평온하게 다룰 수 없으리라는 것을, 아주 쉽게 제의적인 어조와 어휘를 쓰게 되리라는 것을 알린다. 무엇보다 이 피의 대가라는 말은 그것이 물건의 판매가 아니라 사람에 대한 보상과 관련되어 있음을 시사한다. 적지 않은 기증자들이 수혈 덕택에 추가적인 소득을 올렸겠지만, 이를 따지는 것은 분명코 부적절할 뿐 아니라 신성모독적이었으리라.

의회의 제안에도 불구하고, 공적인 지위를 가진 기증자의 범주, 직업적 소방관이나 민간의 안전을 위한 구조대의 지위에 근접한 범주는 인정되지 않을 것이다. 1952년 법은 헌혈을 도덕적 의무와 애국적 희생 사이에 있는 어떤 매개적인 것으로 만들었다. 여기에 피의 대가에 대한 신성모독적 언급이 불러일으키는 거부감이 덧붙여지면서, 모든 것이 다음을 가리키고 있었다. 즉 사람들은 헌혈을 재정적으로 지원하는 문제에 평온하게 접근할 수 없었다는 것이다. 혈액 연구가 몸의 복합성과 양가성을 드러내는 하나의 탐구의 시초에 지나지 않았기에 특히 그랬다.

상업성의 신체적 지형학

나누어질 수 없는 것을 가리키는 개인individual의 개념은 인간의 몸이 어떤 의미에서 하나의 단순한 덩어리라고 말하려는 듯하다. 몸을 침범하는 모든 것은 또한 몸의 신성성을 범하게 된다고 말이다. 하지만 사실 인체 생산물에 대한 법은 인체의 조합적인 성격을 보여준다. 이 점을 분명히 함으로써 우리는 또한 몸의 **실체**를 확인하면서, 신체적 성스러움의 윤곽을 더 잘 파악할 수 있다. 마르셀 엘리아데의 분석에 의하면, 몸은 집이다. 다시 말해 하나의 영토이다. 종교적인 관점에서 영혼의 보금자리이며, 법적인 관점에서는 인격이 일상적으로 머무는 곳이다.

기독교 교의는 영혼이 몸 전체에 있다고 주장했지만, 이 이론을 끝까지 밀어붙이지는 않았다. 남근phallus이라는 사악한 기관을 빼놓았기 때문이다. 남근은 악의 지형학의 은유적 의미에서 포착되어야 한다.[214] 게다가 영혼의 자리를 지정하고자 했던 문화들은 언제나 피를, 그리고 큰 혈관이 지나가는 장기들을 특권화했다. 어느 쪽이든, 영혼은 거의 어디에나 있다. 하지만 모든 곳에 있지는 않다. 아무튼, 영혼이 거함에 의해 명시적으로 정당화되든 아니든, 신체적 성스러움의 정수가 피 안에 있다는 믿음은 종교적 감정에서 상수로 나타난다.

양극단: 피와 배설물

인체 생산물의 위계는 성스러움에 대한 지리학적 접근이다. 피가 인체의 성스러움의 지고의 표현이라면, 배설물은 몸 안에 더러움을 위한 자리 역시 있다는 것을 상기시킨다. 대변은 노골적으로 물질의 세계를 지시한다. 돈이 지배하는 세계, 이윤이 생명력인 세계를. 인간은 물질세계에 자신의 시신을 제공하기 전에, 이 세계를 살찌우기 위해 규칙적으로 배설물을 바친다. 그러므로 배설물은 돈이다. 정신분석학자들은 이런 동일시에 익숙해져 있다.[215] 게다가 이것은 위생학자들의 주요 주장이기도 하다. 위생학자들은 이윤이라는 떡밥을 활용하여 산업사회를 자기 오염에서 구하려는 열정을 예증하면서, 각종 출판물에서 (재활용 가능한 모든 것을 열거해가며) 지치지 않고 이 주장을 되풀이한다.

상업화되지 않을 자격이 있는 것

인체 생산물들의 미묘한 위계는 배설물과 피라는 양극단 사이에 존재한다. 하지만 각각에 라벨을 정확하게 붙이기는 쉽지 않다. 다양한 기준에 의해 서열이 바뀌기 때문이다.

우선 가장 오래된 기준으로 물건의 성스러움이 있다. 오늘날 이는 살아있는 것에 대한 존중으로 나타나며, 피-정액의 쌍의 지배를 확립한다(기준 1).

그리고 현대적인 분류가 있는데, 이 분류는 어떤 성스러움도 참조하지 않으며, 어느 정도 재생 가능한 것들의 생리학적-경제학적 기준에 스스로를 한정한다(기준 2).[216]

또 세 번째 분류가 있다. 이는 앞의 둘 사이에 위치하며, 인격에 대한 침범을 특히 초상권의 관점에서 고려한다(기준 3).

상이한 기준들의 접합은 지극히 미묘한 결과들을 낳는다. 이 결과들은 단일한 기준에 의한 중재를 거부한다. 그 기준이 살아있는 재료에 대한 경의라 하더라도 말이다. 예를 들면 잘라낸 손톱 조각은 거의 배설물로 취급되고 어떤 위계 안에서도 자리를 발견하지 못한다. 반면 뽑힌 손톱 전체는 기준 1과 기준 2로는 분류하기 어려우나 기준 3의 관점에서는 귀중하다(손톱이 새로 나올 때까지 제기되는 미학적 문제들). 잘린 머리카락 역시 처음 두 기준으로는 분류하기 어려우나, 세 번째 기준으로는 아주 중요한 위치를 차지한다. 머리카락과 인격과의 관계는 미적인 문제를 넘어선다. 머리카락은 전사의 트로피의 일부가 될 수 있고(적의 머릿가죽), 유혹자의 전리품이 될 수도 있으며, 사랑하는 이의 귀중한 유품이 될 수도 있다. 그래서 20세기 초까지 매우 흔했고, 가발의 제조에 기여했던 머리카락의 판매는 젊은 처녀들 사이에서 최후의 수단으로 남겨두어야 하는, 일종의 매춘으로 여겨지곤 했다.[217]

두 형태의 생명의 액체가 발견되는 곳

인류학과 종교사는 정액이 언제나 피와 유사하게 취급되어왔음을 보여준다. 이 둘에 대한 금기는 동일하며, 보통 결합되어 나타난다. 게다가 피와 정액은 동일한 방식으로 법학자들의 주의를 끌 운명이었다. 피의 권리 이전에 수혈의 권리가 있었고, 정액의 권리 이전에 생식의 권리(또는 적어도 이 주제와 관련된 사법적 신문訊問)이 있었다. 즉 그들은 인체의 산물을 보기 전에 먼저 인간의 활동을 지각했다.

하지만 혈액의 증여와 정액의 증여를 비교해보면 전자는 구조 행위지만 후자는 성교나 수음을 필요로 하며 쉽게 간통죄와 연결된다는 점에서 커다란 차이가 있다. 교회법과 가톨릭 국가들의 판례는 정액의 증여에 적대적이었다.[218]

1940년대에 발견된 혈액과 정액의 보존 기법은 이 인체 생산물들에 고유한 법적 존재를 부여했다. 법학자들은 전자에 이어 후자를, 제의적인 신중함과 더불어 맞이했는데, 이러한 신중함은 어떤 성스러움의 존재를, 그것을 인정하지 않으면서도, 가리키고 있었다. 정액이 피에 뒤이어 목적에 따른 특정 계약 specific contract by their purpose의 대상이 될 수 있다는 것이 이렇게 해서 인정되었다.[219] 우선 정액이, 그리고 이어서 유전 물질 전체가, 피와 동일한 범주로, 즉 가장 강력하게 성스러움이 각인된 인체 생산물의 범주로 분류되어 법적 무대 위에 출현했다.

알부민에 의한 증명

알부민의 법적 지위는 인체 생산물을 생물학적 관점에서만 분류하겠다는 의지의 표명에도 불구하고, **상업화 가능한 인체 생산물은 언제나 신성함의 위상학에 의해서 정의된다**는 사실을 분명하게 보여준다.

알부민은 피에서 추출되었느냐 아니냐에 따라서 법적 지위가 달라진다. 동일한 인체 생산물이어도 피에서 추출한 것은 상업화될 수 없지만, 태반에서 얻은 것은 상품이 된다.

태반은 유전 공학에서 중요한 역할을 하는 인체 생산물이다. 그 생리적 성질은 피와 비슷하지만, 프랑스 법에서 폐기물의 법적 지위를 갖는다. 즉 피보다는 배설물에 가깝다. 이런 취급상의 차이를 설명할 수 있는 것은 하나뿐이다. 우리의 문명은 태반에 한번도 성스러움을 부여한 적이 없다는 점이다.

태반을 둘러싼 법적 문제에 접한 법학자들은 망설임을 버리고 냉정하게 이 인체 생산물을 계약법 안에 포함시키는 일에 착수한다. 거기서 태반은 다른 물건과 똑같이 취급된다. 그것을 포기할 의사가 있었느냐가 관건이다. 법학자들은 신생아의 태반을 그 아이를 법적으로 대표하는 자가 팔 수 있게 하는 것이 합리적이라고 말한다. 그 대표자는 "아이가 받을 재산을 최대로 불릴" 의무가 있기 때문이다 (하지만 그가 판매금을 아이 이름으로 된 저금통장에 넣어야 하는지는 이야기하지 않는다!). 한편 그들은 윤리적 반대의 가능성을 상기시킨다.

오히려 사람들은 그 재산이 노력 없이 우연히 소유하게 된 것이라는 점에 대해 윤리적인 반대를 제기할 수 있다.[220]

이러한 조심성을 비웃으면 안 된다. 이 구절은 윤리에 대한 언급이 이번만큼은 인간의 존엄성이라는 관념 뒤에 간신히 숨어 있는 신성성을 이야기하기 위함이 아님을 알려준다. 실로 문제는 부의 축적을 도덕적으로 정당화할 방법을 발견하는 것이다. 이리하여 태반은 신체의 상업성의 위상학 속에서 배설강 옆에 자리잡는다. 사람들은 거기서 마음 놓고 돈벌이를 할 수 있다. 그런데 태반에는 마침 알부민이 풍부하다.

알부민은 제약 산업이 집요하게 요구하는 생산물이다. 그럼 이

것은 상품인가? 프랑스의 법학자들은 동일한 알부민이라도 태반에서 나왔으면 상품이지만, 피에서 추출되었으면 상거래에서 엄격하게 배제되어야 한다고 단언한다. **인체 생산물에 관한 우리의 법이 근대적 생리학보다는 야만의 신성성에 더욱 가깝다**는 사실을 이보다 더 강력하게 논증하는 것은 없다.

사업가들은 이런 시스템에서 아주 빨리 균열을 감지했다. 핏 속의 알부민을 상업화할 수 없었으므로 그들은 태반 알부민을 상업화했고, 나중에는 산과 병원들과 협약을 맺었다. 프랑스의 거대 연구소들은 충분한 알부민을 모아서 수출하기에 이르렀다. 그 연구소들 중 하나는, 알부민을 어디서 추출했는지 따지지 않고 혈액 제품과 동일하게 취급하는 덴마크의 입법에 가로막혀서, 자국의 정부에게 개입을 요청한 바 있다.[221] 덴마크가 프랑스산 태반 알부민을 받아들이도록 해달라고 말이다. 국제 무역은 혈액에는 가격이 없다는 원칙을 고수하는 다양한 의례들을 고려해야 한다.

피의 값

혈액에 가격이 있다고 인정하는 것은 혈액에서 유래한 신체적 물건들이, 그 신성성이 혈액의 신성성과 동일하다고 여겨지는 다른 신체적 물건들과 마찬가지로, 상품으로 간주될 수 있음을 인정하는 것이다.

생명공학이 혈액에 독립적인 존재를 부여했을 때부터, 그래서 법학자들이 그 존재를 고려해야 했을 때부터, **혈액의 가격**이라는 관념은 법적 담론 속에 개입하여 다른 것을 돋보이게 하는 역할을 한다. 물론, 혈액과 혈장분획제제, 그리고 그 신성함이 혈액의 신성함과 맞먹는 인체 생산물의 인도에는 돈이 든다. 하지만 1952년 수혈법을 둘러싼 논쟁에서 가장 최근의 학설에 이르기까지, 법학자들은 그것은 피의 값이 아니라고 완고하게 말한다.

그럼 피의 값은 무엇인가?

피의 값은 30 데나리온이다. "그리스도의 피에는 30데나리온의 가치가 있다." *Sanguinis Christi pretium est 30 denariorum* 7세기에 나온 뒤 캉쥐 *Du Cange* 의 『라틴어 어휘사전』 *Glossaire* 은 우리에게 그와 같은 값을 이야기하는 것은 유다가 그리스도를 도살자들의 손에 넘겨준 대가로 받은 돈을 언급하는 것에 지나지 않는다고 상기시킨다. 유다가 신전에서 던진, 그리고 대사제들이 "피의 값"이기 때문에 금고에 넣지 않으려 했던 금화들 말이다.[222]

피의 값, 이는 오늘날 피와 혈액제품, 그리고 그것과 동등하게 고귀한 인체생산물들의 상업화를 숨기는 제의적 표현이다. 하지만 우리가 그 단어에서 피어나는 향불 연기를 흩어버리는 데 동의한다면, 우리는 피를 파는 사람에 대한 보상과 관련된 질문들 및 하나의 상품의 현실과 관련된 질문들을 발견할 것이다.

혈액 사업

판매자에 대한 보상

혈액, 혈장, 혈장분획제제의 준비, 보존, 분배를 책임지는 기관은 채취된 혈액의 소유자가 된다. 사바티에가 말했듯이 기증된 혈액의 진짜 수령인이 인류 공동체라고 해도 말이다. 사실 이러한 기관으로서 혈액원이 누리는 권리들은 소유자의 권리이다. 혈액원은 피가 의학적인 관점에서 사용하기에 부적합하다고 판단할 경우 버리거나 상하게 내버려둘 수 있다. 또 그것을 행정 명령에 의해 정해진 가격으로 가공하거나 팔 수 있다.

수혈에 관한 프랑스의 법들은 혈액이나 혈액제제의 분배에서 이윤을 배제하기 위해서, 원칙적으로 이 모든 경우에 대해 규정을 마련해두고 있다. 하지만 이윤의 개념에 관해 합의가 필요하다. 여기서 문제가 되는 이윤은 "부당이득 취득자", 즉 그의 공로에 비추어 받을 권리가 없는 것을 받는 사람을 염두에 두고 있는 게 여러 가지로 미루어 분명하다. 아무튼 어떤 기관이 연말 결산에서 수익을 냈다고 기록한 사업만이 이윤의 원천이 되는 것은 아니다. 경영자의 재정적 이익이라는 측면에서 본다면, 경영진에게 월급을 넉넉히 주기 때문에 배당을 하지 않는 상업적인 회사와 배당을 할 권리가 없지만 그것을 운영하는 사람들에게 동일한 월급을 주는 재단이 무슨 차이가 있는가?

성가신 질문이라는 바로 그 이유 때문에 이 질문은 제기되어야 한다. 만족스러운 대답을 발견하는 일의 어려움은 이것이 **보상의 신**

화와 관련됨을 암시한다. 일반적으로 말해서 보상 이론의 핵심은 사람들이 스스로를 희생한다고 여겨지는, 혹은 적어도 관대하게 행동한다고 여겨지는 부문들에 보수가 존재하는 것을 정당화하는 데 있다. 자유직에 대한 사례는 이 이론을 깔고 있다. 국회의원과 행정관료—유명한 말에 따르면, 이들은 자기들의 인격을 프랑스에 선물했다—에 대한 보수에서도 이 이론이 발견된다. 사람들이 최초의 헌혈자들에 대한 보수 지급을 설명한 것도 이 보상이라는 생각에 의해서였다. 이 이론을 피와 혈액제품의 분배에 대한 보상이론으로 확장한 것은 지극히 자연스럽다.

법이 신화를 도그마로 굳히는 행복한 효과를 생산함에 따라, 사람들은 공공보건법 L. 673조가 "처치의 가격은… 이윤을 배제하는 방식으로 보건부 장관에 의해 정해진다"고 했기 때문에 피와 혈액 제품은 상품이 아니라고 말하면서, 순박한 합법주의의 편안함을 택한다.

불행하게도, 보건부 장관이 정규적으로 공포하는, "약국에 기탁되는 혈액 제품의 요금을 정하는 명령"은 약사가 얻을 이윤 폭을 결정한다….

약사가 얻는 이익

우리는 여기서 조심스럽게 감춰져 왔던 무언가를 건드린다. 바로 어떤 혈액 제품들이 완전히 상품으로 다루어지고 있다는 사실이다.

보상 이론은 사실상 극복할 수 없는 장애에 직면해 있다. 보건 전문직이면서 판매직인 약사의 존재가 그것이다.

물론 입법자와 독트린은 어떤 혈장분획제제들이 약국에서 팔린다는 사실을 말하지 않으려고 조심한다. 공식적으로 그것은 "약국의 조제실에 기탁된" 제품의 "비용 부담을 조건으로 한 인도"(공공보건법 L. 668조, L. 675조)일 뿐이다.

하지만 면역 글로불린을 비롯한 혈장분획제제는 약국이 혈액원보다 **48% 더 비싸다.**[223]

아무도 보상 이론을 들먹이면서 이런 마진을 정당화하려 들지 않을 것이다. 마진이 몇 퍼센트일 때부터 약국이 이익을 남기는지 계산하느라 시간을 낭비하고 싶지 않은 사람이나, 혈액원 관리자의 월급이 얼마여야 일반 기업 경영자의 월급과 비슷해지는지 따지기를 원하지 않는 사람에게, 이윤부재의 원칙은 신화의 일부를 구성한다.

나아가 신조의 일부를. 이는 우리를 생명 자본이라는 발상의 교회법적 기원으로 데려간다.

Chapter 16

인간에게 몸이란…
그리고 그 밖의 이야기

몸에서 물건으로서의 속성을 인정하는 것은 인간의 존엄성이 달린 문제다.

역사적인 고찰은 몸의 법적 발견이 언제나 저속함과 혼합된 성스러움에 대한 인식과 결합해 있었음을 보여준다. 이런 인식은 자연히 합리적인 법 담론의 발전을 저해한다. 로마적 시빌리테가 법학자로 하여금 비물질적 존재들의 세계를 창조하면서 신체적 실체를 삭제하도록 허용한 것은 이렇게 설명된다. 몸을 교회법과 의료 규범의 관할 아래 방치함으로써, 민법학자들은 오랫동안 법의 탈육체화가 자기들의 큰 업적이라고 믿을 수 있었다.

민법학자들이 피를, 그리고 이어서 정액과 장기와 신체의 모든 조각들을 직시하도록 갑작스럽게 요구받았을 때, 그들은 근대과학의 두려움에 맞닥뜨렸다. 레옹 블르와가 말한 바 있는 물질적 혐오감과[224], 성스러운 무언가를 건드리고 있다는 느낌의 혼합으로 이루어진 공포에.

이제 법 안에 신체를 삽입하는 문제에 평온하게 접근할 때가 되었다. 우선 신체적 성스러움을 의식함에 의해 생겨난 망설임을 극복함으로써, 그리고 거기서 비롯된 비일관성을 교정함으로써. 또한 신체가 어떤 상태이든, 살아있든 죽었든, 전체로서 그리고 분리된 조각들로서의 신체에 독특한 지위를 줌으로써 이 문제에 종지부를 찍어야 한다. 시체가 이론의 여지없이 물건이며, 몸에서 분리된 요소들 또한 물건이라는 사실, 그리고 의학이 점점 더 필요로 하게 될 이 신체적 증여들이, 관대한 행위이기 이전에 횡령과 관련된다는 사실을 고려할 때, 이 다양한 이유들로, 인격과 물건을 매개하는 개념의 부재 속에서, 몸을 물건의 범주 안에 분류할 수밖에 없다는 것을 깨달아야 한다.

성스러운 것의 귀환을 극복하기

헌혈이 인체 생산물의 산업적 분배의 시대를 열기 이전에, 인체 기원 물질들은 이미 상업화되었거나 상업화된 적이 있었다. 가발 제조업자는 모발을 샀고, 모유의 수집과 분배에는 대가가 지불되었다.[225] 무엇보다 19세기 전반全般에 걸쳐 건조 기술이 발달하면서, 대변을 퇴비 가루poudrette라는 이름으로 알려진 비료로 가공하는 것이 가능해졌다. 즉 아무도 이런 거래를 두고 도덕을 들먹이지 않았다. 이는 그 미학적 성격에 따라, 음식이거나 배설물로서, 반박할 수 없는 **실체**를 지닌 신체 요소들의 문제였다. 그것들은 **명백한 물건들**, 소비하거나, 제거하거나, 팔아야 하는 물건들이었다.

그런데 인격과 몸의 동일시는 몸을 구성하는 요소들을 전혀 배제하지 않았다. 깎기 전의 머리카락과 짜기 전의 모유, 퇴비화되기 전의 인분은 모두 이런 논리에 따라 인격을 구성하는 통합적인 요소였다. 이 점을 강조하자. **몸을 인격과 동일시하고 싶다면, 인격에 대장과 방광의 내용물을 마땅히 포함시켜야 한다!**

법적 분석에서 벗어나 종교적 감정의 영역으로 옮겨 온다면, 그리고 성스러움이 하나의 지형학 속에 기입된다는 점을 떠올린다면, 이야기는 달라진다. 성스러움의 관점에서는 혈액과 소변을 한데 묶는 것, 또는 혈관과 치아를, 심장과 모발을 한데 묶는 것은 상상하기 어렵다. 도덕에 대한 호소 속에서, 인간의 존엄성에 대한 열변 속에서, 또는 생명 존중에 대한 생물학적 주장 속에서 우리는 하나의 독특한 의미^{signifié}에 대응하는 여러 개의 기표^{signifiant}만을 보아야 한다. 성스러움의 지형학이 바로 그 의미이다.

　　민법학자들이 결코 고백하지 않는 것, 무엇보다 자기 자신에게 고백하지 않는 것은 피가 그들이 가지고 있던 가장 숭고한 것, 즉 종교와 관념론적 철학이 영혼이라고 불렀던 것 안에 있는 생명을 드러냈다는 사실이다. 근대 법학자들이 현재 통용되는 법해석을 표명하기 위해 생물학적 지식을 필요로 한다는 의학계의 오해는 여기서 비롯되었다. 정작 법학자들은 생물학의 어휘를 신체적 성스러움을 규정하는 데 사용했다. 생명공학은 법학자들을 공상과학에 빠뜨리지 않았다. 반대로 다시 한번 로마의 시빌리테 이전의 태곳적 공기 속에 잠기게 했을 뿐이다. 알부민의 지위는 이를 웅변적으로 증언한다. 어떤 인체 요소이든, 금기가 새겨진 신체 부위에 물리적으로 접촉하는 것만으로도 금기의 영향을 받는다. 이러한 비일관성은 알부민의 지위에만 나타나는 게 아니다. 그것은 몸에 대한 우리의 법적 접근 전체에 침투해 있으며, 언젠가 다른 인체 생산물과 관련해서도 나타날 것이다. 그러므로 혈액과 소변의 조성이 많은 공통요소를 포함하며, 소변에서 채취된 요소들만 상업화 가능하다는 사실을 언급하는 것은 실용적인 차원에서는 큰 의미가 없을지언정 독트린의 견지에서 지극히 중요하다.

게다가 우리가 해석적 일관성을 희생한다고 해서 종교적인 이익이 있는 것도 아니다. 르네 사바티에가 가톨릭 교의를 참조했으니 말인데, 교황 비오 12세에 따르면, 조직과 장기를 이식하는 문제에 있어서 교회는 헌혈과 관련해 이미 자체적으로 확립한 원칙을 적용하는 수밖에 없다. "기증자가 보상을 거부하는 것은 미덕이지만, 그렇다고 보상을 받아들이는 것이 잘못은 아니다."[226] 그러므로 핵심은 이 문제에 있어서 우리 문화가 종교적 지배에 양보했다는 것이 아니라, 로마의 시빌리테가 몸을 검열하면서 추방한 저 원초적 성스러움이 돌연히 재발견되었다는 것이다.

이제 제의의 베일을 찢어버리려 했던 한 저자에 대해 이야기하기에 적당한 지점에 이르렀다.

오렐 다비드 다시 읽기

1955년, 프랑스의 기성 법학자들이 르네 사바티에의 『데 상귀네 유스』에 완벽하게 묘사되어 있는 저 제의적 분위기—피가 무엇인지(피는 물건이다)를 밝히기보다는 무엇이 아닌지(피는 상품이 아니다)를 규정하는 것이 더 낫다는 생각에 지배되는— 속에서 혈액의 도래를 맞이하고 있었을 때, 오렐 다비드의 박사논문이 출판되었다. 앞에서 이미 내가 그 중요성을 언급한 이 논문은 『인간 인격의 구조』 *"Structure de la Personne Humaine"* 라는 제목 아래, "인격과 물건의 구별에 대한 에세이"라고 스스로를 소개한다.[227] (노벨 물리학상을 수상한) 루이 드 브로글리 Louis de Broglie 가 이 논문의 심사위원 중 한 명이었다.

오렐 다비드의 기획은 오랫동안 "인격을 신체의 비인격적인 장치로부터 분리하려는 흥미로운 시도"로 소개되었고, '사회학'이라는 분류기호 아래서는 환영받을 수 있었으나, '법이론'의 범주 속에서는 자기 자리가 있다고 말하기 어려웠다.[228]

오렐 다비드의 박사논문은, 내가 생각하기에 우리 시대의 민법에 있어서 가장 중요한 법이론적 작업 중 하나다. 이 논문은 자주 비판받았지만, 근대적 민법이 어떻게 인간 신체의 **실체**를 엿보기 시작했는지 알고 싶어하는 법학자와 역사가에게는 핵심적인 자료이다.

오렐 다비드, 외과적인 이식 기술의 진보와 수혈에 관한 입법을 지켜보며 이 문제에 예민해진 그는 핵심적인 점을 증명하려 하였다. **인격과 물건 사이의 분할선이 인간 신체와 그 외부를 나누는 선과 일치하지 않는다는 것.**

그는 감히 금기를 위반하였고, 자기 시대의 **기성 법학자들**처럼 암묵적인 전제들과 "인간의 드높은 존엄성"에의 제의적인 참조 뒤

인간에게 몸이란… 그리고 그 밖의 이야기

로 피신하는 대신에 법을 의학, 생물학, 물리-화학과 대결시킴으로써 인격, 몸 그리고 물건들의 관계에 접근하려 하였다. 불행하게도 이 과학적인 시각에는 인간 신체의 신성함을 보도록 해주며, 어떻게 그 신성함이 민법학자들의 반응을 설명하는지 알게 해주는 인류학적 시각이 통합되어 있지 않다. 무엇보다 그에게는 그러한 통합을 시도하기 어려운 사정이 있었음을 알아주자. 법과대학에서 박사과정생이 자신의 스승들에게 인류학적 연구를 심사하게 하는 것은 전혀 관행이 아니었다.

하지만 오렐 다비드의 저작은 다음과 같은 점에서 핵심적이다. 처음으로 민법학자가 그 전체성 속에서, 혹은 부분들 속에서 검토된 몸이 물건의 범주 속에 들어갈 수 있다고 감히 이야기했다는 점이다. 그의 박사논문은 여전히 혈액, 정액, 장기 그리고 유전 물질 전체의 증여, 유증 그리고 판매를 설명할 수 있는 유일한 법적 분석으로 남아 있다. 바로 이런 이유로 오늘날 사람들은 오렐 다비드의 이론을 재생산하는 새로운 민법학자들의 세대를 발견하는 것이다.[229] 하지만 저자의 유명세 덕택에 일체의 비판적 분석으로부터 보호 받은 『데 상귀네 유스』 같은 저작을 읽느라 얼마나 많은 시간을 흘러버린 뒤였는가.

인격과 물건 사이에 무언가가 있는가?

인격과 물건의 구별에 기초한 모든 사법체계는 살아있는 인간의 몸이 물건임을 인정해야 한다. 시체와 몸에서 분리된 부분들이 물건이기 때문이다.

사법체계들이 분열하는 것은 여기서부터다. 무어 사건에서 캘리포니아 고등법원은 몸과 그 구성요소들, 그리고 인체 생산물들을 상품화하는 흐름 쪽에 있었다. 반면 프랑스 법은 몸을 시장의 바깥에 두기로 단호하게 결정했다.

그 원칙에 있어서 매우 관대한 하나의 시스템에 제동을 걸 수 있는 실질적인 어려움들(제약 산업과 보상 이론의 한계)을 재론할 필요는 없을 것이다. 이 시스템은 너무나 관대한 나머지, 전통적인 "프랑스의 문명화 사명"에 따라 가르침을 베풀기까지 한다.[230] 반면, 프랑스 법이 이 부분에서 해석적이고 입법적인 견고한 기초 위에 세워져 있다는 사실은 아주 핵심적이다. 그 기초는, 내가 보기에 두 단계로 표현된다.

1단계: 인간의 몸은 물건이다.
2단계: 인간의 몸은 상품이 아닌 물건이다.

인간의 몸이 물건이라는 현실에서 벗어나려면, 인격과 물건 사이에 매개적인 법적 범주가 존재해야 한다. 로마의 시빌리테는 우리에게

인간에게 몸이란… 그리고 그 밖의 이야기

그런 범주를 제공하지 않았다. 그럼 근대법이 그것을 발명할 수 있을까? 자비에 라베는 몸과 인격의 동일시를 유지하되, 태어날 아기와 이식 조직greffon에 '사용 목적에 의한 인격'personne par destination의 범주를 적용하자고 제안했다. 이 범주는 장애인에게 필요한 도구나 신체 보조 장구prostheses 등에 적용하기 위해 판례나 학설에 의해 고안된 것이다.[231] 우리의 논의는 인격의 출현 문제를 배제하므로, 나는 인체 생산물 전체를 포괄하는 넓은 의미에서의 이식 조직을 '사용 목적에 의한 인격'의 범주에 넣는 문제만 분석할 것이다.

우선 인격과 물건의 구별이 다시 의문시됨에 따라 두 개의 논리가 대결한다는 점을 지적해두자. 첫 번째 논리는 인체가 살아있는 요소들을 포함하며 그것들의 소유권을 이전하는 것이 가능하다는 점, 또한 인체 안에 신체 보조 장구라는 이름으로 인공물을 삽입할 수 있다는 점을 고려하면서, 인격과 물건 사이의 분할선을 인간의 내부에 위치시킨다. 즉 인간 안에는 물건들이 있다.(오렐 다비드) 두 번째 논리는 현재 프랑스 법의 독트린과 판례를 지배하는 것으로서, 전체로서의 몸을 인격과 동일시하며, 법적 인격성이 인간 너머로 넘쳐나서 어떤 무생물들(의수, 의안, 의치 등의 신체 보조 장구과 장애인에게 필수적인 물건들)에까지 스며들게 한다.

자비에 라베의 해결책은 언뜻 보기에 매력적이다. 우선 '더더욱'의 논리가 이를 필연적으로 만드는 것 같다. 의수나 의안 등이 사용 목적에 의한 인격이라면, 이식 조직은 더더욱 그러하다. 게다가 이

해결책은 우리의 도둑맞은 손 공상-재판에서 도둑을 절단의 장본인으로 단죄하는 것을 허락한다. 사용 목적에 의해, 도둑맞은 손은 사고를 당한 사람의 인격에 포함되었다. 손의 접합을 방해하는 것은 그러므로 절단과 동등하다.

하지만 사실, 이 경우는 '사용 목적에 의한 인격'보다는 '기원에 의한 인격'에 더 가깝다. 우리가 보았듯이 손을 훔친 사람을 중상해죄로 처벌하려면, 손이 잘리는 순간 그 법적 본성이 바뀌지 않는다고 전제해야 한다. 그런데 손은 물건이든지 아니면 인격에 포함되든지 둘 중 하나다. 그러므로 우리는 '사용 목적에 의한 인격' 개념이 유용하게 쓰일 수 있는 단 하나의 사례에서 그 개념을 배제해야 한다.

손발을 다시 제자리에 붙인다는 가정에서 벗어날 경우, 우리는 해결할 수 없는 이론적 어려움, 또는 완전한 실천적 무용성에 직면한다. 예를 들어 어떤 사람이 신장을 기증하기로 했고 그 신장을 누가 받을지가 정해졌다고 하자. 여기서 이론상의 혼돈이 생겨난다. 신장을 떼어낸 순간부터 이식되기 전까지 그 신장은 누구에게 속하는가? 신장을 기증한 사람인가 아니면 받을 사람인가? 다른 모든 경우들에 있어서, 특히 혈액 기증의 경우, '사용 목적에 의한 인격'의 개념은 무엇을 의미하는가? 이 말은 혈액이 인격으로서 보호받는다는 뜻인가? 더 이상 피를 버리거나 썩게 놔두어서는 안 된다는 뜻인가? 피에서 구성 요소들을 분리하거나 실험에 사용해서는 안 된다는 말인가? 이 논리를 끝까지 밀고 가보자. (이익을 남기지 않는다

하더라도) 피를 팔아서는 안 된다. 심지어 헌혈도 안 되고 수혈도 안 된다!

이식 조직과 신체 생산물이 이식되거나 주입될 예정일 때만 '사용 목적에 의한 인격'이라면, 이 개념은 아무 쓸모가 없다. 문제는 신체 요소들이 몸에서 떨어져 나와 있는 동안 어떤 법적 지위를 갖게 되느냐이기 때문이다.

이식 조직은—치료적 혹은 생식적 목적으로 인간의 몸에서 채취된 모든 것과 마찬가지로— 법적 성격이 바뀌지 않는다. 왜냐하면 생리적 성질이 바뀌지 않기 때문이다. 이식 조직은 죽도록 예정된 살아있는 물건이다. 그로테스크에 대한 담론은 언제나 그러했다. 몸의 **현실**은 그 탄생과 죽음을 통해 표현되며, 생명은 그것을 사물들의 세계 속에 위치시킨다. 이것은 인간은 먼지로 돌아갈 것이기 때문에 먼지에 불과하다는 기독교의 메시지이기도 하다. 마지막으로 이것은 죽음, 절단, 채취, 이식 혹은 수혈 이전과 이후에 있어서 신체적인 것의 동일성을 인정해야 한다는, 법을 위한 긴급한 요구이다.

그런데 프랑스 민법전이 이 지점에서 우리에게 귀중한 도움을 줄 수 있음이 밝혀졌다.

민법전은 몸이라는 실체를
견고하게 확립할 수 있다

몸을 물건의 범주에 삽입하는 것은 시체의 법적 지위를 규정할 때나 신체 요소의 소유권을 이전할 때만 실용적인 장점을 지닌다. 나머지 가정들에서는 사실상 몸이 인격과 동일한 것처럼 취급된다. 몸이 물건이라는 사실은 하나의 암묵적인 전제로서 존재하며, 이 전제의 중요성은 증여나 (어떤 나라들에서는) 판매를 통해 드러난다.

　나는 여러 차례 기회를 빌려 로마의 시빌리테가 상거래 속에 있는 물건들과 상거래 밖에 있는 물건들을 구별함으로써 중대한 분할을 실현했음을 상기시킨 바 있다. 상거래에서 제외된 물건들, 사람들이 그것과 관련하여 어떤 법적 계약convention도 맺을 수 없는 물건들은 인간의 권리droit humain의 이름으로 제외되거나(모든 인간의 공유물이거나 국가 또는 도시에 속하는 물건들) 신법의 이름으로 제외되었다(격이 높거나 낮은 신들에게 속하는 물건들). 우리가 간단히 성스러운 물건들이라고 부르려 하는[232] 이 후자 가운데 무덤이 있다. 무덤의 성스러움은 시체의 성스러움에서 비롯된다.

　민법 1128조는 상거래 속에 있는 물건과 밖에 있는 물건이라는 구별을 유지한다.

　계약의 대상이 될 수 있는 것은 상거래 안에 있는 물건들뿐이다.

일반적으로 프랑스 민법전의 어떤 조항에 나오는 경구적인 표현은 18세기 프랑스의 법학자인 포티에르를 읽으면 의미가 분명해지곤 한다. 포티에르는 그의 저술을 편집한 사람들에게 직접적으로 영향을 미쳤다. 그런데 포티에르의 저술에서 분명히 알 수 있는 것은 18세기 민법에서는 **물건들의 범주 안에서의** 커다란 구별이 언제나 중요했다는 사실, 그리고 상거래에서 제외된 물건들은 여전히 "교회와 무덤" 같이 신법에 속하는 물건들과 모든 인간이 공유하는 물건들을 포함했다는 사실이다.[233]

프랑스 법의 독트린이 몸이 상품이 아님을 단언하기 위해 민법 1128조를 거론할 때 이는 필연적으로 몸이 물건임을 인정하는 결과로 이어진다는 점을 나는 이미 지적했다. 이러한 고백은 몸을 **실체**로부터 도망치게 하는 것이 불가능함을 훌륭하게 논증한다. 우리는 또한 프랑스에서 신체와 인체 생산물에 관한 법 제정이 어떻게 가능했는지를, 로마의 시빌리테를 산업사회에 적응시킨다는 커다란 맥락 속에서 직관할 수 있다.

프랑스 법이 1930년대에 민법 1384조에 맡긴 기능은 하나의 선례이다. 그 법안 작성자들이 우리는 "우리의 보호 아래 있는 물건들에 대해… 책임이 있다"고 썼을 때, 그들은 동물과 건물들의 소행 fait에 대한 책임이 정의되는, 이어지는 두 조항을 예고했을 뿐이며, 물건들의 소행의 일반적인 책임을 발명하려 하지 않은 게 확실하다. 1384조의 사정거리를 그렇게 제한하면서, 프랑스의 판례와 독트린은 자동차에 의한 대량 살상이라는 현대적 현상을 고려할 필요성을 로마의 시빌리테와 형식적으로 타협시킨다.

산업사회는 몸을 사물들의 폭력에 노출시켰을 뿐 아니라, 몸에서 살아있는 물질을 뽑아낼 수 있게 만들었다. 그리하여 오늘날 법률가들은 이 살아있는 물질을 로마의 시빌리테에 의해 정의된 범주들 속에 분류하기에 이르렀다. 상거래 바깥에 있는 물건들의 범주, 더 정확히 말하면 "제한된 상업화" 속에 있는 범주는 다시 한번 아주 중요해졌다. 1384조가 자동차를 염두에 두지 않고 만들어졌던 것처럼, 1128조의 작성자들은 생명공학을 몰랐다. 다행히 그들이 보호하려 했던 물건들의 범주는 확고부동했지만, 그것이 포함하는 내용은 그렇게 확고부동하지 않았다. 예컨대 이교의 사원들과 사자에 대한 가족 예배(사자를 집 안에서 추모하는 관습), 그리고 영지 domaines를 보호하기 위한 주술을 염두에 두고 만들어졌던 성스러운 물건들의 범주가 프랑스 민법전의 시대에 와서는 교회 및 기독교 묘지들과 관련된다고 여겨졌다.

이제 고전기 이전 로마와 계몽시대의 프랑스에서 공히 성스러운 물건이라는 범주의 핵심에 있는 불변항을 지적해보자. 이는 죽은 자에 대한 숭배와 관련된다. 육체의 검열, 특히 시체 상태의 육체에 대한 검열에도 불구하고, 시체의 신성함과 물건으로서의 속성을 동시에 인식함으로써 민법 1128조는 로마적 사유와 다시 연결되며, 그 역사적 밀도를 획득한다. 민법 1128조는 그러므로 사람의 몸에 대

인간에게 몸이란… 그리고 그 밖의 이야기

한 권리의 바탕에 있는 텍스트이다. **사람의 몸에 보호와 존중을 보장하는 이 권리는 몸을 물건의 범주 안에 분류한 결과로 생겨난다.** 프랑스 법의 독트린은 물건을 대체로 상품과 동일시했다. 인간의 몸이 물건이라는 생각은, 몸을 채소나 가전 제품처럼 상점 진열장에 놔두면 안 된다고 생각했기 때문에 거부되었다. 하지만 1128조는 그 반대로 **몸이 성소나 사원과 동일한 물건의 범주에 속한다**고 말한다.

몸이 신성한 우주의 중심에 있다는 미르세아 엘리아데의 말을 기억하자. 물질세계의 심장에 있기에, 인간의 몸은 최초의 사원寺院이고, 사물들의 성스러움은 그것을 중심으로 조직된다. 엘리아데에게 있어서 신성한 것은 나무랄 데 없이 **현실적인** 것이고(엘리아데 자신에 의한 강조 표시), 종교적 인간의 의식意識은 그것을 몸, 집, 우주라는 세 개의 동심원을 통해 이해한다. 이 동심원들은 세 개의 서로 교환 가능한 현실들이기도 하다. 인간의 몸이 사물들의 세계 전체를 통합한다는 것, 이는 무엇보다 우주-마크로코스모스 속의 몸-미크로코스모스라는 테마를 통해 고대에서 중세에 걸쳐 되풀이해서 강조되었던 것이다.

민법학자들이 몸을 재발견했을 때 보여준 종교적 태도는 몸의 **실체**를 폭로한다. 그들이 피의 성스러움을 깨달은 것은 피를 물건으로 보았기 때문이다. 나는 알부민의 법적 지위처럼 비논리적인 사태를 피하려면 이 신성함에 대한 의식을 극복해야 한다고 말했다. 하지만 그러면 민법 1128조에 의지하는 것을 어떻게 정당화해야 하는가? 우선 인간의 존엄성이라는 개념이 몸의 신성함이라는 개념을 충분히 대체할 수 있다고 말해두자. 무엇보다 이것은 법학 관련 문헌에서 공통적으로 이루어지고 있다. 푸펜도르프는 우리가 초자연적 기원의 증거를 믿지 않더라도 신성한 물건의 범주를 간직할 수 있으며, 이것이 "이런 종류의 물건을 특정한 방식으로만 사용하도록 하는 것"을 막지 않는다고 판단했다.[234]

게다가 1128조가 성스러운 물건뿐 아니라 공유물 역시 염두에 두고 있다는 사실을 잊어서는 안 된다. 그런데 1976년 12월 22일 법령은 생전에 반대 의사를 표명하지 않은 사람의 몸에서 치료를 목적으로 장기를 적출할 권리를 인정하면서, 사실상 시신을 일종의 공유재산으로 만들었다. 여기에 더하여, 군대를 위한 혈액 수집을 조직화한 1954년 4월 14일 법령이나 혈액, 골수, 장기를 기증할 도덕적 의무에 대한 강조를 생각해보자. 우리는 몸이 성스러움을 현대적으로 재구성할 뿐 아니라, 공유물의 지위를 향해 진화한다는 점에서 바로 상거래 바깥에 있는 물건의 표본이라는 결론에 이르게 된다. 그러므로 이제 우리는 개인의 자유라는 문제를 제기해야 한다.

자 유 는 공 백 을 두 려 워 한 다

법의 공백! 이는 몸의 활용이 어디까지 갈 수 있는지 알고 싶어 하는 사람들이 되뇌어온 말이다.

법의 공백은 존재하지 않는다. 이 표현이 가리키는 것은 자유라고 불린다. 지적으로 또는 신체적으로 스스로를 표현하는, 하지만 언제나 몸을 매개로 그렇게 하는, 그리하여 인간이 몸의 주인이 되어야 한다고 요구하는 인간 인격의 속성. 하나의 이론이 태어나기 시작한다. 그 이론은 멋진 미래를 누리게 될 수도 있다. 비록 몸의 **실체**에 적대적인 환경 속에서 표현된다고 해도, 그 이론은 인체 생산물에 대한 존중을, 더 이상 야만의 신성성의 모방이 아니라, 인간 인격의 근본적인 권리 위에 정초한다는 점에서 받아들여져야 한다.

> 정액은 생명을 실어 나른다. 그러므로 인간 존재의 근본적인 자유와 연결되어 있다. 바로 생명을 줄 것이냐 주지 않을 것이냐의 자유이다… 정액은 인간 존재의 근본적 권리의 생식적 표현이다.[235]

인격이 몸을 자기 것으로 삼으면, 몸에 대한 권리가 명확하게 정의될 수 있다. 이러한 전유는 또한 그 한계의 고정固定을 효과적으로 보증한다. 몸이 물건이며, 우리가 그것에 대해 소유권을 갖는다고 말하는 것은 몸과, 몸을 구성하는 요소의 법적 안정성이라는 엄청난 실용적 장점을 의미한다. 몸이 살아있는지 죽었는지, 신체 요소들이 몸에 붙어 있는지 떨어져 있는지 따질 필요가 없어지는 것이다. 게다가 신체 보조 장구와 인공 장기들은 상이한 법규를 따른다 해도, 동일한 **실체**의 일부이다. 우리는, 예를 들어, 어떤 환자가 아주 비싸게 샀지만 더 이상 맞지 않는 의족이나 의수를 다른 환자에게 되파는 것을 막을 수 없다.

우리의 공상-재판에서 손 도둑을 처벌하려면 손이 몸에서 분리되기 전에도 물건이어야 했다. 이 물건을 절단하는 것과 그것의 재접합을 방해하기 위해 훔치는 것은 정확히 같은 범죄였다. 이처럼, 몸을 물건들 속에 분류하는 단순한 행위는 인격이 자신의 몸을 위해 요구하는 물리적 통합성이 더 잘 보증되도록 해준다. 게다가 인격에게 자신의 몸에 대한 소유권을 인정해주는 것은 공권력의 부당한 요구로부터, 혹은 인체 생산물을 상업화하는 자로부터(무어 사건) 몸을 보호하는 최선의 방법이다.

마지막으로, 몸의 **실체**라는 원칙을 채택함으로써 우리는 몸에 대한 권리들의 한계를 정확하게 정의할 수 있다. 우리가 우리 몸의 소유자가 될 수 있다는 생각을 거부하는 사람들이 소유권의 절대성을 믿는 것처럼 보이는 것은 놀라운 일이다. 소유권의 규정들 속에는 사람이 소유한 물건이 상품이 되는 것을 막기 위한 온갖 장치들이 있다. 도시개발법은 어떤 경우에 소유물의 파괴를 금지한다. 또 프랑스 법에는 예를 들어 가족의 소유물에 대한 양도 금지가 존재한다(1909년 7월 12일 법령). 식량이나 의약품의 판매를 제한하는 법들도 많다. 특히 후자는 인체 생산물에 대한 소유권의 인정이 무분별한 상업화로 이어지지 않도록 보장한다. 우리는 몸과 인체 생산물이 상업화되면 안 된다는 데 합의할 수 있다. 하지만 우리는 그와 동

　　　　　　　　　인간에게 몸이란… 그리고 그 밖의 이야기

시에 **우리가 무언가를 증여하려면 그 무언가는 "물건이 아닌 다른 것"이 될 수 없으며,** 또 그 물건에 대해 우리가 가지고 있었던 권리는 **소유권이 아닌 다른 권리일 수 없음**을 인정해야 한다.

몸을 물건들의 범주에 삽입하는 것은 이처럼 프랑스 민법 1128조에서 법적 토대를 발견한다. 이러한 삽입의 장점은 분명하고 효율적이라는 것이며, 무엇보다 장기, 조직, 피, 유전 물질, 기타 인체 생산물들의 기증과 유증을 허용하면서도 이 영역에서 계약의 자유를 제한할 수 있다는 것이다.

끝으로 이러한 삽입은 자유라는 철학적-정치적 관념에 실천적인 효력을 부여한다. 하지만 탈육체화된 법의 맥락에서 자유는 인간 존엄에 엄청난 영향을 끼치는 일을 정당화하는 역효과를 낳을 수 있다.

몸에서 물건으로서의 속성을 인정하는 것은 인간의 존엄성이 달린 문제다

우리는 인간의 존엄성이 몸의 신성성의 근대적 전사傳寫로서 사용된 개념임을 보았다. 신성성이 물건에만 영향을 미친다는 것이 확인되었으므로, 논증을 강화하기 위해, 몸이 개인이 소유하는 것을 부정하면 인간의 존엄성이 위험에 처한다는 점을 확인함으로써 그것을 넘어서 나아가기로 하자.

몸과 인격의 동일시는 완전히 위험한 생각이다. 인격에 의한 몸의 소유를 인정하지 않으려 함으로써, 우리는 몸에서 분리된 신체 요소들에 무주물*res nullius*, 즉 누구에게도 속하지 않은 물건, 더 정확히 말하면 법의 바깥에 있기 때문에 사실상의 전유가 가능한 물건의 지위를 부여한다. 그러므로 18세기에 교회법이 **개인이 자신의 몸에 대해 소유권을 가지고 있지 않다는 논변을 노예제를 정당화하는 데 사용할 수 있었다**는 사실 앞에서 놀라서는 안 된다!

우리는 중세 교회법이 몸에 대한 아주 현실적인 관념에서 출발하여 몸에 대한 개인의 권리를 정의했음을 기억한다. 중세인들이 몸에 대해 권리를 가지고 있었던 것은 몸이 물건이었기 때문이다. 그리고 이 권리가 제한되어 있었던 것은 이 물건이 성스러웠기 때문이다.

이미 언급했듯이 현재의 교회법은 민법의 탈육체화의 영향으로 원래의 독창성을 많이 잃었다. 이런 현상은 이미 18세기에 감지되었으며, 그 시대의 교회법-신학 대사전으로 간주된 페라리스의 거대한 저술에서 특히 잘 느껴진다. 페라리스가 글을 쓴 것은 라이프니츠가 민법학자들에게 개인이 자기 몸에 대해 갖는 권리가 바로 자유라는 생각, 즉 자유는 사람이 타인에게 갖는 권리(의무)나 물건들에 대해 주장할 수 있는 권리(소유권과 기타의 물권)와 구별되는 특권이라는 생각을 소개한 것보다 거의 70년이나 앞선 시점이었다.[236] 페라리스에게 이 구별은 교회법과 그 시대의 노예제도 옹호를 조화시킨다는 점에서 소중한 것이었다.

인간은 자기 생명의 주인이 아니다. 생명은 신의 처분에 달려 있으며 인간은 그것을 맡아서 사용할 뿐이다… 하지만 사람들은 다들 인간이 자유를 소유한다고 본다. 그 이유는 인간이 자의대로 그것을 이용하거나 이용하지 않을 수 있기 때문이다. 다른 말로 하면, 인간은 원한다면 자유를 팔고 노예가 될 수 있다.[237]

이와 같은 이론은 교회법의 탈육체화의 직접적인 귀결이다. 몸은 생명의 개념 뒤로 사라진다. 신이 유일한 주인이며 인간에게 신에게서 기원한 존엄성을 부여하는 생명. 이를 당대의 정치철학 및 법철학과 결합시키면 탈육체화된 인격이 얻어진다. 그의 몸은 그 역시 탈육체화된 자유의 개념에 봉사하는 허깨비에 지나지 않는다. 그 귀결은 노예제의 정당화이다. 그러므로 우리는 인간의 존엄성의 이름으로 이루어지는 몸의 **실체**에 대한 엄숙한 거부를 비판적인 시선으로 바라볼 권리가 있다.

성스러움과 연결된 몸의 **실체**에 대한 전통적인 교회법적 분석을 지탱하면서, 몸은 직접적으로 법의 시야 안에 머문다. 물건으로서 몸은 일정한 수의 어떤 현실적인 성격의 권리들의 대상이 될 수 있다. 성스러운 물건으로서 그것은 양도될 수 없다. 오늘날 애국적 희생의 맥락에서 혈액이나 기타 다른 신체 요소의 양도 속에 변형되어 나타나는, 순교자의 경건한 대의를 위해서가 아니라면 말이다.

노예제의 전망이 원천적으로 배제된 우리 시대에는 몸에서 분리된 것에 대한 개인의 권리를 다룰 때, 몸이 물건이라는 사실 및 인격에 의한 몸의 전유를 인정하는 것의 실천적 장점이 분명해진다.

우리의 공상판례를 통해 확인했던 것을 상기해보자. 몸이 물건이라는 사실을 인정하지 않는다면 몸에서 분리된 신체 요소들만이 물건이다. 그것들은 분리의 순간에 비로소 물건이 된다. 그 순간 신체 요소들은 누구에게도 속하지 않는 레스 눌리우스로 나타난다. 그의 몸이 문제의 요소들의 원천인 사람은 소유권을 주장할 수 있지만, 이는 임의의 타자와 동등한 위치에서다. 그는 신체적 요소가 몸에서 분리된 뒤에 그것을 발견하는 첫 번째 사람이 되어야 한다. 그러므로 **도둑맞은 손**은 어떤 물건의 부정 취득에 지나지 않는다. 이마저도 유사-도둑이 최초의 전유자로서 잘린 손의 소유자가 되면 성립되지 않는다.

우리의 공상-재판의 소재를 이렇게 상기시키는 이유는 현실이 다시 한번 허구를 뛰어넘기 때문이다. 나는 잘린 손을 도둑맞는 경우를 상상했다. 왜냐하면 개인의 가장 기본적인 권리가 어떻게 그의 고유한 존엄성의 이름으로 조롱당하는지를 보여주는 판례를 알지 못했기 때문이다. 하지만 그후 1990년 7월 9일, 캘리포니아 고등법원의 판결을 뒤집는 캘리포니아 대법원의 결정이 있었다. 이 판결은 존 무어와 그의 상속자들에게 그 유명한 세포들에 대해 소유권을 주장할 권리를 부정했다. 실로,

인간에게 몸이란… 그리고 그 밖의 이야기

인간의 존엄성의 이름으로, 존 무어는 자기 몸의 소유자가 될 수 없었다.

인간의 존엄성의 이름으로, 존 무어의 (살아있는) 몸에서 채취된 세포들은 재화가 되어 그 시장 가격을 정할 수 있는 사람들에게 착복되었다.

인간의 존엄성의 이름으로, 이 세포들에 대해 특허를 등록하고 그것을 사업적으로 이용하는 것이 가능했다.[238]

결국, 노예 제도와 몸의 상업적 이용을 정당화하는 인간의 존엄성이라는 개념과 비교하면, 도둑맞은 손에 대한 우리의 허구는 자못 평범해 보인다.

인격과의 동일시는 몸의 검열을 표현하는 현대적 방법이다. 몸은 이리하여 적어도 분리된 요소들로서는 레스 눌리우스, 즉 처음 본 사람이 가져갈 수 있는 물건이 된다. 반면 프랑스 법의 독트린을 민법 1128조의 입법적 기초 위에서 재구성한다면, 개인이 (그가 소유할 수 있는 가장 귀중한 물건인) 몸에 대해 갖는 권리를 규정하면서, 인간의 존엄성을 견고한 토대 위에 올려놓을 수 있다.

몸에 대해, 그리고 아마 다른 물건들에 대해서도.

다른 물건들에 대해 이야기해보자면?

의학적인 발견들과 생명공학의 진보는 로마법에서 나온 법체계를 의문시하기는커녕, 더 깊이 있는 해석적 정교화에 대해 숙고할 기회를 주었다. 몸을 교회법과 의학적 규범에 내맡긴 이래 망각되었던, 자연인에 의한 몸의 전유라는 현실은 다시 우리의 시야 안으로 들어와서, 우리가 사적 재산의 토대에 대해 진지하게 성찰하는 일을 어느 정도까지 생략했는지 깨닫게 만든다.

몸이 자연인에 의해 전유된 물건임을 인정하는 것은 노예 사회가 아닌 사회에서는 모든 인간 존재에게 최소한의 소유물이 있다는 뜻이다. 소유권은 이리하여 생물학적 필연성에 의해 정당화되며, 개인적이거나 가족적인 이해apprehension의 수준을 넘어설 때만 공격할 수 있게 된다. 우리는 살 권리가 있기 때문에 소유자가 될 권리가 있다.

바로 이 점에서, 몸의 **실체**에 대한 이 권리 안에는 혁명적인 무언가가 있다. 로마의 시빌리테는 법을 탈육체화하면서 생물학적 삶과 대체로 독립적인 하나의 삶을 발명했다. 몸 없이도 꾸려갈 수 있는 삶, 따라서 식량이나 옷이나 보금자리가 없어도 되는 삶이다. 몸을 물건들의 영역에 끌어들이면서, 우리는 생명을 법의 영역에 끌어들인다. 이는 몸이 그것에 필수불가결한 환경 없이는 수용될 수 없음을 뜻한다.

자비에 라베는 신체보조장구와 장애인에게 필수적인 물건들을 사용목적에 의한 인격으로 만든 프랑스의 이 판례의 중요성을 감지했다. 나는 사용목적에 의한 인격이라는 명칭이 몸과 인격의 동일시에 의해 정당화되기 때문에 잘못되었다고 생각한다. 그보다는 생명이 없는 물건이 사용목적에 의해 (어원적 의미에서) 신체적이 되었다고 말하는 편이 나을 것 같다.[239] 하지만 이런 유보에도 불구하고 우리가 핵심적인 혁명 앞에 있다는 점을 인식해야 한다. 법적 인간의 추상에 의해 감추어져 있기는 하지만, 소유에 대한 생물학적 개념이 인정되는 중이다.

민법은 몸과 인격의 구별을 허용하면서 중세에 프란시스코파의 교의였던 것, 곧 법에 맞서는 생물학적 증거들이 있고, 법이 몸의 존재를 인정할 때는 **더더욱** 그러하다는 생각과 대결할 것이다. 몸이라는 물건은 법 안에 혼자 들어오지 않는다. 왜냐하면 몸은 자신을 둘러싼 환경 속에서 **물건이 다른 물건들과 갖는 관계**를 영위하기 때문이다.[240] 생물학적인 현실로서 수용된 몸은 그러므로 그것을 살아있게 해주는 다른 물건들(공기, 물, 식량, 의족 등)에 의지하는 물건임이 밝혀진다.

우리가 인격에게 자기 몸의 소유자가 되는 것이 필수적임을 인정한다면, 여기서부터 생존에 꼭 필요한 물건을 손에 넣는 사람에게는 어떤 도덕적, 법적 규칙도, 심지어 절도에 대한 법도 들이댈 수 없다는 결론이 나온다. 우리는 절박한 경우의 절도에 대한 신학적-교회법적 원칙이 무엇인지 알고 있다. 몸을 법 안에 삽입하는 것은 최저

생계의 보장에 의무의 강제력을 부여하는 사상[241]에 새로운 활력을 불어넣을 것이다. 몸과 인격을 동일시하는 이론이 인간의 존엄성을 지나치게 존중하는 것을 피하려고 끝까지 버티지 않는다면 말이다.

1992년 7월 3일, 아넥시에서.

감수의 글: 이 책의 현재성

이준형(한양대학교 법학전문대학원 교수, 법학 박사)

1978년 7월 25일 세계 최초의 시험관 아기인 루이즈 브라운이 영국에서 태어나자 서구사회는 큰 충격에 빠졌다. 신의 영역이었던 생명의 탄생이 인간의 영역으로 전환되었기 때문이다. 이후 유럽의 각국은 생식보조의료의 규제나 시술로 탄생한 아기의 친자관계 등에 대한 다양한 논의와 입법이 시도되었다. 가톨릭 전통이 강한 프랑스에서는 특히 80년대부터 90년대에 이르기까지 왕성한 입법 활동이 있었고, 그 정점은 장-피에르 보의 『도둑맞은 손』이 나온 이듬해인 1994년의 이른바 '생명윤리법'(같은 해 7월 29일 법)의 성립이었다. 그 후 이들 법률의 내용은 민법Code civil과 (공중)보건법Code de la santé publique에 편입되었는데, 사람의 몸에 대한 존중과 사람의 유전자 감정 및 그 결과에 기반한 신원확인은 민법에, 그리고 생식세포의 취급과 장기이식에 관한 규정은 (공중)보건법에 각각 들어갔다. 특히 민법의 경우는 제1장 사람에 관하여De la personne 에 제2절과 제3절을 추가했다. 거기에 "법률은 인격의 우위를 확보하고 그 존엄에 대한 공격을 금지하며 생명이 시작된 순간부터 사람의 존중을 보장한다"(제16조), "모든 사람은 그 신체를 존중받을 권리를 가진다"(제16조의1 제1항)는 원칙규정과 함께 사람의 몸과 그 구성부분, 산출물을 재산권의 대상에서 제외하고 그 거래를 무효로 규정하고(제16조의1 제3항, 제16조의5), 나아가 대리모 금지(제16조의7) 등을 강행규정으로 하는(제16조의9 참조) 내용을 포함했다. 또한 유전자 감정 및 그 결과에 기한 신원확인도 엄격하게 규제하였다.(제16조의10 내지 제16조의13)

프랑스에서 1994년 생명윤리법의 등장은 그동안 법률가들 사이에서 내려오던 오래된 인식을 크게 바꾸어놓았다. 동법이 나온 직후부터 5년간 이 문제에 관한 학위논문이 3편이나 쏟아져나온 것은 이러한 사실을 잘 보여준다. 먼저 1996년에 나온 로보르토 앙도로노Roberto Andorno의 「인공생식을 계기로 人/物 구별 재검토」 "La Distinction Juridique Entre les Personnes et les Choses à l'Épreuve des Procréations Artificielles"는 '人에게 유용한 도구로서의 物/법의 중심에 위치하는 人'이라는 전통적 인식이 子와 親의 물화物化,réification에 해당하는 인공생식에 의하여 흔들리고 있음을 지적하였다. 그 이듬해에 나온 이사벨르 모와느Isabelle Moine의 「거래의 대상이 아닌 물건: 법률상의 사람에 관한 하나의 접근법」"Les Choses Hors Commerce: Une Approche de la Personne Humaine Juridique"은 인본주의 법학의 입장에서, 즉 전체로서의 인간을 법적 사고의 중심에 두고 인격의 상품화에 대항하였다. "거래의 대상이 되는 물건만이 합의의 목적이 될 수 있다"고 하는 프랑스 민법 제1128조의 존재의의에 대한 역사적, 철학적 검토(제1부)에서 불유통물의 특성이 과거의 성스러움^{聖性}에서 오늘날의 인격 보호로 넘어가는 과정을 논증하는 부분이 특히 읽을 만하다. 그 후 1999년에 나온 스테파느 프리우르^{Stéphane Prieur}의 「개인에 의한 자기 신체의 처분」^{"La Disposition Par l'Individu de Son Corps"}은 "신체를 처분한다는 것은 도대체 어떠한 의미인가?"에 대하여 물건의 처분(양도)과 달리 신체의 처분이란 타인으로 하여금 자기 신체에 침습을 허용(허가)하는 것이라고 보고, 여기에는 한편으로 연대^{solidarité}, 건강^{santé} 등 정당화 사유가 있고, 다른 한편으로 인격의 보호라는 제한이 있다고 설명한다.

신체의 존엄에 관한 프랑스의 논의는 대체로 다음 세 가지의 공통점을 가진다고 생각한다. 첫째는 신체가 물적 속성을 가진다는 점을 긍정하되, 신체의 모든 부분이 동일한 정도의 물적 속성을 가지는 것이 아니라는 점에 주목한다. 때문에 人과 物의 구별에 관한 면밀한 검토가 왕왕 이루어지는데, 2019년 상반기에 나온 리사 카레이용^{Lisa Carayon}의 화제작 「신체의 범주화: 출생 전과 사망 후의 인간성 연구」^{"Étude sur l'Humain Avant la Naissance et Après la Mort"}도 이러한 전통에서 크게 벗어나지 않았다. 둘째는, 그렇기 때문에 신체의 어떤 부분은 거래 혹은 처분의 대상이 되지 않는다고 설명한다. 생명윤리법이 과학기술의 발전을 한편으로 승인하는 규정을 두면서도 다른 한편으로 그로 인한 폐해를 방지하기 위한 규정을 두고 있다는 사실은 이렇게 정당화되거나 혹은 설명된다. 양자의 균형은 결코 고정된 것이 아니고 기술의 발전에 따라 얼마든지 가변적일 수 있음은 2019년 하반기에 나온 「신체와 법: 메로빙거 왕의 모발에서 디지털 인류까지」 "Corps & Droit: Des Cheveux du Roi Mérovingien à l'Homo Numericus"도 인정하는 바이다. 셋째로 그럼에도 불구하고 프랑스의 오래된 인본주의적 법학의 전통은 여기에서도 빛을 발하는바, 아무리 유통물과 불유통물의 경계가 시대에 따라 달라질 수 있다고 하더라도 인격 존중 내지 인간 존엄은 처분가능성의 최후 제약 원리로 남아 있(어야 한)다고 본다.

*

위에서 언급했듯이 이 책은 생명윤리법 제정을 둘러싼 논의의 와중에서 그 전야에 해당되는 1993년에 발간되었다. 그 발간 직후인 같은 해에 나온 잡지 『인간과 사회』 L'Homme et la Société에 실린 짧은 서평에서 아리아느 랑츠 Ariane Lantz가 이미 갈파하였듯이, 이 책의 저자인 장-피에르 보는 의도적으로 법적 분석의 틀을 벗어나지 않았다. 로마법의 텍스트와 교회법의 사전 등은 그 내용을 충실히 다루면서도 헤겔, 푸코와 같은 철학자나 사회학자의 글은 전혀 인용하지 않았고, 역사학 문헌조차 극히 부분적으로만 언급하는 데에 그쳤다. 그러면서도 이 책은 전혀 딱딱하지 않고 흥미롭게 읽힌다. 오히려 사회과학에 대한 의도적인 무시를 통하여 저자는 엄격한 법적 사고가 어떠한 한계를 가지는지를 그대로 보여주는 데에 성공하였다고 말할 수 있다. 이 책에서 저자는 로마의 시빌리테보다 더 거슬러 올라가는 신체의 신성함을 부활시켜서 현행 법률에 새로운 범주를 하나 도입할 것을 제안하였는바, 그것이 바로 물건이지만 상품은 아닌 존재이다. 이를 통하여 각자에게 자기 신체의 소유자임을 인정해주면서도 그 상품화를 제한하는 윤리적, 사회적 제약은 유지하고자 하는 것이다. 랑츠의 표현을 빌리면 "교회법학자들에게는 너무나 익숙한 이러한 신체 개념을 민법전에 포함시킬 수 있다면 이것은 역사적으로 다시 한번 종교적 사고를 부활시키는 일일 것이다. 필자는 이를 명시적으로 밝히지는 않았지만, 이것이 그가 원하는 것이다."

그 후 생명윤리법과 학설의 전개는 위에서 언급했듯이 필자의 주장에서 크게 벗어나지 않았다. 아마도 당시 필자를 포함한 다수(적어도 법률가의 다수)가 같은 의견이었을 수 있다. 그러나 그러한 의견을 이렇게 풍부한 법사학적 사료를 가지고 흥미롭게 전개한 예는 이 책이 거의 유일할 것이다. 이 책은 "프랑스 민법 연구의 보석상자"라고 평가받는 장 카르보니에Jean Carbonnier의 『민법 교과서』Droit civil 중 '인체에 관한 문제 상황'Etat des questions 첫머리의 참고문헌에도 올라있다. 그만큼 이 책의 가치가 현재진행형이라는 뜻이다.

주석

1   (손가락, 코, 턱, 귀 등의) 이식수술은 19세기에 이르러 비로소 해볼 만한 것이 되었다. 하지만 피부이식은 외과술만큼이나 오래되었고, 더 복잡한 수술로 나아가려는 시도가 오래전부터 있었다. 라블레는 머리의 이식을 상상하기에 이른다.(팡타그뤼엘 3장) "머리가 잘린 에피스테몽"에 대한 농담에도 불구하고, 수술과 후속처치에 대한 정확한 묘사는 그런 수술이 그의 시대에 와서 몽상보다는 기대에 더 가까워졌음을 말해준다.

2   나는 (굵은 글씨로 강조한) **실체**라는 표현을 "물건이라는 사실"을 가리키기 위해 사용하려 한다.[이 단어는 realité의 번역으로, 경우에 따라 저자의 의도에 맞게 현실, 실재, 물건, 물건으로서의 속성 등으로 바꾸거나 풀어서 옮겼다]

3   Tribunal de grande instance d'Avignon(référés), 24, eptembre 1985, *Gazette du palais*, 15 février 1986, note Ph. Bertin, "Un doigt de de droit, deux doigts de bon sens…".

4   Conseil d'État, *Sciences de la vie – De l'éthique au droit*, Paris, La Documentation française, 1988. 특히 서문과 1장 (pp. 9~45)을 볼 것.

5   A. David, *Structure de la personne humaine*(Paris: PUF, 1955), p. 4.

6   Articles 668, 673 et 675 du Code de la Santé publique [공중보건법 668조, 673조 및 675조]. R. Savatier, «De sanguine jus», in *Recueil Dalloz*, 1954, pp. 141~146.

7   B. Müller-Hill, *Science nazie, science de mor*t, Paris, Odile Jacob, 1989, et R. Jay Lifton, *Les Médecins nazis*, Paris,

Laffont, 1989.

8   C. Ambroselli, *L'Éthique médicale* (coll. «Que sais-je?»,
    n° 2422) (Paris: PUF 1988), pp. 91~116.

9   Ph. Bertin, «Un doigt de droit, deux doigts de bon sens…»,
    loc. cit.

10 "엑스선 검사를 받으면서 나는 스크린 위의 나 자신을, 내 척추의 영상을
    볼 수 있었다. 하지만 나는 그 이미지의 바깥에, 세계 가운데 있었다.
    나는 완전히 구성된, 다른 사물들 사이에 있는 사물을 포착했다. 내가
    그것을 나의 일부로 환원시킨 것은 추론에 의해서이다. 그것은 나 자신
    이라기보다 나의 소유물에 가까웠다." J.-P. Sartre, *L'Être et le
    Néant, Paris*, Gallimard, 1943 (reprint 1988), p. 350 sq.

11 X. Labbée, *La Condition juridique du corps humain avant
    la naissance et après la mort*, préface J.-J. Taisne, Presses
    universitaires de Lille, 1990, p. 55.

12 T. P. Dillon, «Source Compensation for Tissues and Cells
    Used in Biotechnical Research: Why a Source Souldn't Share
    in the Profits», in *Notre Dame Law Review*, LXIV (1989),
    pp. 628~645.

13 M.-A. Hermitte, «L'affaire Moore, ou la diabolique notion de
    droit de propriété», in *Le Monde diplomatique*, décembre 1988.

14 M.-A. Hermitte, «Le corps hors du commerce, hors du marché»,
    in *Archives de philosophie du droit*, XXXIII (1988), p. 338.

15 Conseil d'État, *op. cit.*, p. 16.

16 이 분야에서 필수적인 참고문헌으로는 G. Chevrier, «Remarques
    sur l'introduction et les vicissitudes de la distinction du "*jus
    privatum*" et du "*jus publicum*" dans les oeuvres des anciens

juristes français», in *Archives de philosophie du droit*, 1952.

17 J.-M. Carbasse, *Introduction historique au droit pénal*, Paris, PUF, pp. 21~62.

18 주어진 사회에서 과학적 적법성의 체계는 앎의 목적에 따라 과학들을 선택하고 위계화한다. 이 개념에 대해서는 J.-P. Baud, *Le Procès de l'alchimie. Introduction à la légalité scientique*, Strasbourg, Cerdic publications, 1983을 참조할 것.

19 뱀을 금덩이로 바꾸어놓기, 보물의 발견, 풍년을 가져오는 비 등. Migne, *Encyclopédie théologique, t. XLV, Dictionnaire d'iconographie*, Paris, 1851, art. «Spyridon».

20 이 일화는 P. Legendre, *L'Inestimable Object de la transmission. Étude sur le principe généalogique en Occident*, Paris, Fayard, 1985, p. 28에 나온다.

21 당연한 이야기지만, 여기서 우리가 논의하는 것은 민중신앙이다. 신의 의지의 표현에 대한 신학자들의 유심론적 설명이 아니다. 대다수의 신도에게 기적적인 것은 바로 몸이었다.

22 J. Carbonnier, *loc. cit.*

23 M. Eliade, *Le Sacré et le Profane*, Paris, Gallimard, coll. «Folio», 1989(초판 1957), pp. 25~62.

24 Emile Beveniste, *Le Vocabularie des institutions indoeuropéennes*, Paris, Minuit, 1969, t. II: "신에게 바쳐졌으며 지울 수 없는 오점을 지닌, 엄숙하고 저주받은, 경배할 가치가 있으며 두려움을 자아내는."

25 R. Otto, *Das Heilige*(Breslau, 1917).

26 예를 들면 *La Chronique médicale*, 1910, p. 597; 1911, pp. 389~392, 512; 1914, p. 80. 때로는 겁에 질린 척하지만, 그 시대의

의사들은 인간 즙식 요법에 매혹되어 있었다. 동물을 달여 먹는 치료법이 19세기 말부터 크게 유행했기 때문이다.

27 L. Lévy-Bruhl, *L'Ame primitive*, Paris, PUF, 1963(초판 1927), p. 306.

28 N. Herrman-Mascard, *Les Reliques des saints. Formation coutumière d'un droit*, Paris, Klincksiek, 1975, p. 47 sq.

29 A. Rousselle, *Croire et Guérir. La foi en Gaule dans l'Antiquité tardive*, Paris, Fayard, 1990, pp. 236~242.

30 "윤리 위원회" 부류가 안고 있는 커다란 문제 중 하나는 그러한 위원회가 사실상 법에 대해 말하도록 요청받는다는 점이다. 그 위원회를 구성하는 사람들 대다수가 법에 대해서 별로 아는 게 없음에도 불구하고 말이다. 이는 이미 F. Terre, *L'enfant de l'esclave, Paris, Flammarion*, 1987, p. 24에서 지적되었다. "그 학자는 때로 빈정거린다. 그들 중 하나인 장 베르나르는… '생물학의 진보로 인해, 만들어진 그다음 해에 벌써 낡은 것이 되어버린 강력하고 단단한 법'에 대해 농담을 했다. 이를 통해 이 저명한 학자는 법에 대한 완벽한 무지를 드러낸다. 왜냐하면 법droit은 그것을 흔히 불완전하게 표현하는 법률들lois과 엄연히 다르기 때문이다."

31 이 사건은 그 시대의 가장 위대한 보건학자였던 다르세D'Arcet와 파랑-뒤사틀레Parent-Duchatelet에 의해 18년 뒤에 밝혀졌다. 그들은 이 사실의 증인이었고 *Les Annales d'hygiène publique et de médecine légale*[공중보건과 법의학 연보](1831, 2e partie)에서 해부학 교실의 역사를 다루면서 이 이야기를 했다. *La Chronique médicale*, 1910, p. 155 및 pp. 312~313도 참고하라.

32 대개 에로틱한 함의를 띤다. 여자의 가죽(특히 가슴 부분)은 외설적인 책의 표지를 만드는 데 사용되었다. 문학적 형태(사드의 『쥐스틴』의 표지)

에서 범죄적 형태(1871년 5월 영국의 귀족이 파리 코뮌 당시 방화에 가담했다가 총살당한 여자의 피부를 공급하는 대가로 막대한 금액을 제시했다)에 이르는 다양한 형태의 사디즘이 포함될 수 있었다. 카미유 플라마리옹 Camille Flammarion은 그의 저서 중 하나를 폐병으로 죽은 여성 팬의 어깨 가죽으로 장정했다.(*La Chronique médicale*, 1898, pp. 132~137.) 제네바의 어느 의대 교수는 어린 시절 친구로부터 유증된 피부를 간직한다는 조건으로 재산을 물려받았다. 스위스에는 이 피부를 무두질할 사람이 없었으므로 그는 아네시 Annecy의 한 장인에게 그 작업을 맡겼다. 최종적으로 이 피부는 외교관인 그의 친구 한 명에게 넘어갔고 그 친구는 이것을 1793년 발행으로 추정되는 *L'Almanach des prisons* [『감옥 연감』] 한 권을 장정하는 데 사용했다. (*La Chronique médicale*, 1912, p.509.)

33 P. Ariès, *L'Homme devant la mort*, Paris, Le Seuil, 1977, pp. 506~509.

34 L. Mayali, «Le juriste médiéval et la mort», in *Rechtshistorisches Journal*, t. I, Frankfurt am Main, Löwenklau Gesellschaft E. V., pp. 112~129(특히 p. 123 sq.)

35 Dr. Marc, «Examen médico-légal d'un cas extraordinaire d'infanticide par le docteur Reisseisen de Strasbourg», *Annales d'hygiene publique et de médecine légale*, 1832, pp. 397~411.

36 예컨대 다음을 참조하라. M. Block, *Dictionnaire de l'administration française*, Paris, Nancy, Berger-Levrault, t. I, 1905, art. «Cimetières» et «Crémation».

37 J. Carbonnier, «Sur les traces du non-sujet de droit», in *Archives de philosophie du droit*, XXXIV(1989), p. 202.

38 *Compilations de Justinien, Digeste*, 11. 7. 44.

39 P. Legendre, *L'inestimable Objet⋯*, *loc. cit.*

40 M.-A. Hermitte, «Le corps hors du commerce, hors du marché», *loc. cit.*, p. 326.

41 X. Labbée, *op. cit.*, pp. 10~11, pp. 184~185.

42 묘지의 신성 모독이 엄청난 감정을 불러일으키는 데 반해, 그 경우에 적용되는 형법(360조: 3개월~1년 형 또는 5백~8백 프랑의 벌금)은 비교적 너그럽다는 점을 지적해두자. 이는 사법체계와 한 집단의 심층적인 반응들 사이에 놀랄 만한 격차가 존재함을 나타낸다.

43 J, Starobinski, "Le mot civilisation", in Le Temps de la réflexion, Paris, Gallimard, t. IV, 1983, pp. 13~51.

44 A. Laingui, *Le «De poenis temperandis» de Tiraqueau* (1559), Paris, Economica, 1986, p. 321.

45 로마법과 옛 프랑스 법에서의 의무들에 대해서는 주로 다음을 참조했다. R. Monier, *Manuel de droit romain- Les obligations*, Paris, Domat-Montchrestien, 1954(droit romain seul); A. E. Giffard et R. Villiers, *Droit romain et Ancien Droit français- Obligations*, Paris, Dalloz, 1958.

46 R. Monier, *op. cit.*, p. 13.

47 켈트족과 헤브루족이 대표적으로 그런 관행을 가지고 있었으며, 잉글랜드와 게르만의 고대법에도 그런 관행이 있었다. R. Monier, *op. cit.*, p. 47; A. E. Giffard et R. Villers, *op. cit.*, p. 245.

48 D. Gorce, *Dictonnaire de spiritualité ascétique et mystique*, t. II. Paris, Beauchesne, 1953, art. «Corps (spiritualité et hygiène du)», col. 2338 sq.

49 P. Legendre, *La Passion d'être un autre. Étude pour la danse*, Paris, Le Seuil, 1978, p. 176~182.

50 M. Villey, *Seize Essais de philosophie du droit*, Paris, Dalloz,
    1969, et *La Formation de la pensée juridique moderne*,
    Paris, Montchrestien, 1975. 법철학자들이 대개 그랬듯이 미셸 빌레이
    는 중세의 필사본들을 읽지 않았다. 이 공백은 로마법 및 교회법에 대한
    12세기의 아주 중요한 문헌들의 핵심을 무시하도록 만든다는 점에서
    특히 곤혹스럽다.

51 J. Coleman, «Guillaume d'Occam et la notion du sujet»,
    in *Archives de philosophie du droit*, XXXIV(1989), p. 26 sq.

52 그중에서도 "법의 역사에서의 코페르니쿠스적 전환"을 이야기하는 데
    푹 빠져 있는 이들을 지적하기로 하자. H. Lepage, *Pourquoi la
    propriété?*, Paris, Hachette, 1985, pp. 45~55.

53 J.-M. Trigeaud, «La personne», in *Archives de philosophie
    du droit*, XXXIV(1989), p. 108.

54 M.-F. Renoux-Zagamé, *Origines théologiques du concept
    moderne de propriété*, Genève-Paris, Droz, 1987, pp. 113~159.

55 E. Kantorowicz, *Mourir pour la patrie*, «La souvenrainté de
    l'artiste. Note sur quelques maximes juridiques et les théories
    de l'art à la Renaissance» (trad. L. Mayali), Paris, PUF, 1984,
    pp. 33~57.

56 J.-M. Carbasse, *op. cit.*, pp. 254~256.

57 Gui-Pape, Consilia, Lyon, 1544, consilium LXV, n. 9, fol.86.
    E. Kantorowicz, *op. cit.*, p. 49도 함께 참조할 것.

58 *"Infans conceptus pro nato habetur quoties de commodis
    ejus habitur."*(이익이 얻어진다면 아이는 관념으로서 태어난다)
    이 공식은 『로마법 대전』의 두 단락에서 나왔다. Compilations de
    Justinien: Digeste, 1. 5. 7. et 50. 16. 231. 이는 칙령이나 법률로 표현

되지 않았지만 학설과 판례에 의해 인정되는 일반적 원리들 중 하나다.

59 X. Labbée, *op.cit.*, pp. 63~165.

60 M. Villey, *Le Droit romain. Son actualité*, Paris, PUF(coll. «Que sais-je?», n°295), 1987, p. 58.

61 X. Labbée, *op. cit.*, p. 45.

62 L. Mayali, *loc. cit.*

63 로마법에서 법적 무능력의 문제를 일별하려면 P. Ourliac et J. de Malafosse, *Histoire du droit privé, t. III, Le Droit familial*, Paris, PUF, coll. «Thémis», 1ère part., chap. 3 : «Tutelle et curatelle en droit romain»을 참조하라.

64 이 "자연의 메시지"는 19세기에도 여전히 가르쳐졌다. (의학박사이자 자연사 교수인)비레이Virey는 『예술에 적용된 새 자연사 사전』 내 '괴물' 항목에 이렇게 쓴다. "자연이 어머니에게 괴물에 대한 공포를 주었다는 사실을 관찰하는 것은 무익하지 않다. 마치 자연은 자신을 거스르는 외부적 요인들에 충성함으로써 생겨난 산물들이 살아남는 것을 바라지 않는다는 듯이. 암탉은 노른자가 두 개인 알에서 태어난 괴물 병아리를 부리로 쪼아 죽인다. 독특한 본능이 아닐 수 없다. 자연이 우리에게 자신의 법칙을 따르도록 시킬 때, 자연은 영양이나 생식처럼 그것이 우리에게 쾌감을 주도록 만든다. 자연이 자신에게 상처를 입히는 것들로부터 우리를 떼어놓으려 할 때 자연은 우리에게 두려움을 준다. 어머니라면 누구나 괴물스러운 것에 대해 은밀한 두려움을 갖는다. 우리는 다른 종에게 사랑을 느끼지 못하며 교잡을 두려워한다. 이는 일체의 임신을 방해한다. 증오의 운동이나 기쁨의 영향을 통해 우리의 영혼을 움직이는 것은 그러므로 자연 자체이다."

65 *Compilations de Justinien, Institutes*, 1, 11 §9.

66 *Ibid.*, 1.11 §5, Digeste, 1.7.30 및 37.

67 *Ibid., Institutes*, 1.11 §4.

68 P.-F. Girard, *Manuel élémentaire de droit romain*, Paris, Rousseau, 1901, p. 232.

69 T. Hobbes, *Le Léviathan* (trad. R. Paulin), Paris, Sirey, 1971, p. 5. 리바이어던의 초판(Andrew Crooke, 1651. London)에는 무수한 존재들의 집적으로 이루어진 집합적 신체의 인상적인 표상이 속표지 삽화로 들어 있다.

70 신비로운 몸의 문제 전체에 대해서는 O. von Gierke, Das deutsche Genossenschaftsrecht, t. III, éd. fac-similé[복사판], Graz, 1954, pp. 243~351; E. Kantorowicz, op. cit., «Mistères de l'État. Un concept absolutiste et ses origines médievales (bas Moyen Age)»(trad. L. Mayali), pp. 91~103; «Mourir pour la patrie (Pro Patria Mori) dans la pensée politique médievale»(trad. L. Mayali), pp. 127~131; *Les Deux Corps du roi. Essai de théologie politique du Moyen Age*, Paris, Gallimard, 1989. 기독교 신앙 안에서의 신비한 몸의 실재에 대해서는 E. Mersch, in *Dictionnaire de spiritualité ascétique et mystique*, t. II, Paris, Beauchesne, 1953, art. «Corps mystique», col. 2379~2382. 프랑스 왕국에 대한 이론들, 특히 장 드 테르베르 메이유*Jean de Terrevermeille*의 이론에서 신비한 몸 개념이 갖는 중요성은 J. Barbey, *La Fonction royale. Essence et légitimité*, Paris, Nouvelles Éditions latines, 1983, pp. 279~289에 의해 밝혀졌다.

71 *Summa Elegantius in iure divino seu Coloniensis* (éd. Fransen, collab. Kutner), New York, 1969, p. 153.

72 *Compilations de Justinien, Institutes*, 1.3.pr.: "*Omne autem jus quo utimur, vel ad personas pertinet, vel ad res, vel ad*

actiones. Et prius de personis videamus... Summa itaque divisio de jure personarum haec est, quod omnes homines, aut liberi sunt, aut servi."

73 Ibid. 2. 2.pr. et §1: *"Quaedam praeterea res corporales sunt, quaedam incorporales. Corporales hae sunt, quae sui natura tangi possunt : veluti fundus, homo, vestis, aurum, argentum, et denique aliae res innumerabiles."*

74 J. Gaudemet, *Les Institutions de l'Antiquité*, Paris, Montchretien, 1982, p. 351.

75 J. Carbonnier, *Droit civil, op. cit.*, n° 52.

76 유스티니아누스 법은 이 부분에서 다시 한번 노예를 인격의 범주에 명시적으로 편입시킨다. *Compilations de Justinien, Institutes,* 1. 8 §1.

77 *Op. cit.*

78 [노예나 가축 등을 빌려서 사용하는] 용익권자*usufruitier*는 가축이 새끼를 낳으면 가질 수 있었지만 노예가 낳은 아이를 가질 수는 없었다. 키케로는 *De finibus bonorum et malorum*[최선과 최악에 대하여], 1. 4.12에서 이 논쟁에 대해 설명하며, 울피아누스는 Compilations de Justien, Digeste, 7. 1. 68에서 이를 재론한다. 바사노프의 다음 연구를 참조하라. V. Basanoff, *Partus ancillae*, Paris, Sirey, 1929.

79 Y. Thomas, «La peur des pères et la violence des fils: images rhétoriques et normes du droit», in *Droits et Cultures*, 1983, pp. 5~23.

80 어떤 노예의 혈통이 존재하며 이는 결혼을 방해하는 사유가 될 수 있다. *Compilations de Justinien, Institutes*, 1. 10 § 10.

81 J. Gaudemet, *op.cit.*, pp. 352~354.

82 Y. Thomas, «Res, chose et patrimoine (Note sur le rapport sujet-objet en droit romain)», in *Archives de philosophie du droit*, XXV(1980), pp. 414~426.

83 *Digeste*, 9. 2. 13에 대한 아쿠르시우스의 주석 : "Quia liber homo on recipit aestimationem : un infra de his qui deje." 1. I. § Sed cum homo (Digeste, 9. 3. 1. §6). *Acursius*.

84 *Compilations de Justinien*, Digeste, 11. 7. 2 §5.

85 5세기 게르만족의 대이동 이후 이른바 법의 인격성 체제는 다양한 민족들에게 그들의 고유한 법을 간직하도록 허락하였다. 이 체제와 곧 그 뒤를 잇게 될 관습의 영토성 체제에서, 교회는 그 성직자들을 위해 로마법의 적용을 주장할 수 있었다.(하지만 이 로마법은 11세기의 볼로냐 르네상스에 이르기까지 점점 잊혀진다) P. Legendre, *La Pénétration du droit romain dans le droit canonique classique de Gratien à Innocent IV (1140-1254)*, Paris, Jouve, 1964, pp. 13~26.

86 Saint Paul, *Première Épître aux Corinthiens*, 7, 4.

87 M. Bakhtine, *L'Œuvre de François Rabelais et la culture populaire au Moyen Age et sous la Renaissance*, Paris, Gallimard, 1970, pp. 34~43. D. Borillo, «De la chair grotesque au corps instrumental», in *Comités d'éthique à travers le monde: recherches en cours 1990*, Paris, INSERM-Tierce médecin, 1991.

88 P. Riceur, «Manifestation et proclamation», in *Le Sacré— Études et recherches*, Paris, Aubier, 1974, pp. 58~64.

89 카라칼라 황제의 칙령은 제국의 모든 거주자에게 로마 시민권을 부여한다.

90 A. Loisel, *Institutes coutumières*, Paris, Videcoq, 1846

(1ère éd. 1607), n°357.

91 *Ibid.* 르와젤의 *Institutes coutumières*[관습법 요강] 1710년판을 편집한 드 로리에*De Laurière*의 주석을 참고하였다.

92 F. Iselin et M.-P. Peze in *Encyclopedia universalis*, t. II, 1985, art. «Main-Chirurgie de la main» : "우리는 이제 치료의 중대한 실패가 단순히 기술적인 고려에서 가볍게 이루어지는 수술을 제재하리라는 것을 안다."

93 A. E. Giffard et R. Villers, *op. cit.*, pp. 151~159.

94 이 점과 관련해서는 B. Fraenkel의 박식한 연구 *La Signature. Genèse d'un signe*, Paris, Gallimard, 1992를 참조하라.

95 Y. Bongert, *Recherches sur les cours laïques du X$_e$ au XIII$_e$ siècle*, Paris, Picard, 1949, pp. 215~228.

96 C. Mortet, in *La Grande Encyclopédie*, t. XVI, art. «Épreuve», p. 126.

97 J.-P. Roux, *Le Sang. Mythes, symboles et réalités*, Paris, Fayard, 1988, p. 133 sq.

98 Gui-Pape, *Decisiones gratianopolitanae*, Lyon, 1607 (1ère éd. 1490), question 278.

99 C. Couvreur, *Les pauvres ont-ils des droits? Recherches sur le vol en cas de nécessité depuis la «Concordia» de Gratien (1140) jusqu'à Guillaume d'Auxerre (1231)*, Rome-Paris, 1961, et J.-M. Carbasse, op. cit., pp. 290~292.

100 *Compilations de Justinien, Institutes*, 2. 2 §1 : 몸체를 가진/신체적인 물건들 중 의복이 인간 다음으로 즉시 인용된다.

101 식량은 소비되는(일상적 사용에 의해 파괴되는) 물건으로서 부동산의 소유 이전의 상징으로 적합하지 않다.

102 J. Attali, *Au propre et au figuré. Une histoire de la propriété*, Paris, Fayard, 1988, p. 12 sq.

103 P. Ourliac et J. de Malafosse, *Histoire du droit privé. Les biens*, Paris, PUF, 1961, p. 348 sq.

104 J. Carbonnier, loc. cit.: "인간의 몸은 인격의 토대 *substratum*이다. 나폴레옹 법전의 철학이자 19세기 자유주의 법률가들의 철학이었던 관념론적 철학이 인격성의 본질을 몸이 아니라 의지에 두었던 것은 사실이다. 하지만 광인이나 어린아이가 그렇듯이, 의지가 결여된 몸 역시 인격이다. 의지가 특정한 몸과 연결된 상태로만 나타나는 만큼, 인간의 몸이 인격을 이룬다고 원칙적으로 말하는 것은 불합리하지 않다."

105 M.-A. Hermitte, «Le corps hors du commerce, hors du marché», *loc. cit.*, p. 324.

106 G. Chevrier, «Remarques sur l'introduction···», *loc. cit.*, p. 30.

107 P. Legendre, La Passion d'être un autre···. *op. cit.*, p. 176.

108 *Ibid.*, illusttration n° 8.

109 M. Eliade, *op. cit.*, pp. 148~151.

110 Duns Scot, *Opus oxoniense*, dist. XXVI, q. 1, n. 17.

111 A. Esmein, *Le Mariage en droit canonique*, t. II. Paris, 1891, pp. 14~16.

112 J.-C. Bologne, *La Naissance interdite, Sterilité, avortement, contraception au Moyen Age*, Paris, Olivier Orban, 1988, p. 221 sq.

113 성스러움의 언어(순수, 오염)가 환경보호와 관련된 모든 것에 있어서 의학의 어휘(위생, 감염)를 대신하는 것은 19세기 후반에 와서다.

114 민속학자와 종교사가에 의하면, 정액은 언제나 피와 비슷하게 취급된다. 심지어 정액을 "하얀 피"로 부르기도 한다.

115 이 유명한 문구는 창세기(4, 10)에 나온다. "네 형제의 피가 땅에서 나를 향해 울부짖는 소리를 들어라." 피의 복수라는 테마와 관련해서는 J.-P. Roux, *op. cit.*, pp. 134~148을 참조하라.

116 피와 정액에 의한 오염의 결의론은 A. Reiffenstuel, *Jus canoicum universum*, t. V. Paris, 1868(1ère éd. 1700~1714), pp. 158~162에 풍부하게 서술되어 있다. R. Naz, in *Dictionnaire de droit canonque*, t. VII, Paris, 1958, art. «Sang (effusion de)»도 참조할 것. 몸이 통합된 전체로서 교회 혹은 묘지를 오염시키는 원인이 될 수 있다는 점을 지적해야 한다. 파문된 자나 사제를 살해한 자, 불신자, 혹은 세례 받지 않은 자의 매장이 그런 경우이다.

117 P. Legendre, *L'Amour du censeur. Essai sur l'ordre dogmatique*, Paris, Le Seuil, 1974, p. 151.

118 *Compilations de Justinien, Digeste*, 15. 1. 9 §7.

119 Thomas d'Aquin, *Somme théologique*, IIa IIae, q. 64, a. 5.

120 *Décret de Gratien*, dist. 55, 4, 5.

121 Thomas d'Aquin, *Somme théologique*, IIa IIae, q. 65, a. 1.

122 E. Kantorowicz, «Mourir pour la patrie (*Pro Patria Mori*) dans la pensée politique médiévale», in Mourir pour la patrie, op. cit., pp. 105~141.

123 A. Rava, *I trapianti di organi da individuo a individuo nel diritto canonico*, Milan, Giuffrè, 1956.

124 Moines de Solesmes, *Les Enseignements pontifcaux*, Paris, Desclée, 1960, p. 27, p. 186 et pp. 596~597.

125 다음은 특히 이런 공백의 징후라고 할 수 있다. Jean-Paul II, «La sainteté du corps selon saint Paul», in *Documentation catholique*, LXXVIII (1981), pp. 214~216.

126 Bertachinus de Firmo, *Repertorium*, art. «*Corpus*». 15세기와 16세기 사이에 수많은 판본을 낳았던 이 총람에서 저자는 다양한 전거와 권위를 끌어들이면서 "몸은 물건보다 선호되어야 하며" "영혼은 몸보다 선호되어야 한다"고 판정한다.

127 Platon, *Le Politique*, 226e~267c: l'ανθροπονομικον는 사람들을 다스리는 것과 식량을 관리하는 것을 한데 묶을 수 있게 해주는 개념이다.

128 *Compilations de Justinien*, Institutes, 2. 1. §1.

129 J. Tonneau in *Dictionnaire de théologie catholique*, t. XIII, 1936, art. «Propriété».

130 예컨대 프루동이 소유는 정의롭지 못하다는 자신의 증명에 갇힌 나머지, 노동자가 그의 임금의 소유자가 아님을 설명하려고 어떻게 불쌍할 만큼 애쓰는지 보자. 노동자는 사회에 무언가를 빚지고 있기 때문에 소유자가 아니라는 게 그의 주장이었다. P.-J. Proudhon, Qu'*est-ce que la propriété?*, chap. 3, § 8.

131 G. Couvreur, *Les pauvres ont-ils des droits?*, op. cit.

132 G. de Lagarde, *La naissance de l'esprit laique au déclin du moyen âge*, t. III, Louvain-Paris, 1970(1ère éd. 1942~1946), p. 170 sq.

133 M. Villey, S*eize Essais de philosophie du droit···*, Paris, Dalloz, 1969, pp. 158~178; *La Formation de la pensée juridique moderne, Paris, Montchrestien*, 1975, pp. 190~252.

134 M.-F. Renoux-Zagamé, *op. cit.*, pp. 106~107, pp. 124~125 et pp. 188~189.

135 J. Coleman, *loc. cit.*

136 법철학자들 중에는 이런 관점을 가진 사람들이 의외로 많다.

137 J.-P. Baud, *Le Système doctrinal du partage*, thèse (dactyl.) Paris X, 1971, pp. 405~423.

138 과학과 의학기술의 발달에도 불구하고 의학의 세계와 치유의 세계는 서로 이질적인 세계로 남아 있다. 의학의 세계는 과학적 세계로서 치유라는 개념 앞에서 주저하기 때문이다.(정말로 나았는가?) 무엇보다 설명되지 않는 치유의 사례들이 늘 있어서, 통계적으로 평가될 수 있는 날것의 사실로서, 의학의 바깥에 하나의 부문을 형성한다.

139 언어학자들과 인류학자들은 '장로'가 고대인들에게 잘 알려진 집단이라고 생각한다. 어떤 언어학자들, 그리고 기독교의 역사를 연구하는 몇몇 사학자들은 이들을 오늘날의 기독교 목사와 사제의 선조로 본다. 아마 이 둘 사이의 어딘가에 진실이 있을 것이다.

140 Thomas d'Aquin, *Summa contra gentiles*, t. IV, p. 73.

141 A.-M. Roguet, *Les Sacrements*, Paris, Cerf, 1952, pp. 117~129.

142 이런 경향은 J.-M. Lustiger, *Le Sacrement de l'onction des malades*, Paris, Cerf, 1990에 잘 묘사되어 있다.

143 J. Dauvillier, in *Dictionnaire de droit canonique*, art. «Extrême-onction dans les Églises orientale».

144 등불! 밤새도록 쓸 기름을 마련해두어야 했던 처녀들에 대한 기독교의 비유를 보라.[마태복음 25장에 나오는 비유를 가리키는 듯하다. 열 명의 처녀가 등불을 들고 신랑을 맞으러 갔는데, 그중 다섯은 기름을 함께 가져가는 것을 잊어서 도중에 등불이 꺼졌고, 기름을 미리 준비한 나머지 다섯만 신랑을 맞이하여 혼인 잔치에 갔다는 이야기다] 또 동방의 설화에 나오는 마술램프를 떠올려보라. 서유럽은 동방인들에게 램프가 의미하는 바를 제대로 이해하지 못한다. 아랍의 침략에 의해 고대의 공급처로부터 단절되어, 서유럽은 7세기에 밀초와 동물 기름 양초, 촛대의 문명으로 진입한다. 램프는 19세기에 석유, 그리고 전기와 함께 재발견된다.

145 지중해 기독교 세계에서는 기적에 의해 올리브유가 배어나는 무덤이나 몸이나 조각상이나 그림 등이 종종 이야기된다.

146 N. Alexander, *Theologia dogmatica et moralis secundum ordinem Catechismi concilii tridentini*, Paris, 1714 (1ère éd. 1693), p. 716.

147 이는 결함에 의한 불법(irrégularité ex defectu)의 문제로서, 허약한 사람에게 성직을 맡기거나 서품 사제가 특정한 업무를 수행하는 것에 반대한다.

148 A. Tanquerery, *Précis de théologie ascétique et mystique*. Paris-Tournai-Rome, Desclée, 1923.

149 G. Reynes, C*ouvents de femmes. La vie des religieuse contemplatives dans la France des XVIIe et XVIIIe siècles*, Paris, Fayard, 1987, pp. 121~138.

150 Migne, *Encyclopédie théologique*, t. IX, *Droit canon*, Paris, vol. I. 1846, art. «Exorcisme»; t. XXXIV, *Dictionnaire de théologie dogmatique*, vol. II, Paris, 1850, art. «Exorcisme».

151 J. Forget, in *Dictionnaires de théolgoie catholique*, art. «Exorcisme».

152 A. Rousselle, *Croire et Guérir*…, *op.cit.*

153 B. Caulier, *L'Eau et le Sacré. Les cultes thérapeutiques autour des fontaines en France du Moyen Age à nos jours*, Paris-Québec, Beauchesne-Université Laval, 1990.

154 A. Rousselle, *op. cit.*, p. 36.

155 B. Caulier, *op. cit.*, pp. 142~146.

156 S.-A. Tissot, *De la santé des gens de lettres*, Lausanne, 1770, p. 35 sq.: 그 대중적으로 유명한 저자는, 교양 있는 사람들을 침범한

수많은 광기의 예 중에서, 그리스도를 생각하면서 "나의 어린 양"이라고 자꾸만 반복하는 어린 소녀와 동일한 증상을 보였다. 교회는 그것을 성스러운 덕의 표시로 간주할 수도 있었을 것이다. 마술과 마귀들림에 대해서는 R. Mandrou, *Magistrats et Sorciers en France au XVIIe siècle. Une analyse de psycgologie historique*, Paris, Plom, 1968을 참조할 것.

157 J. Leonard, *La Médecine entre les pouvoirs et les savoirs*, Paris, Aubier-Montaigne, 1981, pp. 68~79.

158 J,-F. Hirsch, «Sur les confins de Viandène-Aubrac, un prêtre radiethésiste—La magie des hommes en noir», et M.-F. Morel, «Les curés, les paysans: un même langage», in Autrement, XV (1978): «Penseurs de secrets et de douleurs», pp. 35~72.

159 19세기까지 의사는 치료사들이 도시에 자리 잡은 경우가 아니면 그들을 공격하지 않았다. 프랑스에서 시골의 의료화는 우선 보건공무원직의 창설(1803~1992)에 의해, 그리고 이어서 의학 박사의 증가에 의해 이루어졌다.

160 E. Mersch. loc. cit., art. «Corps mystique et spiritualité», et M.-F. Lacan, *Petite Encyclopédie religieuse*, Paris, Fayard, 1973, art. «Corps du Christ».

161 M. Bloch, Les Rois thaumaturges. *Étude sur le caractère surnaturel attribué à la puissance royale particulièrement en France et en Angleterre*, Paris-Oxford, 1924. [마르크 블로크, 『기적을 행하는 왕』, 한길사, 2015]

162 N. Delamare, *Traité de la police*, t. II, Amsterdam, 1729, p. 564.

163 R. Jay Lifton, *op. cit.*, pp. 48~51.

164 C. Ambroselli, *op. cit.*, pp. 81~116.

165 A. Boulenger, *La Doctrine catholique*, t. III, Lyon-Paris, 1933, p. 82 sq.

166 «Allocution de S. S. Pie XII aux donneurs de sang», in *Documentation catholique*, XLVI (1949), p. 51. 10년 뒤 유사한 상황에서 요한 22세는 "자비에 뿌리를 둔… 포교"에 대해 말할 것이다. *Documentation catholique*, LVI (1959), p. 842.

167 A. Rousselle, *op. cit.*, p. 238.

168 Jean-Paul Roux, *op. cit.*, pp. 310~318.

169 이 관습은 앞서 언급한 N. Herrman-Mascard의 책에 잘 묘사되어 있다.

170 M. D. Chenu, in *Dictionnaire de théologie catholique*, art. «Sang du Christ».

171 Benoît XIV, *De servorum Dei beatificatione et beatorum canonizatione*, t. II, Prati, 1839, cap. XXX, pp. 282~288.

172 Petrus Albinianus Tretii, «Tractatus aureus de pontificia potestate» in *Tractatus universi iuris*, t. XIII, 1, Venise 1584, f° 134 v°.

174 E. Kantorowicz, «Mourir pour la patrie (Pro Patria Mori) dans la pensée politique médiévale», in *Mourir pour la patrie, op. cit.*, pp. 105~141.

175 Genèse[창세기] 9, 6 ; *Deutéronome*[신명기], 12, 23.

176 M. Servet, *Christianismi restitutio*, Nuremberg, 1790 (1553년판의 복각판), pp. 169~179. P. Flourens, *Histoire de la découverte de la circulation du sang*, Paris, 1857, pp. 23~29, p. 156~163, pp. 265~279도 참조하라.

177 예를 들어 J. Bernard, *Le Sang et l'Histoire*, Paris, Buchet-Chastel, 1983을 보라.

178 *Op. cit.*

179 L. F. Lélut, *De Démon de Socrate*, Paris, 1836, et *L'Amulette de Pascal*, Paris, 1846; J. Moreau de Tours, *La Psychologie morbide dans ses rapports avec la philosophie de l'histoire*, Paris, 1859. 펠르탕 E. Pelletan 은 『라 프레스』(1846년 12월 21일자) 에서 렐뤼에게 다음과 같이 응수했다. "우리는 파스칼의 몸을 기꺼이 의사들의 해부에 맡긴다. 하지만 그의 지성은 맡기지 않을 것이다."

180 L. Adler, *Secrets d'alcôve. Histoire du couple (1830-1930)*, Paris, Hachette, 1983, p. 79 sq. "이 지난 세기의 성의학 문헌은 심리학을 곤혹스럽게 여기지 않았다. 스스로가 성관계에 관한 진실을 말하고 있고 따라서 법률을 제정할 권력을 갖는다고 확신하면서 말이다."

181 노동자 주거는 부부의 친밀성을 설계해야 한다. 아이들이 부모와 같은 방에서 자서는 안 된다. 주거 정비와 지방조례를 통해, 하숙인을 들이는 관행(안주인을 아내의 의무에서 벗어나게 하고 아이들을 타락시킨다고 의심되는)과 싸워야 한다. 이 점에 대해서는 L. Murard et P. Zylberman, «Le petit travailleur infatigable ou le pro-létaire régénéré», in Recherches, XXV (1976), pp. 231~275.

182 "정액의 하수구"라는 표현은 실제로 프랑스 위생학자들의 우두머리인 파랑-뒤샤틀레에 의해 사용되었다. 이것은 사실상 매춘을 "사회적 육체를 질병으로부터 보호하는 필수적인 배설 현상"으로 만드는 것이었다. A. Corbin, *Les filles de noce. Misère sexuelle et prostitution aux XIXe et XXe siècles*, Paris, Aubier, 1978, p. 16.

183 Delamare, *op. cit.*, t. II, p. 484.

184 J.-P. Baud, «Les hygiénistes face aux nuisances industrielles

dans la première moitié du XIXe siècle», *Revue Juridique de l'environnement*, 3/1981, pp. 205~220.

185 Reiffenstuel, *loc. cit.*

186 B. Latour, *Les Microbes. Guerre et paix*, Paris, Métailié, 1984, p. 60.

187 P. Darmon, «Jeanne Weber, l'"ogresse de la Goutte-d'Or"», in *L'Histoire*, CXIX (1989), pp. 48~53.

188 노동법에서 인체의 중요성에 대해서는 F. Meyer, *Le Corps humain en droit du travail*, thèse (dactyl.), Strasbourg, 1985를 참조하라.

189 L. Chevalier, *Classes laborieuses et Classes dangereuses*, Paris, LGF, 1978, livre III: «Le crime, expression d'un état pathologique considéré dans ses effets»; A. Faure, «Classe malpropre, classe dangereuse?», in *Recherches*, XXIX (1977): «L'haleine des faubourgs», pp. 79~102; J.-P. Baud, «Le voisin, protecteur de l'environnement», in *Revue Juridique de l'environnement*, 1/1978, p. 29 sq.; id., «Les maladies exotiques», in *Sida et Libertés. La régulation d'une épidémie dans un État de droit, Arles*, Actes Sud, 1991, p. 25.

190 1946년 10월 30일 법 이후 책임의 개념은 완전히 사라졌다. 산업재해 제도는 국민연대(사회보장) 시스템 속에 녹아들었다.

191 *Annales d'hysiène publique et de médecine légale*, XXIX (1843), p. 465.

192 Braconnot et Simonin, «Note sur les émanations des fabriques de produits chimiques», in *Annales d'hysiène publique et de médecine légale*, XL (1848), pp. 128~136; J.-P. Baud, «Les hygiènistes face aux nuisances...», loc. cit.도 참조할 것.

193 반면 파리의 공공병원 서비스는 계속 "공공부조"로 불린다. 그리고 "보건과 사회" 행정은 가난의 구제라는 함의를 강하게 띠고 있다.

194 역사적 사실에 궤변으로 맞서는 기술 속에 특히 예시적인 무언가가 있다. H. Lepage, *op. cit.*, p. 435 sq.: "말이 나온 김에, 자유주의를 닭장 속에 풀어놓은 여우의 법칙(정글의 법칙)과 동일시하는 것만큼 부조리한 일은 없다는 것을 지적하고 싶다. 정글은 힘을 사용하는 곳이다. 그런데 힘의 사용은 정치권력의 독점을 뜻한다. 국가 개입이 심화에 따른 경제 관계의 정치화야말로 정글의 법칙으로의 회귀를 초래하는 것이다."

195 R. Holt, «L'introduction des sports anglais et la disparition du gentleman athlète», in *Recherches*, XVIII(1980), «Aimez-vous les stades?», p. 254.

196 J.-M. Carbasse, *op. cit.*, pp. 191~194.

197 J.-P. Yahi, «Duel, savate et boxe française: une nouvelle destinée du coups», *Recherches*, XLIII (1980), «Aimez-vous les stades?», pp. 113~132. 기술적으로 고대의 권투에 더 가까운 영국 복싱의 역사는 (장갑의 발명으로 얼마간 몸을 보호하면서) 민중적인 폭력을 "아카데미" 안에서 행해지는 "고상한 기예"로 격상시키려는 욕망을 한 세기 더 일찍, 더 분명하게 표출했다.

198 Touvenin, «L'influence que l'industrie exerce sur la santé des populations dans les grands centres munufacturiers», in *Annales d'hygiène publique*, XXXVI(1846), pp. 16~46 et pp. 277~296; XXXVII(1847), pp. 83~111.

199 이런 분위기를 잘 묘사한 책으로 H. de La Tombelle, *Un demisiècle de vélo. Souvenirs d'un cyclotouriste*, Lyon, La Belle Cordière, 1945, pp. 7~27.

200 Archives départementales de la Haute-Savoie, série $ M, paquet

205, *Union sportive annécienne. Statuts du 27 décembre 1898* [아네시 스포츠 연맹의 정관] : "아마추어가 아닌 자는 누구도 이 연맹에 속한 단체의 구성원으로 가입할 수 없다. 아마추어란 아무나 참가할 수 있는 모임이나 대회나 선발 경쟁에 나간 적이 없는 사람을 말한다."

201 이 문제 전체에 대해서는 T. Zeldin, *Histoire des passions françaises*, Paris, Le Seuil, coll. «Points Actuels», t. III, *Goût et Corruption*, pp. 98~112을 참조할 것.

202 1872년에서 1875년 사이 프랑스에서 열차는 승객 4천 5백만 명당 한 명의 사망자를 내었다. 반면 철도가 나타나기 전까지 운수 사고 사망자는 승객 35만 5천 명당 한 명이었다. G. Humbert, in *La Grande Encyclopédie*, t. X. art. «Chemin de fer», p. 1044.

203 A. Tunc, *La Sécurité routière. Esquisse d'une loi sur les accidents de la circulation*, Paris, Dalloz, 1966.

204 L. Josserand, «La personne humaine dans le commerce juridique», in *Dalloz*, 1932, chronique, pp. 1~4.

205 법인에 하나의 몸을 부여한다는, 집합적 존재에 대한 판타지가 기독교인들의 "신비한 몸"에서 가장 뚜렷한 묘사를 얻었다는 것, 그리고 이는 이어서 국가의 틀 안에서 유지되었다는 것, 홉스의 『리바이어던』(1651) ―그 판본 중 어떤 것은 국가를 수많은 인간의 육체로 이루어진 거인으로 묘사하는데― 은 그 인상적인 도해라는 것을 기억하자.

206 D. Borillo, *L'Homme propriétaire de lui-même. Le droit face aux représentations populaires et savantes du corps*, thèse (dactyl.), Strastbourg, t. I. 1991, pp. 94~118. 사비니에 따르면, 인격과 몸의 관계는 모든 법적 범주에 선행한다. 우리는 여기서 법으로 들어가는 문지방이라는 관념을 재발견한다. 인간이 살아가는 데 필수적인 것은, 인간이 그것을 누릴 수 없어서는 안 되기 때문에 법의 바깥에 있다고

주장한 중세의 프란치스코 교단과 마찬가지로, 사비니는 자기 몸에 대한
인간의 권력은 너무 근본적이어서 그것을 법의 영역에 넣어서는
안 된다고 생각한다. 법의 영역 안에서는 권력이 보장되지만,
또 축소되거나 제거될 수도 있기 때문이다.

207 Cour d'appel de Paris, 25 avril 1945, *Dalloz*, 1946, note Tunc.

208 R. Savatier, «De sanguine jus», *Dalloz*, 1954, chronique XXV,
pp. 141~146.

209 F, Terré, *L'influence de la volonté individuelle sur les
qualifications*, Paris, Librairie générale de droit et de
jurisprudence, 1957, p. 471.

210 A. Bernard, «Le corps humain, objet du contrat», in *Bioéthque
et Droit*, Paris, PUF, 1988, pp. 148~193.

211 자유주의를 최초로 이론화한 케네가 의사였다는 사실을 지적하는 것은
무익하지 않을 것이다. 『경제표』(1758)에서 그는 인체 내부의 혈액순환
이라는 관념을 가져와서 사회적 신체 내부에서의 재화의 순환으로
바꾸어놓는다.

212 M. Migliore, *Guide des conseils et démarches pour créer
votre activité libérale 1990*, Paris, Chotard & associés, 1989,
pp.31~32.

213 *Journal officiel*, Débats parlementaires, Assemblée nationale,
15 mars 1952, p. 1321.

214 P. Legendre, *La Passion d'être un autre⋯*, op.cit.,
pp. 178~179: "스콜라 철학이 무대에 올린 인간은 사악한 장기, 즉 남근
을 제외하면, 영혼과 관련하여 어떤 특권적인 장기도 갖지 않는다. 남근
은 모든 인간에게 특별하다. 여자를 남자의 일종으로 본다면⋯."

215 E. Borneman, *Psychanalyse de l'argent*, Paris, PUF, 1978.

216 M. Harichaux, «Le corps objet», in *Bioéthique et Droit, op. cit.*, pp. 130~147.

217 P.-J. Hélias, *Le Cheval d'orgueil. Mémoires d'un Breton du pays bigouden*, Paris, Plon, 1975, p. 325. "천막 옆의 깃대 아래서 상인은 블레오(머리카락)라는 단어만을 알아들을 수 있는, 둔탁하고 단조로운 노래를 흥얼거렸다. 그의 탐색하는 눈길은 미래의 먹잇감을 찾아 군중 속을 뒤지고 있었다. 먼 곳에서 와서 누구인지 알 수 없는 가난한 아낙네들과 소녀들이 매춘을 위해서이기라도 한 듯이, 천막 아래로 몰래 미끄러져 들어갔다. 그녀들은 울면서 다시 나왔다. 머리쓰개를 손에 든 채, 희생의 대가를 앞치마에 감추면서." 하지만 국무원의 1988년 보고서(op. cit., p. 43)에 따르면, "사람을 그 자신으로부터 보호할 필요성은 머리카락이나 피의 처분이 문제일 때와 동일하지 않다. 그러므로 이 생산물들을 계약의 대상으로 삼을 수 있을 뿐 아니라 이 계약이 상업적일 수 있다는 생각을 지지하는 것은 아무 문제 없이 가능해 보인다."

218 F. Terré, *L'Enfant de l'esclave…, op. cit.*, pp. 51~53.

219 Tribunal de grande instance de Créteil, 1ère chambre, 1er août 1984, *Gazette du palais*, 1984, t. II, Jurisprudence, p. 560.

220 M.-L. Rassat, «Le statut juridique du placenta humain», *Juris-classeur périodique*, 1976, Doctrine, n° 2777.

221 Ph. Alfonsi, *Au nom de la science*, Paris, Barrault-Taxi, 1989, pp. 181~184.

222 *Évangile selon saint Matthieu*, 27, 3~10.

223 약국에 기탁된 혈액제제의 요금과 헌혈 센터 및 혈액원에서 양도받은 어떤 혈장분획제제들의 요금을 정하는 1984년 8월 8일 법령.

224 L. Bloy, *Exégèse des lieux communs*, Paris, Gallimard, 1968 (1ère éd. 1901), p. 200. "모든 혈청, 모든 유출된 액체, 죽은 자로부터

흘러나오는 모든 것, 예전에는 무덤의 밑바닥을 흐르던 모든 것이 이제 대낮의 빛 앞에 방출되고, 권장되고, 수집되고, 주입되며 삼켜진다."

225 인체 생산물에 법적인 존재를 부여하는 것은 여기서도 그것의 체외 보관이다. 팔에서 팔로의 수혈이 혈액의 증여가 아닌 것처럼, 또한 성행위가 정액의 증여가 아닌 것처럼, 아기에게 젖을 빨리는 것은 돌봄의 제공이지 모유의 증여가 아니다. 모유의 채취는 1954년 8월 9일 법령에 의해 법제화되었는데, 이 법령은 돈을 주고받는 것을 금지하지 않았다. 1991년 파리의 모유 제공자의 절반은 리터당 28프랑의 가격으로 보수를 받았다.

226 *Moines de Solesmes, op. cit.*, p. 382.

227 A. David, *op. cit.*, p. 382.

228 J. Carbonnier, *op. cit.*, n°52.

229 N. Mazen, «Réflexions juridiques sur le matériel génétique de l'homme», in *Bioéthique et Droit, op. cit.*, pp. 194~208.

230 1991년 혈우병 환자들이 에이즈 바이러스에 오염된 혈액을 수혈받은 사건은 잔인한 현실을 일깨웠지만, 문명의 횃불에 대한 "프렌치 드림" 속에 다시 한번 빠져드는 것을 막지 못했다.

231 X. Labbée, *op. cit.*, pp. 251~269.

232 사실 로마인들은 격이 높은 신들divinités supérieures에게 바쳐진 "성스러운 물건들"(신전과 경배 대상)과 격이 낮은 신들과 수호신들에게 속하는 "종교적 물건들"(무덤과 그 부속물)을 구별하였다. 여기에 "고결한 물건"choses saintes이라는 카테고리가 추가된다. 사적 혹은 공적 소유의 경계선을 표시하는 특별한 성스러움들(벽, 문, 울타리 등)이 여기 속한다.

233 Pothier, *Traité du droit de propriété*, Paris-Orléans, 1776, pp. 24~26.

234 Pufendorf, *Droit de la nature et des gens* (trad. Barbeyrac),

Lyon, 1771, p. 16 sq.: "이렇듯 우리가 종교적이라거나 성스럽다고 일컫는 것[물건들] 안에는 도덕적인 특질이 조금도 들어있지 않으며, 그것과 정말로 연결시켜야 할 신성성도 전혀 없다. 그 같은 수식어가 의미하는 바는 인간이 이런 종류의 물건들을 특정한 방식으로만 사용해야 한다는 것에 지나지 않는다."

235 Tribunal de grande instance de Créteil, 1ère chambre, 1er août 1984, *loc. cit.*, conclusions de M. Lesec, procureur de la République.

236 A.-J. Arnaud, *Les Origines doctrinales du Code civi français*, Paris, Librairie générale de droit et de jurisprudence, 1969, p. 133.

237 Ferraris, *Bibliotheca canonica, juridica, moralis⋯*, Rome, 1886 (1ère éd., 1746), t. III, art. «*Dominium*».

238 D. Borillo, *L'Homme propriétaire de lui-même, op. cit.*, pp. 293~297.

239 심리학자라면 사용목적에 의한 인격 개념이 자신의 인격을 물건에 투사한다고 말하겠지만, 법학자는 여기에 대해 물건의 소유가 바로 그러한 열망을 법적으로 보장하게 해주는 개념이라고 말할 것이다.

240 몸에 대한 법/권리와 환경에 대한 법/권리의 관계는 에델만과 에르미트가 엮은 텍스트들에 잘 나타나 있다. B. Edelman et M.-A. Hermitte, *L'Homme, la Nature et le Droit*, Paris, Christian Bourgois, 1988.

241 의무의 수행으로서의 탁발(동냥)이라는 관념이 중세 교회를 지배한 나머지, 그것을 회피하는 자들은 "빈자貧者들의 살해자"라고 불리곤 했다. M. Mollat, *Les pauvres au moyen âge*, Bruxelles, Editions Complexe, 1984, p. 54.

도둑맞은 손

살아있지만 인격의 일부라고 말할 수 없는
인간적인 어떤 것에 대한 법적 탐구

처음 펴낸날 2019년 9월 6일

2쇄 펴낸날 2019년 10월 10일

지은이 장-피에르 보

옮긴이 김현경

펴낸이 주일우

편집 박우진

디자인 권소연

펴낸곳 이음

등록번호 제2005-000137호

등록일자 2005년 6월 27일

주소 서울시 마포구 월드컵북로 1길 52

전화 02-3141-6126

팩스 02-6455-4207

전자우편 editor@eumbooks.com

홈페이지 www.eumbooks.com

ISBN 978-89-93166-94-1 03330

값 18,000원

** 이 도서의 국립중앙도서관 출판예정
도서목록(CIP)은 서지정보유통지원
시스템 홈페이지(http://seojin.nl.go.
kr)와 국가자료공동목록시스템(http://
www.nl.go.kr/kolisnet)에서 이용
하실 수 있습니다.

(CIP제어번호:CIP2019032532)